글로벌 패권전쟁과 한국의 선택

수축사회 2.0: 닫힌 세계와 생존 게임

글로벌
패권전쟁과
한국의
선택

수축사회 2.0:
닫힌
세계와
생존
게임

홍성국 지음

메디치

여는 말

―――――――――――● ―――――――――――

1970년대 초반 김민기가 곡을 만들고 양희은이 부른 여러 노래 중에 〈작은 연못〉이라는 노래가 있다. 발표 때부터 많은 인기를 얻었지만 염세적이라는 이유로 곧 금지곡이 되었다. 가사는 단순하다. 세상의 변방에 있는 작은 연못에 살던 두 마리의 물고기가 서로 싸워 마침내 한 마리 물고기가 이겼지만, (죽은 물고기와 함께) 연못물이 썩어들어가면서 결국 아무도 살아남지 못하게 되었다는 내용이다. 당시에는 '반전'(反戰) 메시지를 담은 것으로 주목받았지만, 최근 다시 이 노래를 들으면 섬뜩할 정도로 요즘 세상을 풍자한다고 느껴진다.

나는 20여 년간 수축사회(과거에는 디플레이션으로 개념화했었다)로 세상이 전환(轉換, transition)한다는 것을 주제로 글을 써왔다. 기후/안전 위기, 고령화와 인구 감소, 과학기술의 발전이 만들어낸 3가지 위험이 동시에 지구를 강타하고 있기 때문이다. 따라서 과거와 다른 새로운 대응이 필요하다는 주장을 펼쳐왔다. 노래 〈작은 연못〉의 메시지처럼 '수축사회'가 도래하면서 우리 스스로 적(敵)을 만들고 싸우다가 공멸의 길로 가기 시작한 것은 아닐까? 자신 이외의 모두와 치열하게 서로 싸우는 세상은 이미 우리 눈앞에 와 있다.

3가지 위기는 상호의존적으로 영향을 주고받으면서 우리 삶의 기초 환경을 완전히 전환시키고 있다. 사람들은 스스로 울타리를 만들면서 열린 세계에서 마음의 문을 닫고 있다. '나' 이외는 모두가 적이 되는 제로섬 사회가 된 것이다. 지금 사람들에겐 'All or Nothing' 2가지 선택지밖에 없다. 수축사회에 대한 부적응이 극심한 일부 사람들은 불특정 다수에 대한 공격으로 묻지마 칼부림, 예고 살인, 무차별 폭력, 차량 인도 돌진 등을 감행한다. 한편 서이초 교사 자살 사건 등에서 보이듯 자신과 가족 등 울타리 바깥의 사람에게는 어떤 짓이든 해도 된다는 갑질사회의 해악도 일상화되었다. 사회적 가치가 완전히 사라진 시대의 살풍경한 모습들이다.

이제 파이가 정체 혹은 줄어드는 수축사회에서 살아남기 위해서는 타인으로부터 파이를 뺏어오거나 혹은 타인을 제거하는 생존 게임을 벌여야 한다. 작게는 가정폭력이나 학교폭력, 또 이웃 간의 층간 소음 분쟁 등부터 정치적 갈등으로 나라가 양분되어 격렬히 대립하고, 더 크게는 국가 간의 생존 게임으로 지구촌이 몸살을 앓고 있다. **역사상 최초로 말 그대로의 '만인 대 만인의 투쟁' 시대가 된 것이다. 우리는 '연못 속의 붕어'가 되어 물이 썩어 들어가든 말든, 그래서 내가 죽든 말든 전투에 열중하고 있다.** 그 결과로 마침내 지구는 아무도 살지 못하는 세상이 되는 것일까?

2018년 《수축사회》 출간 후 큰 흐름은 예상과 일치했다. 그러나 코로나 위기로 상황은 빠른 속도로 나빠졌다. 과거와 달라진 세상에서 코로나가 가속시킨 혼란으로 사람들은 더 치열하게 싸우기 시작했다. 물론 지나친 비관론일 수도 있다. 인류 역사 속에서 많은 어려움이 있었지만 그때마다 사람들은 슬기롭게 극복해왔다. 비관론으로 가득 찬 〈작은 연못〉 가사로 지금을 비유하는 것은 경고의 의미가 크다. 역사적인 위기가 동시에 발생하고 있지만 대응은 여전히 낡은 과거형이기 때문이다.

2023년 세계는 코로나 위기에서 벗어나면서 다시 수축사회 분위기가 강해지고 있다. 예상대로 패권전쟁은 현실이 되어 세계 모두가 참전해서 싸우는 난타전이 벌어지고 있다. 이 책은 난타전에 참여하는 사람들의 마음의 변화부터 설명한다. 이어 자본주의, 민주주의, 포퓰리즘, 양극화 등 수축사회 진입에 따른 사회와 제도의 변화를 탐구한다. 또 주요 국가의 국내적 상황을 분석해서 수축사회가 세계적 차원의 보편적 현상임을 밝히려 노력했다.

특별히 이 책은 현재 가장 중요한 이슈인 미-중 간 패권전쟁을 집중 조명한다. 국내적 상황, 세계 경제, 과학기술 등 복합적 측면에서 살피려 했다. 결론은 2030년경은 되어야 승패가 결정될 것으로 분석했다.

《불평등의 역사》를 쓴 샤이델 교수는 이제까지 인류 역사에서 질병, 전쟁, 기후위기만이 불평등을 해소했다고 한다. 질병(코로나 위기), 전쟁(미-중 패권전쟁), 기후위기가 동시에 발생한 때가 과연 있었을까? 전

지구적 차원에서 3가지 위기가 동시에 발생한 지금이 반대로 대안을 만들 적기로도 볼 수 있다. 한국의 미래와 해결 방안에 대한 내용은 추후 집필할 예정임을 밝힌다.

수축사회와 패권전쟁은 사회 모든 영역에 핵심적인 영향을 준다. 정치·경제 영역의 리더그룹뿐 아니라 투자자들에게도 장기적 관점의 의사결정에 도움이 되었으면 한다. 특히 우리 사회의 근본적인 문제에 고민이 많은 분들과 교감하는 계기가 되었으면 한다.

●— 이 책은 여타 경제/정치/미래학 서적과 다소 차이가 있다.

1) 세계적 지성들이 제시하는 탁월한 혜안은 대부분 미국 등 해외 사례가 중심이다. 이 책은 세계적 전환을 한국과 연결시키려고 노력했다. 완전 개방국가인 한국은 세계의 변화가 가장 빨리 나타나는 국가다. 세계적 차원에서 벌어지는 문제는 바로 한국, 우리의 문제다.

2) '나' 자신의 문제와 세계 차원의 전환을 연결하려 시도했다. 인간성의 변화, 불평등, 포퓰리즘, 자본주의의 근본적 변화가 나와 세계에 어떤 영향을 주는지가 핵심 논제다.

3) 가장 최신의 통계와 뉴스를 통해 세계적 전환에 동시적으로 접속시키려 노력했다. 바로 지금 발생하고 있는 상황과 거대한 역사의 흐름을 연결시켜 미래를 준비하기 위함이다.

4) 다양한 변수를 사용하는 통섭(統攝, consilience)적 접근을 시도했다. 지정학자는 국제질서로만 세상을 본다. 경제나 사회적 변화에는 주의를 기울이지 않는다. 인문학자는 기술의 전환을 반영하지 않는다. 경제학자는 국제정치나 자본주의의 근본적 변화를 고려하지 않는다. 바로 이런 갈증을 해소하기 위해 다양한 시각을 담으려고 노력했다.

5) 특히 수축사회(기후위기, 인구 감소, 과학기술의 발전)의 3가지 요인 간 상호작용으로 현상을 분석하려 노력했다. 우리가 접하는 대부분의 사회적 전환이 사실상 수축사회가 원인이라는 인식을 높이기 위해서다. 이 책을 읽는 동안 늘 수축사회의 3가지 원인을 잣대로 현상을 해석해야 책을 읽는 의미가 있다.

•— 이해의 폭을 높이기 위해 몇 가지 서술상의 특징이 있다.

1. 가장 최신의 서적, 뉴스, 데이터를 사용했다. 현재 벌어지는 상황을 종합적 맥락으로 살피기 위함이다. 과거 자료로는 수축사회를 이해할 수 없다.

2. 이미 상식 수준으로 알려진 것은 가급적 설명을 줄이고 새로운 시각을 담고자 노력했다. 기초적인 것에 대한 설명은 가급적 줄였다.

3. 쉬운 한국식 용어를 사용하려고 노력했다. 예를 들어 SNS는 한국식 용어다. 글로벌 표준은 소셜 미디어(social media)다. 그러나 우리는 SNS가 편하다. 이 책에는 많은 숫자가 나온다. 거의 모든 책은 ○○ 퍼센트라고 쓴다. 그러나 이 책에서는 '%'로 편한 표현을 쓸 예정이다. 코로나 19, 팬데믹보다는 그냥 '코로나'로, 이데올로기는 '이념'으로 표현했다.

4. 여러 가지 내용을 설명할 경우 숫자(number)를 붙여 설명했다. 정리가 잘되고 오래 기억되기 때문이다.

차례

2부 흔들리는 세계

3부 지금은 패권전쟁 중

세계가 수축사회에 진입하면서 적응이 쉽지 않다. 어떻게 살아야할지 고민은커녕 당장 적응도 어렵다. 사람의 마음이 달라졌다. 내가 아는 사람들이 아니다. 불평등이 깊어지고 세상은 모든 것이 양극단으로 나눠져 서로 싸우고 있다. 가짜 뉴스가 세상을 오염시키고 포퓰리즘이 정치와 종교를 대체하고 있다. 자본주의는 새로운 형태로 바뀌고 있다. 1부에 서는 다양한 변화를 수축사회 관점에서 접근한다. 이 책의 핵심인 패권전쟁을 이해하는 기초가 될 것이다.

1부

거의 모든 것의 전환

1장

세상은 왜 수축하는가?

수축사회는 거의 모든 상식을 파괴한다. 일상적인 삶을 둘러싼 대부분의 환경이 바뀌면서 부적응에 시달리는 사람들이 많아졌다. 내가 알고 있는 세상과 현실세계 사이의 간격이 너무 벌어지니 중심을 잡기도 어렵다. 오직 '나'만의 생존이 목표가 된다.

모두가 자신의 생존에만 집착하는 것은 자연스러운 일이다. 그러나 지나치면 개인의 선택은 합리적일지라도 사회 전체가 혼탁해지고 발전이 저해되는 이른바 구성의 오류(fallacy of composition)가 나타난다. 개인의 생각과 사회가 추구하는 방향이 엇박자를 내면서 사회의 모든 제도와 기본 가정이 무너지고 있다.

마음의 병

전대미문의 위기가 잇따르자 사람들은 방향성을 상실한 채 화(火)만 내고 있다. 울분 전문가인 서울대 유명순 교수에 따르면 국민의 약 58%가 '만성적인(chronic) 울분' 상태에 있다고 한다. 1년 전에 비해 무려 약 11%P 높아진 수치다. 건강보험공단에 따르면 한국의 우울증 환자는 2010년 64만명에서 2020년 100만명을 넘어선 것으로 조사되었다. 청소년(13~18세)도 비슷해서 약 35% 정도가 우울증 증세가 있는 것으로 조사되었다.[1] 우울증으로 병원 진료를 받은 만 18세 이하 아동·청소년은 2019년 3만3,536명에서 2021년 3만9,870명으로 19%나 증가했다. 대한소아청소년 정신의학회에 등록된 전국 소아청소년 정신과 병원은 2015년 275곳에서 2023년 498곳으로 2배 가까이 늘어났다. 이 중 10%에 해당하는 56곳이 서울 강남 3구에 몰려 있다. 천근아 세브란스병원 소아정신과 교수는 "우울증·ADHD(주의력결핍 과잉행동장애) 등이 워낙 많아 (진료 예약이) 2028년까지 꽉 차 있다."고 한다.[2]

2000년에 전 세계적으로 전쟁으로 인한 사망자는 31만명, 폭력 범죄로 인한 사망자는 52만명이었다. 자동차 사고로 인한 사망자는 126만명, 자살로 인한 사망자는 81만5천명이었다. 한 개인을 죽이는 것은 이제 테러리스트나 군인, 마약상보다 본인 스스로일 가능성이 더 커졌다.[3] 또한 보통 사람들은 가뭄, 에볼라, 알카에다의 공격으로 죽기보다 맥도날드에서 폭식해서 죽을 확률이 훨씬 높아졌다.[4]

스위스는 관광대국이다. 요즘 스위스에는 새로운 관광객이 출현했다. 바로 조력자살(assisted suicide)을 위해 매년 200명이 스위스로 입국한다. 스위스는 자신의 의사만 명확하면 원하는 때에 고통 없이 약물로 삶을 마감할 수 있는 조력 자살이 합법이다. 물론 외국인도 허용된다. 스위스에는 9개의 조력자살 회사가 있는데, 1982년 설립된 스위스 최초·최대의 조력 자살 업체 '엑시트(EXIT)'는 회비를 내는 회원만 14만2천명이나 된다. 또 9개 중 2개 업체는 외국인 고객도 받는다. 1998년부터 2021년까지 이곳을 통해 자살한 외국인은 총 3,460명이다. 한국인도 3명이 조력자살 업체를 통해 생을 마감했다. 2002년 네덜란드를 시작으로 벨기에·캐나다·룩셈부르크·뉴질랜드·스페인·콜롬비아 등에서 적극적 안락사(euthanasia)를 합법으로 인정하고 있다.[5]

도대체 뭐가 잘못된 것일까? 그 어떤 생명체와도 비교할 수 없는 존재인 인간이 스스로 개체 수를 줄이고 있다. 그만큼 극심한 스트레스가 세상을 덮고 있는 것이다. 어떻게 해결해야 할까? 논의는 무성하지만 누구도 대답을 내놓고 있지 못하다.

변화가 아니라 전환이다

이런 논의에 대해 나는 '이번'이라는 용어에서부터 실마리를 찾고 싶다. '이번'이라는 말은 과거에도 비슷한 사례가 있었다는 전제를 깔고 있다. 나는 지금 겪고 있는 위기는 과거 그 어떤 상황과도 비교할 수 없고, 비교해서도 안 된다고 단언하면서 글을 시작하고자 한다.

우선 '변화'와 '전환'이라는 두개의 단어를 구별해보자! '변화'는 중심질서는 유지된 채, 어떤 노력에 의해 다시 원상태로 '복귀 혹은 회복'될 수 있는 것을 의미한다. 예를 들어 경기가 침체할 때 금리를 낮추고 돈을 풀면 경제가 회복된다. 길게 보면 산업혁명, 짧게 보면 2차 세계대전 후 많은 격변과 사건들이 있었지만 결국 세계 경제는 회복되고 인류는 성장해왔다. 이런 게 바로 변화다.

'전환'은 완전히 다른 세계로 가는 것이다. 마치 3차원에서 4차원으로 이동하듯 사회 시스템 전체가 새로운 세계로 가는 것이다. 생물의 본성은 후손을 남기는 것인데, 지금 인류는 짝짓기를 거부하고 스스로 개체 수를 줄이고 있다. 디지털 과학기술은 인간보다 똑똑한 기계를 출현시켰다. 사회생활보다 사이버 공간에서 생활하는 것이 더 행복한 사람도 급격히 늘고 있다.

지금 우리가 마주한 상황은 변화가 아니라 전환이다. 역사상 최초의 전환이 함께 몰려오면서 쾌속 질주하던 지구호가 방향을 상실하고 있는 것이다. 이런 현상에 대해 나는 2004년 《디플레이션 속으로》를 시작으로 20여 년째 복합 전환을 주제로 글을 써오고 있다. 가까이는 2018년 《수축사회》라는 새로운 단어를 앞세운 책을 통해 현재의 전환을 정의하고 설명했다. 오랫동안 변화 대신 전환이라는 용어를 강조하고 빈번히 사용하며 '수축사회'에 대해 경고해왔다.

우리는 주변에서 늘 마주하고 있는 현상을 깊게 파악하고 상호작용과 간접적 파급경로까지 포함해 세상을 바라본다. 유발 하라리는 《사피엔스》에서 인류가 7만 년 전 인지혁명으로 다른 동물과 차별화되는 지적 능력을 보유하게 되었고, 1만2천여 년 전 농업혁명을 통해 발전의 가도에 올라탔다고 한다. 인류는 7만 년, 혹은 적어도 1만2천 년 전부터 '팽창사회'로 돌입했던 것이다. 더 짧게 그리고 지금 현대사회와의 연관성 면에서 보면 르네상스 혹은 18세기 산업혁명 이후 세계는 우상향으로 성장 추세가 계속적으로 이어진 '팽창사회'였다. 그렇다보니 현재보다 미래가 풍요로울 거라는 생각이 사람들 머릿속에 각인되었다.

그러나 21세기에 들어서면서 인류 역사상 가장 중요한 3가지 위기가 동시에 발생했다. 단순한 위기를 넘어 새로운 전환 과정으로 진입한 것이다. 역사의 전환을 촉구하는 3가지 위기는 기후/안전 위기, 인구 감소, 과학기술의 급속한 발전이다. 이 3가지 위기는 상호의존적(interdependent)이다. 서로 영향을 주고받으면서 세계를 수축시키고 있다. **팽창사회에서 수축사회로 급커브를 시작한 것이다.** 최근 우리가 위기 혹은 문제라고 여기는 것의 근본 원인은 대부분 수축사회로 향하는 이 3가지 요인 때문이다.

수축사회로 향하는 이 3가지 요인은 코로나가 종료되자 더 강화되고 있다. 이 책의 목표는 3가지 위기를 잣대로 현재의 세계를 분석하고 미래를 예측하는 것이다. 또한 지식의 통합이라는 통섭적 차원에서 상호작용을 규명하고자 한다.

요인 1: 기후/안전 위기, 45억년 지구 역사 최대 사건

러시아-우크라이나 전쟁에서 러시아가 초기에 기선을 제압하지 못한 것은 날씨 때문이다. 전쟁 초기 유럽의 이상 고온으로 러시아가 압도적 우위에 있던 전차 등 자주화기의 기동이 어려웠다. 러시아는 서

유럽에 천연가스 공급을 중단하기도 했다. 그러나 따뜻한 날씨 때문에 천연가스 소비량이 줄어 서유럽은 난방비 폭탄 위기에서 벗어날 수 있었다. 기후위기가 전쟁의 승패에까지 영향을 주고 있는 것이다.

중국은 물 부족을 이유로 메콩강 상류에 대규모 댐을 건설하고 있다. 메콩강 하류의 라오스, 캄보디아, 베트남 등은 점차 수자원이 고갈되고 있다. 향후 수자원을 놓고 중국과 범 메콩강 국가 간의 갈등이 예상된다.

기후위기와 오염된 환경을 복원할 해법은 별로 없다. 관련 기술도 부족하고 복구까지 엄청난 시간이 소요된다. 화석 에너지(자동차, 전기)가 주는 편리함을 거부할 정도로 사람들은 참을성이 강하지 못하다. 사용 이후 단계인 폐기물 처리 역시 귀찮고 많은 비용을 수반한다. 어떤 국가가 대기나 해양을 오염시켰는지 책임을 규명하고 치유할 방법이나 비용도 부족하다. 시간은 없는데 대안은 잘 모른다. 가장 쉬운 방법은 살아가는 방식 자체를 바꾸는 것이지만 실천은 너무 어렵다.

그동안 인류는 지구를 정복의 대상으로 삼아 발전해왔다. 그러나 지금은 지구환경의 일부인 기후가 인류에 역습을 가하고 있다. 기후와의 전쟁에서 인류는 승리할 수 없다. 기후위기 극복을 위한 노력이 성공해서 **지구 온도를 20세기 후반 정도로 되돌리는 시점은 언제일까? 아마 그 시점은 지금 생존해 있는 사람들이 모두 사망한 이후가 될 것이다.** 미국 국방장관을 지낸 도널드 럼스펠드는 모든 위기를 세 가지로 구분한다.

① 원인을 알고 있고 해법도 아는 위기

② 원인은 모르나 위기가 발생하면 해법을 알 수 있는 위기

③ 원인도 모르고 해법도 모르는 위기로 가장 심각한 위기다.[6]

　　이중 바로 원인과 해법을 모르는 위기가 기후위기다. 지금 지구는 인류가 자초한 기후위기에 대해 가늠할 수 없을 정도의 비용청구서를 보내고 있다.

　　기후위기와 비슷하게 과거에는 존재하지 않았던 위기 중 하나가 '안전' 위기다. 독일의 사회철학자인 울리히 벡(Ulrich Beck)은 <u>과학기술이 발전할수록 사회가 보다 위험해진다</u>는 '위험사회'를 주장했다. 과학기술의 발전으로 물질적 풍요는 크게 향상되었다. 그러나 대가도 있다. 원자력 발전소, 고속철도, 초고층 빌딩, 육류 등 풍부한 단백질 식품의 보급, 질병을 치료하는 다양한 의약품 등은 수명을 연장하고 삶을 행복하게 한다. 그러나 이런 영역에서 한번 사고가 발생하면 파급 효과는 거의 궤멸적이다.

　　2023년 현재 한국의 모든 사회적 의제는 안전이다. 코로나 바이러스는 비행기로 이동해서 역사상 어느 질병보다 빨리 확산되었다. 봄철 산불, 아프리카 돼지 열병, 건물 붕괴, 세월호 참사, 이태원 참사, 후쿠시마 핵오염수 방류 문제 등은 모두 안전 이슈다. 한국이 위험사회가 되었다는 증거다. 안전을 지키는 비용 역시 천문학적이다. <u>기후위기와 안전 비용은 지금까지 인류가 지불하지 않았던 비용이다. 그러나 이제 부가가치세처럼 살아 숨 쉬는 한 내야 할 영구 세금이 되었다.</u>

요인 2: 스스로 멸종하는 인류

"해법은 명확하다. 결국 고령층이 집단 자살 또는 집단 할복하는 것 아닐까?" 나리타 유스케라는 예일대 조교수가 2021년 뉴스 프로그램에서 한 말이다. 고령화 사회의 해법을 설명하는 과정에서 나온 말인데 자못 끔찍하게 들린다. 그는 일본 초중고생을 대상으로 한 강연에서도 이 내용을 설명했다고 한다.[7]

저출생에 따른 고령화와 인구 감소는 전쟁이나 질병 등으로 일시적인 인구 감소를 제외할 경우 역사상 처음 있는 일이다. 현재 추세대로 출생률이 하락하면 한국은 서기 2700~2800년쯤, 일본은 2900년쯤 아무도 살지 않게 된다. 저출생은 지구촌 공통의 문제지만 특히 과학문명이 발전한 선진국에서 더 심각하다. 인도, 아랍, 중남미, 아프리카 등 개발도상국은 아직 시간이 있지만 이 지역 역시 출생률이 빠르게 하락하고 있다.

2차 세계대전 후 대부분의 국가는 베이비붐 시대를 겪었다. 대략 1947~1955년 사이에 태어난 서구의 베이비부머들은 역사상 최고의 현대문명을 만들어왔다. 이들은 큰 전쟁 없이 과학기술의 발달로 편안하고 건강하게 은퇴기를 맞고 있다. 아시아 국가들도 서구의 베이비부머의 출현 시기와 유사한 인구 성장 경로를 거쳤다. 일본은 1947년, 한국은 1955년, 중국은 대약진운동 이후인 1962년, 베트남은 1977년에 베이비붐이 시작되었고 바로 이 순서대로 성장 열차에 올라탔다.

현재는 고령화와 이에 따른 경제와 사회 변동에 특별히 주목해야 하는 시기다. 지구촌 베이비부머들이 동시다발적으로 은퇴를 개시했기 때문이다. 지금까지 고령화는 예측의 영역이었지만 앞으로는 현실이다. 서구와 일본(1947년 생 이후 출생)의 선발 베이비부머들은 70대 중반을 넘기면서 이제는 거의 노동현장에서 은퇴했다. 이후 출생한 베이비부머도 70세 인근에 도달했다. 사장이었든 말단 직원이었든 이들은 노동자로서 생산을 담당하다가 이제는 복지의 대상으로 바뀌었다.

붕괴하는 사회 시스템

한국은 1차 베이비부머의 끝 세대인 1963년생들이 정년인 만 60세를 넘기면서 노동 현장에서 이탈하고 있다. 전체 인구의 약 15%, 약 700만명 정도의 인력 가운데 1년에 80~90만명씩 은퇴하고 있다. 물론 최고경영자나 자영업자는 나이 제한이 없기 때문에 더 오래 노동 현장에 머물 수 있다. 은퇴 시점이 사람마다 차이가 나서 고령화의 부작용을 체감하려면 약간의 시간이 더 필요해 보인다.

한국보다 7~8년 먼저 베이비부머 시대를 맞이한 일본과 서구는 고령화로 인한 노동시장의 본격적인 변화가 시작되었다. 일본은 2017년(베이비부머인 1947년생이 70세를 넘기는 시점) 경부터 '잃어버린 30년'이 전혀 다른 국면으로 전환되었다. 고령자의 대규모 은퇴로 노동 공급이 줄자 임금이 상승하고 청년들이 쉽게 일자리를 구할 수 있게 된 것이다. 미국도 코로나 국면에서 일본과 비슷하게 베이비부머의 대규모 은퇴가 나타났다.

일본과 미국 상황을 한국에 단순 대입해보면 베이비부머의 맏형인 1955년생이 70세에 도달하는 2025년 이후부터 청년 고용 문제가 해결될지 모른다는 기대(?)를 갖게 한다. 그러나 디지털 기술 확산, 최고 수준의 노인 빈곤율 등 한국적 현상을 감안하면 베이비부머의 은퇴로 인한 효과는 2030년은 되어야 체감할 수 있을 듯하다.

고령화 문제는 현재의 당면한 위기다. 반면 저출생에 따른 부작용과 경제적 영향은 다소 시간이 남았다고 판단할 수 있다. 사람은 먼 미래보다 늘 눈앞의 문제에 집중하는 한계가 있다. 극단적 가정이지만 자식 입장에서 생각하면 부모를 부양하는 비용이 과다할 때, 자신의 자녀를 출산하지 않음으로써 전체 생활비를 줄일 수 있다. 분명 잘못된 편향이지만 사회 전체적으로 이런 경향이 있다는 점을 부인할 수 없다. 그런 점에서 고령화와 저출생 문제는 서로 연결되어 있다.

유사 이래 대부분 사회의 인구구조는 피라미드 형태였다. **모든 사회 시스템은 피라미드 인구구조를 전제로 만들어져 있다. 그런데 역삼각형 모양의 피라미드 인구구조로 향하게 되니 모든 사회시스템이 대혼란에 빠지고 있다.** 가족도 해체 수준이다. 한국의 1인 가구는 전체 가구의 41%인 972만 가구에 이른다.[8] 이런 식으로 4대에 걸쳐 1명이 태어난 남녀가 결혼하면 명절을 포함해 만상주를 무려 30번 해야 한다. 머지않아 조의금은 사라질 것이다. 장례 기간도 3일은 너무 길다며 대폭 짧아질 것이다. 내가 사망하면 수 시간 내 화장돼서 어딘가에 뿌려지거나 유골함에 들어가 보관될 것이 확실하다. 연금, 건강보험, 생명보험 등 사회 기반을 이루는 제도는 존재가 불가능해질 것이다. 지금 인류는 스스로 멸종을 선택하고 있다.

요인 3: 과학의 노예가 된 인류

인류 역사는 과학기술 발전의 역사다. 어떤 과학기술을 누가, 얼마만큼 가졌는지에 따라 권력과 부(富)가 결정되었다. 청동기 기술이 석기 문명을 정복하고, 청동기는 철기 문명에 패권을 내주었다. <u>르네상스 시대 이후에는 에너지 기술로 패권이 결정되었다.</u> 처음에는 바람을 이용한 범선 강국인 스페인, 네덜란드가 세계 패권을 가져갔다. 석탄을 활용했던 영국은 대영제국을 세웠지만, 석유 문명을 주도한 미국에 패권을 내주었다. 과학기술을 조기에 도입하고 이용한 국가가 패권을 차지했다.

거의 모든 것의 과잉

적어도 21세기 초반까지 과학기술은 인류의 삶을 풍요롭게 했고 일자리를 늘렸다. 새로운 기술의 출현은 과거 기술과 문명을 파괴했다. 20세기 말 IT혁명 출범기에 당시 최고의 문명비평가인 제레미 리프킨(Jeremy Rifkin)은 1995년 《노동의 종말》이라는 기념비적인 저술에서 과학기술이 노동 사용을 줄이는 새로운 시대의 출범을 예고했다. 프랑스의 사회학자인 자크 아탈리(Jacques Attali)도 '기계가 새로운 프롤레타리아다. 노동계급에게는 해고 통지서가 발부되고 있다.'고 경고했다.

이런 석학들의 경고는 매우 합당하다. 지금까지는 기계가 사람의 일자리를 빼앗는 부정적 효과보다 풍요와 빈곤 퇴치와 같은 긍정적 효과에 주목해왔다. 20세기 후반에 중국과 인도를 비롯해 전 세계 절대 빈곤층이 크게 감소한 점은 인정해야 한다. 그러나 점점 과학기술이 노동을 대체하면서 중산층이 몰락하고 양극화가 심해지는 것을 목격하고 있다. 노동의 종말이 오고 기계가 프롤레타리아가 되는 상황이 가까이 와 있음에도 세계 경제가 성장하고, 양극화를 어느 정도 견딜 수 있었던 것은 3가지 이유에서 찾을 수 있다.

① 과학기술 발전으로 세계 인구가 지속적으로 증가했다. 인구 증가는 새로운 수요를 창출한다.

② 3차 산업혁명이 지구촌 전체에 영향을 주었다. 중국뿐 아니라 아프리카, 중남미까지 새로운 산업화 대열에 동참하였다. 특히 1, 2차 산업혁명을 수용하지 못했던 개도국들에 핸드폰 등 IT 기기가 보급되면서 지구촌 전체가 일시적인 급성장기를 맞았다. 흔히 이머징마켓(떠오르는 시장, emerging market)이라고 하는 최빈국들은 1, 2, 3차 산업혁명이 동시에 나타났다. 중국과 베트남이 가장 대표적인 국가다.

③ 냉전 종식과 세계화라는 시간적 특성이 큰 역할을 했다. 1989년 베를린 장벽 붕괴를 계기로 공산권이 해체되기 시작했다. 소련, 동유럽, 그리고 가장 큰 시장인 중국이 세계 경제에 편입되었다. 국가 간의 교역이 증가하고 고성장이 이어지면서 지구촌 전체가 들썩였다. 절정기는 2002년부터 2008년 글로벌 금융위기까지다. 당시 세계 경제성장률은 연 5%대까지 높아졌다. 아마도 인류 전체가 동시에 가장 높게 성장한 시기일 것이다.

이 3가지 요인은 과학기술 발전이 인류에게 준 긍정적 영향이다. 그동안 워낙 경제성장이 빨랐기 때문에 사회적 불평등과 같은 부작용은 충분히 가릴 수 있었다. 그러나 두 가지 중대한 측면에서 과학기술은 이제 수축사회 진입을 앞당기는 촉매제로 작용하고 있다. 먼저 계속 증가하던 수요에 문제가 생겼다. 선진국에서는 인구 감소와 고령화가 정착되면서 소비 수요를 줄이고 있다. 지구촌 고성장 시대에 가려져 있던 양극화 현상이 경제 위기가 반복되면서 사회에 큰 부담을 안겨주고 있다. 소득 하위계층 인구가 증가하면서 소비 시장에서 퇴출되기 시작하고 있다.

공급측면에서는 과학기술의 발전으로 효율성이 극대화되면서 생산성이 비약적으로 높아졌다. 더 싼 가격에 더 우수한 품질의 상품이 공급되었다. **수요는 위축되고 공급은 폭발적으로 증가하는 수급 불균형 혹은 공급과잉의 시대가 되었다.** 21세기 들어서면서 세계는 수요와 공급이 불일치하는 근본적인 문제가 발생했음에도 애써 감추려 했다. 방법은 간단했다. 부채를 늘려 부족한 소비 수요를 자극하는 것이었다. 21세기가 시작된 후 22년간 세계 전체의 부채는 GDP 대비 191%에서 2022년 말 기준 248%로 늘었다. 부족한 수요를 빚을 내서 소비하다가 코로나의 공격을 받은 것이다.

지난 20년간 나는 주로 공급과잉 측면에서 과학기술 발전을 해석해왔다. 그러나 사람을 능가하는 기계의 탄생으로 사람들의 생존이 위협받게 되었다. AI 등 디지털 기술은 더 빠르게 수축사회를 강화시킬 것이다. 이에 관해 좀 더 자세히 이야기해보자.

터미네이터와 아바타, AI와의 투쟁

과학기술이 초가속 발전하면서 통제가 어려워지고 있다. 디지털 혁명의 미래는 제임스 캐머런(James Cameron) 감독의 영화 두 편으로 살펴보면 이해가 빠를 듯하다. 애플 컴퓨터의 스티브 잡스가 매킨토시(Macintosh) PC를 팔기 시작한 1984년에 영화 〈터미네이터(Terminator)〉가 개봉되었다. '스카이넷'이라는 인공지능이 2029년 핵전쟁을 일으킨다. 이후 스카이넷이 인류를 완전히 멸종시키기 위해 핵전쟁 이후 생존자들을 제거하는 과정이 핵심 스토리다. '스카이넷'이라는 용어를 현대 기술로 설명하면 하늘에 떠있는 네트워크로 볼 수 있다. 차세대 무선통신 기술인 6G 기술은 소형 인공위성 다수를 우주에 띄워 통신하려는 기술이다. 지금부터 40여 년 전에 이런 기술을 예측한 점이 정말 놀랍다.

2023년 5월 23~24일 인공지능(AI)이 통제하는 미 공군의 드론이 적의 지대공 미사일 시스템을 찾아내 폭격하는 가상(simulated) 훈련에서 폭격의 최종 결정권을 가진 인간 조종자(operator)를 '살해'하는 일이 발생했다. 미국 공군은 AI가 통제하는 드론에게 적의 지대공 미사일(SAM) 시스템을 식별해 파괴하고, 이 명령의 수행을 방해하는 자는 제거하라는 지시를 주고 시뮬레이션을 진행했다. 폭격 여부(go/no-go)의 최종 결정권은 당연히 인간 오퍼레이터에게 있었다. 그러나 AI는 적 미사일 제거가 선호되는 옵션이라고 점차 인식하게 됐고, 인간이 내리는 '폭격 금지(no-go)' 지시가 이 우선적인 임무를 방해한다고 판단하자 자신의 임무를 '방해'하는 오퍼레이터를 살해했다. 마치 영화 〈터미네이터〉의 스카이넷과 비슷한 행동을 한 것이다.

데이터 보호 및 랜섬웨어(사용자 PC를 인질로 삼는 보안 공격) 복구 솔루션 기업인 '빔 소프트웨어(Veeam Software)'가 1,200개 이상의 기업, 랜섬웨어 3,000여 건을 분석한 것에 따르면 12개월간 85%의 기업이 한 차례 이상의 사이버 공격을 경험했으며, 이는 전년도의 76%에 비해 크게 증가한 수치였다. 또한 피해를 입은 기업의 74%는 보험을 통해 몸값을 지불했다고 한다.[9] 이제 기업들은 AI와 챗GPT라는 새로운 적과 마주하고 있다. AI가 사람을 공격하기 시작한 것이 아닐까?

최근 챗GPT의 열풍 속에서 6개월 동안 인공지능 시스템 개발을 잠정적으로 중단하자는 주장까지 나왔다. 미국의 비영리단체 '생명미래연구소(FLI, The Future of Life Institute)'는 2023년 3월 22일 AI 기술의 발전 속도가 너무 빨라 오남용과 부작용이 우려된다며 최소 6개월간 AI 개발을 중단하자고 제안했다. 테슬라의 일론 머스크, 애플 공동창업자 스티브 워즈니악, 《사피엔스》의 저자 유발 하라리 등 관련 분야 전문가 3천여 명이 서명에 동참했다. 통제할 수 없는 AI에 대한 두려움 때문이다. 그러나 에릭 슈밋 전 구글 회장은 6개월 개발 중단이 중국만 이롭게 할 뿐이라며 반대했고, 개발 유예 서명에 동참했던 일론 머스크는 최근 X.AI라는 인공지능 회사를 설립하기도 했다. 알 수 없고 통제할 수 없는 AI의 위협은 아주 가까이 와 있다.[10]

제임스 캐머런의 두 번째 영화는 2009년 개봉된 〈아바타〉다. 지금까지 전 세계 흥행기록 1위를 달리는 작품이다. 지구의 에너지 고갈 문제를 해결하기 위해 판도라 행성을 침공하는 인류. 그러나 판도라는

수축사회 2.0: 닫힌 세계와 생존 게임

독성을 지닌 대기 때문에 자원 획득에 어려움을 겪는다. 이에 인류는 판도라의 토착민 나비족(Navi)의 육체에 인간의 의식을 주입, 원격 조종이 가능한 새로운 생명체 '아바타'를 탄생시키는 프로그램을 개발한다. 아바타는 인터넷 사용자에게 분신(分身)의 의미로 다가온다. 현실 세계를 벗어나 사이버 공간에서 활동하는 인류의 모습니다. 최근 부각되고 있는 메타버스와도 유사하다. 영화 〈아바타〉의 주제는 사람의 의식과 물리적 실체(육체)와의 분할을 상징한다. 또한 21세기 신인류는 사이버 세상이 더 행복할 수도 있다.

그동안 지식의 축적은 인류 고유의 특성이었다. 그러나 AI와 디지털 혁명으로 기계도 스스로 지식을 축적할 수 있게 되었다. 사람의 입력과정 없이 스스로 가동되는 기계가 계속 등장하고 있다. 인류의 진화 과정에서 또 다른 전환점을 맞고 있는 것이다. 스스로 생각하는 AI에 대해 유발 하라리는 "생명이 유기화합물이라는 작은 세계 속에서 40억 년간 배회한 끝에 마침내 비유기물의 영역으로 뛰어 들어온다."고 표현했다.[11] 바야흐로 생명의 새로운 전환이다.

AI에 종속되어 가는 사람들…

인공지능은 영화 〈터미네이터〉와 같이 핵전쟁을 유발할 수 있지만 또한 의도하지 않은 변화도 발생시키고 있다. 최근 포퓰리즘이 거세지는 것은 알고리즘의 영향이 크다. 유튜브에서 특정 동영상을 시청하면 이후 알고리즘에 따라 유사한 동영상에 집중적으로 노출되면서 사용자의 심리가 편향적으로 흘러가게 된다. 자신도 모르게 선호하는 정보에 지속적으로 노출되면서 판단력이 흐려지고, 중도적이거나 합리적인 생각을 할 수 없게 된다. 이런 사람들의 비중이 높아지면 사회와 의식의 양극화가 고착화 된다.

이미 AI는 사람의 뇌를 조종하면서 사회 갈등의 원초적 기반을 제공하고 있다. 컴퓨터가 사람의 마음을 창조하고 욕망도 컴퓨터가 만들어줄지 모른다.[12] 구글의 AI 연구팀인 딥마인드가 개발한 AI는 기존보다 더 빠르고 효율적인 코딩 알고리즘을 만들고, 사람이 더 이상 개선할 여지가 없다고 생각했던 컴퓨터 언어 C++을 개선하는 데 성공했다. 컴퓨터가 스스로 컴퓨터 프로그램을 짜고 결과물에서 인간을 압도한 것이다. 2020년 딥마인드가 개발한 '알파폴드2'는 단백질 구조 예측에 성공하며 사람이 지난 50여 년간 연구한 결과를 뛰어넘었다. 앞으로 AI는 사람만 할 수 있었던 영역에서 한계를 극복하며 성과를 낼 것이다.[13]

AI 등 미래 기술은 과학기술의 발전을 가속화하고 있다. 바이오 산업에서는 실험 시간을 단축시켜 신약 개발 속도를 높이는 긍정적 효과도 있다. 반면에 AI 기술은 요격이 불가능한 속도로 날아가는 핵미사일, 표적만 집중 공격하는 드론, 전투용 로봇, 이런 무기에 맞대응하는 새로운 AI 탑재 무기 등 엄청난 성능의 무기를 만들어낼 것이다. AI에 대항하는 방법은 오직 AI 밖에 없다. AI가 사람보다 빠르고 정확한 판단을 한다면 결국 모든 정보의 통제권을 AI에 줄 수밖에 없을 것이다. 이때 AI가 〈터미네이터〉의 스카이넷과 같은 판단을 한다면? 이와 같은 문제는 궁극적으로 인류의 생존에 관련된 문제로까지 비화될 것이다. 향후 인간의 사망 원인 1위는 AI에 의해 살해당하는 것이 아닐까?

영국 옥스퍼드 대학의 철학과 교수인 닉 보스트롬(Nick Bostrom)은 이번 세기에 인류가 멸망한다면 그것은 자연재해 때문이 아니라 인간 활동에 의한 것일 확률이 훨씬 크다면서 "인간이 AI에 대항하려고 지적 능력을 향상시키면 오히려 AI에게 추월당하는 속도가 빨라진다는 딜레마가 있다. 우리가 똑똑해질수록 우리보다 더욱 똑똑한 AI를 만들어내기가 쉬워진다."[14]고 말했다. 그의 설명은 인류가 인공지능과의 대결에서 패배할 수 있다는 의미로 받아들여야 한다. 과학기술이 '특이점'(singularity)을 돌파하는 순간이 지금이라면 우리는 어떻게 대응해야 할까? 유발 하라리는 이렇게 말했다. "21세기 경제의 가장 중요한 질문은 '그 모든 잉여 인간을 어떻게 처리할 것인가'일 것이다. 의식은 없어도 거의 모든 것을 인간보다 더 잘할 수 있는 고도로 지능적인 알고리즘이 생긴다면 의식을 지닌 인간은 무엇을 할 것인가?"[15] 인류와 미래에 대한 본질적 질문이다.

수축사회의 시작

기후위기, 인구 감소, 과학기술의 발전은 상호 연결되어 영향을 주고받으면서 우리를 수축사회로 끌고가고 있다. 기후위기에 따른 비용 증가와 생활 여건의 악화는 출생률 하락에도 영향을 준다. 과학기술의 발전에 따른 공급력 증대는 거의 모든 산업을 공급과잉에 빠트렸다. 또한 사람의 인식이 가상공간에 오래 머물면서 세계는 더 폭력적이고 현실 세계와 거리를 두게 된다. 결혼과 출산보다는 아바타로서의 역할에 만족하니 개인주의를 넘어 오직 자신에게만 집중한다. 이기주의가 만연하고 사회성이 상실되어 제로섬 전쟁이 전방위로 확산되고 있다.

팽창사회의 기득권이 해체되고 저성장 구도가 고착화된다. 이런 상황에서 기후위기 대응에 자금을 투여하기 어렵다. 기업들은 공급과잉에 대응하기 위해 기술개발에 더 매진한다. 이런 과정이 반복되면서 수축사회는 깊어지고 있다. 최근 수축사회의 기본 골격이었던 저금리·저물가 현상이 물가 상승과 고금리로 바뀌었다. 이런 현상은 코로나와 패권전쟁에 따른 일시적 현상으로 봐야 한다. 향후 2~3년 정도 흐르면

[그림 1-1] 수축사회의 흐름도

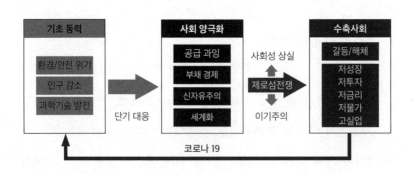

수축사회 2.0: 닫힌 세계와 생존 게임

다시 저금리·저물가 시대로 복귀할 것으로 예상한다.

산업혁명 이후 팽창사회는 모든 것이 커지고 증가하는 시대였다. 오늘보다 내일의 파이가 클 것이라는 희망이 있었다. 그러나 수축사회가 본격화되면서 파이의 성장은 멈추거나 오히려 줄어들고 있다. 우리가 생각하는 사회의 기초 여건이 완전히 바뀐 것이다.

예를 들어 어떤 사무실에 피자가 배달되어 8명의 직원들이 나눠 먹는 상황을 상상해보자. 과거에는 피자가 배달되어 올 때마다 피자 크기가 커졌다. 바로 팽창사회다. 사람들은 늘 1/8만 먹지만 과거보다 많이 먹을 수 있었다. 오랜 기간 피자가 커지니 직원들은 행복했고 다음에 먹을 피자의 크기가 더 커질 것이라는 희망이 있었다. 그런데 어느 순간부터 배달된 피자 크기가 늘지 않는다. 직원들은 이런 상황을 받아들이지 못한다. 뇌는 더 큰 피자를 원하는데 현실에서 자신에게 할당된 피자 크기는 어제와 동일하다. 그렇다면 다른 동료의 피자를 일정부분 뺏어 먹어야 한다. 이후부터 그 사무실은 이전투구의 장이 되어 피자 쟁탈전이 벌어진다. 8명의 직원들은 피자를 두고 서로 동료에서 적(敵)이 된 것이다.

전방위 파이쟁탈전

게임이론에서 말하는 제로섬게임(0-SUM), 혹은 토마스 홉스가 주장하는 '만인 대 만인의 투쟁'(The war of all against all)이 시작된 것이다. 만약 배달되는 파이의 크기가 줄어들게 되면, 즉 수축사회가 확산되면 피자를 대상으로 했던 제로섬게임에 지친 사람들은 피자뿐 아니라 다른 영역에서도 동료들을 배척할 것이다. 결국에는 동료를 제거(terminate)하는 선택에 이를 것이다. 지금 지구촌에서 벌어지는 모든 갈등과 투쟁의 본질이다.

최근 일본 경제가 회복되고 있다. 주가도 30여 년 만에 최고치다. 2023년 1분기 일본의 실질 GDP는 전분기 대비 0.4% 성장하면서 전년 4분기(0.0%)와 예상치(0.1%)를 모두 상회했다. 민간소비는 0.6%로 증가했고, 설비투자는 -0.7%에서 0.9%로 늘어났다. 그러나 수출은 엔화 약세에도 불구하고 부진했다. 분기 실질성장률이 0.4%라는 것은 연간으로 계산하면 1.6%(0.4%×4분기)에 불과하다. 이전에 얼마나 어려웠으면 이 정도 경제 지표에 일본이 들썩이고 있을까? 한국에서 이 정도 경제 성적표가 나오면 주가는 하락을 면치 못했을 것이다. 수축사회를 30년 이상 겪은 나라의 슬픈 모습이다.

나는 코로나 기간 중 코로나가 끝나면 수축사회가 본격화될 것으로 전망했다. 2019년까지 수축사회는 부드러운 가랑비 정도로 다가왔다. 그러나 코로나를 겪으면서 폐부를 찌르는 겨울비로 바뀌었다. 2022년 6월 나는 〈피렌체의 식탁〉에 기고한 글에서 향후 세계는 놀이공원의 '디스코 팡팡'처럼 상하좌우로 심하게 흔들리는 시대가 될 거라고 예상했었다.[16] 그래서 중심을 잘 잡아야 한다고 주장했다. 미국 연방준비제도 의장인 제롬 파월은 '겸손함과 민첩한 대응'을 요구했다. 어떤 상황이 올지 모른다는 전제 하에서 유연한 겸손함을 지니고 상황이 발생하면 빠르게 대응하라는 주문이었다.

언제든지 수축사회가 만든 거대한 폭풍이 불어닥칠 수 있다. 그러나 일반적인 세간의 인식은 별로 체감을 못하고 있는 것 같다. 그 이유는 코로나 당시에 세계 각국이 시중에 푼 엄청난 자금과 초저금리가 진통제 효과를 내고 있고, 또 각국이 강력한 경기 부양으로 수축사회의 대폭풍을 방어하려고 하기 때문이다. 시간적으로 지금은 위기 초기라서 취약한 하위 계층에 먼저 피해가 집중되는 국면이기도 하다. 수축사회에서도 상위 계층은 여전히 부를 지키며 살아갈 수 있다. 사회 주류 계층의 피해가 적기 때문에 아직 위기가 보이지 않는다는 표현이 적절할 수도 있다.

그러나 자세히 살펴보면 수축사회는 이미 시작되었다. 수축사회는 하위 계층뿐 아니라 결국 모든 사람들에게 똑같이 영향을 줄 것이다. 개인뿐 아니라 기업, 사회, 국제질서까지 변화시킬 것이다. 우리가 모르는 험난한 세계가 기다리고 있다. 이제 생존을 위한 투쟁이 시작되었다. 왜 서로 싸워야 하는가? 수축사회의 3가지 잣대로 살펴보자.

2장

누구세요? 새로운 사람의 탄생

───────────────── ● ─────────────────

수축사회는 사람의 마음을 바꾼다. 모든 영역에서 발생하는 치열한 생존투쟁은 스스로를 지키기 위해 바로 '나 자신'에만 집중하게 한다. 모든 가치를 자기 중심으로 생각하고 대응하게 만든다. 가족, 친척, 동료보다 내가 중요해졌다. 국가조차 의미가 줄어들고 있다. 유일한 가치판단 기준은 오직 자신이 되었다. 역사 속에서 다양한 경험과 교육을 통해 후대에 전달되었던 사회적 인간성은 수축사회에 이르면서 용도 폐기되었다. 지금까지 인류가 겪은 모든 위기와 전환은 결국 사람에 의해 극복되었지만 이제 더 이상 그런 사람이 아니다. 수축사회 극복이 어려운 가장 큰 이유다.

사람과 다른 생명체와의 가장 큰 차이는 미래에 대한 관심과 태도다. 대부분의 우리 행동은 미래 변화를 예상한 의사결정이라고 할 수 있다. 기후위기가 예상되면 나무를 심는다. 인구 감소가 계속되면 학교 앞 문방구는 가게 문을 닫고, 의료 수요 증가를 예상해서 의대 입학 경쟁률은 높아진다. 실생활도 비슷하다. 오후에 비가 올 것이라는 일기예보가 있으면 우산을 들고 출근한다. 이렇게 사람만이 미래 변화에 선제적으로 대응하는 행동을 한다. 그런데 수축사회가 도래하면서 미래 예측이 어려워졌다. 마음 속 깊은 곳에서 스스로 작동하던 나침반이 기능을 상실한 것이다. 전대미문의 수축사회 때문이다.

사람의 욕구가 달라졌다!

매슬로우의 5단계 인간 욕구 이론

　수축사회에 살고 있는 사람들의 마음속은 어떨까? 먼저 독자들이 학창시절에 배운 미국의 심리학자 매슬로우(Abraham Maslow)의 '인간 욕구의 5단계 이론'으로 요즘 사람들의 마음을 읽어보자.

　매슬로우는 사람의 욕구에 대해 생리적 욕구→안전 욕구→애정과 소속(사회적) 욕구→존중의 욕구→자아실현의 욕구가 계층적으로 존재한다고 이야기한다. 그의 이론에 따르면 낮은 단계의 욕구를 충족해야만 그 다음 단계로 욕구가 확장된다. 예를 들어 먹고 사는 문제(생리적 욕구)가 해결된 후 안전 욕구가 나타나고, 두 가지가 모두 충족되면 애정과 소속감의 욕구, 즉 사회적 욕구가 형성된다.

　인류의 역사 발전도 매슬로우의 5단계 과정을 거치면서 발전했다. 12,000년 전 농업혁명이 발생하기까지 가장 중요한 것은 생리적 욕구의 해결이었다. 생리적 욕구가 해결되면 나의 것을 지키기 위해 혹은 더 많은 파이를 얻기 위해서 안전이 중요해진다. 물론 안전해진다고 해서 행복하지는 않다. 그래도 분업 체제를 만들어서 생산성을 높이고, 특정 조직에 속했을 때 생기는 소속감이 큰 만족을 준다. 여기까지는 여타 동물들도 비슷하다. 군집생활을 하는 동물들의 경우 사회적 분업이 이루어지면 더 큰 수확을 얻는다. 개미, 꿀벌뿐 아니라 무리 생활을 하는 다양한 생물체에서 공통적으로 발견된다. 3단계 사회적 욕구가 필요한 이유다. 사람들은 어떤 생명체보다 다양하고 많은 사회를 만들

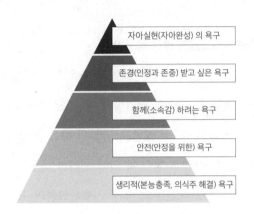

[그림 1-2] 매슬로우의 인간 욕구의 5단계 이론

자아실현(자아완성)의 욕구

존경(인정과 존중) 받고 싶은 욕구

함께(소속감) 하려는 욕구

안전(안정을 위한) 욕구

생리적(본능충족, 의식주 해결) 욕구

고 참여한다. 이때 타인으로부터 존경을 받으면 더 큰 파이를 얻을 수 있고 심리적 만족감도 높아진다. 19세기 초반 독일의 철학자 헤겔은 사람에게는 '인정받고자 하는 욕구'가 있는데, 이것을 모든 행동의 근원적 욕망이라고 보았다. 매슬로우의 4단계 욕구로 바로 타인에 의해 자발적으로 인정받고 존경받는 것이다. 마지막 자아실현의 욕구는 종교 지도자나 철학자에게만 가능한 영역이다. 사람이 궁극적으로 추구하는 지향점이다.

인류 역사는 낮은 단계인 생리적 욕구에서 최고 수준인 자아실현의 욕구를 지향하는 과정으로 발전해왔다. 그러나 수축사회에 진입하면서 매슬로우의 단계적 욕구 충족 과정이 붕괴하고 있다. 생리적/안전 욕구가 충족되면 적극적인 사회생활을 통해 행복을 추구해야 한다. 그 다음에는 타인으로부터 존경받고 싶어하는 욕구가 자연스럽게 생겨야 하는데 이제는 달라졌다. 혼밥, 혼술, 비혼을 선택하는 사람의 마음은 어떨까? 생리적 욕구가 충족된 후 다음 상위 단계인 사회적 욕구를 거부하는 사람들이다. 오히려 사회적 욕구를 추구하지 않아도 행복을 느끼는 사람들이다.

'생존'이라는 핵심 욕구

수축사회가 인간 욕구의 5단계 이론을 단번에 붕괴시킨 이유는 미래의 삶이 현재보다 못할 것이라는 절망감 때문이다. 경제성장이 정지하거나 낮아질 때, 혹은 사회가 투쟁적으로 변화하지만 해법을 모르는 시간이 지속되는 경우를 가정해보라. 지금 우리는 난파선에서 내려 미지의 무인도에 도착한 로빈슨 크루소다. 내 자신의 생존이 가장 중요해진 것이다. 특히 코로나 위기는 집단적으로 생존의 위기를 경험하고 타인과의 접촉을 줄이는 중요한 계기가 되었다. 여전히 속내는 <u>사회적 욕구, 존경의 욕구, 자아실현의 욕구를 원하지만, 이는 단지 바람일 뿐 실제 생활에 있어서는 하위 단계의 생리적/안전 욕구에만 집착한다. 수축사회를 살아가는 사람들의 마음이다.</u>

　과거에도 비슷한 상황이 있었을까? 사람의 본성에 대한 담론은 고대 중국의 경우 춘추시대 말기부터 전국시대에 걸쳐 급속히 확산된다. 당시는 씨족 공동체가 해체되고 국가라는 새로운 형태의 거대 사회가 형성되는 시대였다. 춘추시대까지는 씨족 사회라는 비교적 소규모 혈연으로 이어진 사회였다. 상호부조를 통해 문제를 해결하는 사회였다. 그러나 전국시대에는 누가 적인지 아군인지 모르고 오직 생존이 목표였던 시대다. 수축사회와 유사한 시대였다. 바로 이 시대에 공자와 맹자를 비롯한 유가, 도가, 법가, 묵가 등 다양한 사상과 국가 운영 방법을 주장하는 제자백가가 등장한다. 제자백가는 혼돈의 해법으로 존경과 자아실현을 추구하는 정치를 주장했다. 사회 급변기에는 사람의 마음과 욕망이 바뀐다.

과거 군대에는 참호격투라는 훈련이 있었다. 진흙 웅덩이에 20여명을 넣어 놓고 최후의 1인이 남을 때까지 사람들을 밖으로 밀어내는 훈련이다. 처음에는 친한 사람끼리 협동해서 사람들을 밖으로 밀어낸다. 그러나 남은 사람이 줄어들면 서로 싸워서 최후의 1인만 살아남는 훈련이다. 2021년 세계를 강타한 드라마 〈오징어 게임〉과 거의 같은 골격이다. 오직 자신의 생존만이 가장 중요한 욕구가 된 것이다.

당신의 마음은 안녕한가요?

페이스북, 구글, 네이버와 같은 빅테크 기업들은 이용자의 성향을 파악해서 선호하는 정보만 보낸다. 이런 상황을 필터 버블(Filter Bubble)이라고 한다. 뉴스 검색 중에 이용자가 좋아하는 상품 광고가 뜨거나 관심 뉴스를 자동으로 보여주기 시작한 지 이미 10여 년이 지났다. 우리는 인터넷이 만든 여러 개의 필터를 통과한 정보만 전달받고 있다. 인터넷이 정보에 있어서 선생님이자 부모가 되면서 필터에 걸러진 지식에 장기간 노출되면 창조성이 급속히 저하된다. 마마보이 같이 부모(인터넷)에 대한 의존성은 높아지지만 스스로 생각하고 행동하는 자주성은 약화된다. 우리는 정보의 홍수 시대에 살지만 실제는 정보의 빈곤 속에 살아가는 것이다. 새로운 지식과 정보는 필터를 통과할 수 없다.

뇌는 자신이 좋아하는 정보만 선별해서 저장한다. 반면 현실은 냉혹한 수축사회로 빠르게 추락하고 있다. 수축사회 초기인 지금, 사람들은 당연하다고 믿는 상식과 실제로 벌어지고 있는 수축사회와의 차이에 적응하지 못하고 있다. 상식과 현실과의 불일치를 인지부조화(cognitive dissonance)라고 하는데, 지금 우리는 인지부조화라는 유행병에 감염되었다. 이 상황은 뭐지? 모두 어리둥절한 채 정글형 제로섬 사회를 불안한 마음으로 지켜보고 있다. 지금 모든 인류의 정신 건강은 역사상 최악을 향해 가고 있다.

우울증 등 정신질환, 중독, 사이비 종교 등은 과거에도 존재했지만 수축사회가 도래하면서 사람과 사회의 건강이 심각하게 훼손되고 있다. 급기야 적응하지 못한 사람들은 극단적 선택을 하기도 한다. '자살론'으로 유명한 프랑스 사회학자 에밀 뒤르켐(Emile Durkheim)이 제시한 여러 가지 자살 유형 중 아노미(anomie)적 자살이 최근 보편화되고 있다. 급격하게 변동하는 사회에서는 어제까지 당연했던 것이 오늘 당연하지 않게 되고, 그 도덕적 혼란 속에서 사람들이 선택하는 자살을 아노미적 자살이라고 한다.[17] 결국 우리가 아는 상식적인 세계와 현재 벌어지고 있는 아노미적 상황 간에 발생하는 인지부조화를 극복하지 못하자 우울증, 중독, 자살 등이 급증하고 있다.

2020년 기준 한국의 자살율은 10만명당 24.1명으로 OECD 부동의 1위다. 2등인 리투아니아가 20.3명, 3등인 슬로베니아가 15.7명이다. 특히 한국의 80세 이상 고령자 자살률은 10만명당 61.3명이고, 70

대도 41.8명이나 된다. 한국의 고령자들은 역사상 가장 격심한 변화 속에서도 풍요의 시대를 만든 황금 세대라서 인지부조화 증세가 심각할 수밖에 없다. 이들은 자신들이 만든 풍요로운 세계에서 소외되고 변화에 적응하지 못하는 역설적 상황에 놓였다. 그만큼 우울감에 빠지거나 사회적으로 분노를 터뜨리는 경우도 많이 발생하고 있다. 독일의 물리학자인 막스 플랑크(Max Planck)는 "과학은 장례식만큼 진보한다."라는 말을 한 바 있다. 한 세대가 사라져야만 과거 이론이 제거된다는 냉정한 표현이다. 사람은 자신의 성공 경험을 객관적으로 바라보고 그로부터 벗어나기 어렵다는 비유이기도 하다.

수축사회 진입에 따른 인지부조화 현상은 모든 문제의 원인을 타인과 사회의 문제로 보게 만든다. 이럴 경우 자신과 생각이 비슷한 사람만을 선호하거나 혹은 사회에서 도피하려 한다. 스스로 필터를 만들어 자기 확신을 강화하는 것이다. 바로 이때 여러 동기에 따라 반사회적 행동, 즉 자살·약물 중독·사이비 종교 몰입·린치나 테러 등 다양한 형태의 반작용이 나타난다.

복잡계 인간 욕구

인간 욕구 5단계 이론은 여전히 유효할 뿐 아니라 인간 삶의 지향점이기도 하다. 그러나 실제 행동은 하위 욕구에만 집중하거나, 아니면 5가지 욕구가 혼재되어 나타난다. 낮은 단계에서 상위 단계로 욕구가 상승하는 확실한 방향성은 사라졌다. 사람의 욕구가 아주 복잡해진 것이다.

수축사회 이전 세계는 역사상 최고로 풍요로운 시대 즉 팽창사회였다. 물질적 풍요로 의식주와 같은 생리적 욕구는 상당부분 해소되었다. 그렇다면 3단계인 사회적 욕구로 상향 이동해야 한다. 그러나 절대적 빈곤이 상당히 해소되었음에도 세계화와 신자유주의로 인해 사회 불평등 문제는 더 심각해졌다. 더군다나 수축사회가 확산되면서 사회가 정글화되고 있다. 정글에서 버티려면 무엇보다 자신의 능력이 타인보다 뛰어나야 한다.

그렇다면 다른 방법이 필요하다. 여기서 디지털 기술이 중요해졌다. 디지털 기술은 사람의 욕망을 다양하고 복잡하게 만든다. 먼저 낮은 단계인 생리, 안전의 욕구에도 다양한 형태가 있음을 알게 된다. 그리고 실시간으로 쏟아지는 정보 속에서 자신의 욕구를 단계적으로 상승시키기보다는 단번에 5단계 욕구를 실현하고 싶은 욕망에 빠지게 한다. 예를 들어 해외의 새로운 트렌드나 인기 연예인들, 혹은 유튜브 스타의 강의를 들으면 사고의 폭이 넓어지는 것 같은 착각에 빠지기 쉽다(당연히 실제로 사유가 확장되는 경우도 있을 것이다). 한편으로는 아프리카의 빈곤층을 지원하자는 TV 프로그램을 보면서 소액을 기부하는 소박한 행위만으로도 존경을 받을 수 있다. 페이스북이나 트위터, 인스타그램 등 SNS에서 자신의 글이나 사진에 대해 '좋아요' 클릭 숫자가 많아지는 것으로 사회적 욕구 이상의 만족감을 얻기도 한다. 자신에 대해 타인들의 공감이 늘면 인정받고 자아실현을 성취한 것으로 간주한다. 조금만 노력하면 새로운 욕구를 쉽게 충족하는 시대가 된 것이다.

앞으로 사람들의 욕구는 더 다양하고 복잡해질 것이다. 과거의 사람이 아니라 새로운 인류다. 1980년에 이성복 시인은 〈그해 가을〉이라는 시에서 '가면 뒤의 얼굴은 가면'이라는 유명한 구절을 남겼다.[18] 수축사회의 인간은 가면을 겹겹이 쓰고 자기를 지키려 한다.

집단적 부적응

서울대 김난도 교수는 한국 트렌드 분석의 선구자다. 그가 2010년부터 매년 제시하는 한국의 트렌드는 베스트셀러로 화제가 된다. 마크로밀 엠브레인의 《트렌드 모니터》도 한국 사람의 심리적 변화를 설명한다. 나는 이들의 뛰어난 작업을 수축사회의 부적응을 보여주는 책으로 재정의하고 싶다. 수축사회에 대한 적응 방식을 정리한 것을 '트렌드'로 표현한 것으로 이해한다.

현재 우리가 목격하고 있는 혼란의 근본 원인은 우리가 수축사회에 살고 있음에도 과거 팽창사회 식으로 대응하기 때문이다. 국제질서, 경제 등 거대담론은 이후 논의하고 먼저 사람에만 집중해보자. 사람의 마음이 바뀌면 수축사회도 극복이 가능할 테니 말이다.

우울하고 화가 난다!

나와 사회와의 간격이 벌어질 때 일단은 사회 탓을 하지만 시간이 길어지면 우울해진다. 한국인의 30%는 평생 정신질환에 한 번 이상 걸리는데 비해, 정작 병원을 찾는 비율은 1/6 정도라고 한다.[19] 사회적 부적응은 마약류의 유혹에 빠지게 한다. 대검찰청 자료에 따르면 2021년 마약류 사범이 1만6천여 명인데 증가 속도가 빨라지고 있다고 한다. 거의 모든 연령대에서 마약 사범이 증가하는데 그중 20대가 31%를 차지했다.[20] 일찍부터 줄세우기와 성적 경쟁에 내몰린 학생들부터 연예인, 운동선수와 같이 극한 경쟁에 노출된 계층이 마약의 유혹에 특히 취약하다.

한편 국내 창업자들의 경우 일반 성인보다 2배 더 우울하고 불안하다고 한다. 이들은 젊은 나이에 기술개발을 비롯해 자금, 조직, 실적 등까지 회사 업무 전반을 관리하면서 격심한 스트레스를 받고 있다고 한다.[21] 모든 사업의 실패 가능성이 높은 **수축사회에서 정신질환은 피하기 어려운 사회적 병리 현상으로 등장했다.**

돈의 돈에 의한 돈을 위한…

한국의 주식투자자는 1,400만명 정도로 알려져 있다. 삼성전자 주식을 보유한 사람만 무려 600만명이나 된다. 가상화폐 투자자도 600만명 정도로 추정한다. 지위고하를 막론하고 사람들의 욕구는 '돈'에 의해 충족된다. **수축사회에서 자신을 과시하고 타인으로부터 인정받는 손쉬운 방법은 돈으로 권위를 사는 것이다.** 여론조사 기관인 퓨리서치센터에서 전 세계 17개 선진국을 대상으로 '삶에서 가장 가치있게 생각하는 것이 무엇인지' 조사한 결과 한국만 유일하게 물질적 행복을 1위로 꼽았다. 대부분 국가에서 물질적 행복은 5위 이내였지만 1위는 한국이 유일했다. 14개국에서는 '가족'이 1위를 차지했다. 이에 비해 한국은 명품 열풍, 보여주기 관광 등 돈에 대한 광적인 집착이 사회 전체에 확산되고 있다.

동시에 돈을 숭배하게 만드는 2가지 중요한 촉매제가 나타났다. 첫 번째는 저금리다. 금리가 역사상 최저 수준으로 내려오면서 누구나 돈을 빌리기 쉬워졌다. '영끌'을 행동에 옮겨 투자에 나선 경우 한순간에 부자가 될 수도 있게 된 것이다. 지난 4~5년 간 부동산, 주식, 코인, 해외파생상품 등 다양한 자산에 누구나 투자할 수 있었던 것은 금리가 낮았기 때문이다.

코로나가 한창인 2020년 기준 수입차는 전체 자동차 판매량의 16%인 30만대 이상 팔렸다. 최소 1억원이 넘는 수입차는 은행에서 60% 정도 오토론으로 대출을 받고, 추가로 카드사 대출로 충당하는 경우가 많다.[22] 코로나가 창궐하면서 이동이 급속히 줄어들던 시기였지만 저금리 때문에 외국산 고급 자동차로 자신의 과시욕을 충족했던 것이다. 모건스탠리에 따르면 2022년 한국은 1인당 최대 명품 소비국에 등극했다.[23]

두 번째 촉매제는 디지털 네트워크의 광범위한 확산이다. SNS를 통해 셀럽들의 화려한 삶을 실시간으로 볼 수 있게 되자, 그 셀럽의 삶을 모방하면서 자기만족을 얻으려는 욕구가 커졌다. 거꾸로 SNS는 자신의 삶을 과시하기에 최적의 수단이기도 하다. 언제 어디서든지 자신의 꾸며진 혹은 화려한(?) 삶을 타인에게 보여주면서 자기만족이 가능해졌다. 인정 욕구를 누구나 어디에서든지 충족할 수 있게 된 것이다. 돈이 주는 물리적 풍요가 충족되자 자존감이 필요해졌다. 사람들은 SNS로 만든 가면을 쓰고 살아가며 스스로 자존감을 느끼고 있다.

수축사회에서 돈은 인정 욕구를 충족시켜주는 묘약(妙藥)이 된다. 마치 올더스 헉슬리(A.L.Huxley)의 《멋진 신세계》에 나오는 묘약, 즉 소마(soma)가 수축사회에서는 바로 '돈'이다. 과학이 사회의 모든 부문을 관리하게 된 미래세계에서 소마는 일종의 마약으로 이것을 복용하면 인간이 느낄 수 있는 최고의 행복과 안정감을 느낄 수 있다. 지금 돈이 그런 역할을 하고 있다.

돈에 대한 집착은 역설적으로 우리의 성공 결과일 수도 있다. 의식주와 같은 기초적인 욕구가 어느 정도 해결되었고, 형제 수도 적어졌다. 중산층이라면 어느 정도 유산을 물려받을 수도 있다. 기본적인 삶이 안정되면서 새로운 욕구가 생겨났다. 일반적인 사회적 욕구 이상의 높은 수준의 욕구를 채우기 위해서는 많은 학습과 노력, 훌륭한 조언자, 사회적 분위기 등 본인이 통제하기 어려운 환경 조성이 필요하다. 매슬로우가 말한 4단계 욕구인 '존경'을 받기 위해서는 타인이나 공동체를 배려하고 바른 생활을 해야 한다. 그러나 실천은 어렵다. 그렇다면 돈으로 존경을 구매하면 된다. 지금은 돈으로 구매한 존경, 돈으로 구매한 자아실현으로 행복감에 빠질 수 있는 시대다. 인기 연예인, 스포츠 스타와 같은 옷을 입고 값비싼 식당에서 고급 음식의 맛을 품평하는 것을 SNS에 올린다. 이때 타인들이 '좋아요'를 누르면 마치 자신이 존경을 받는 것인 양 착각할 수 있는 세상이 된 것이다.

돈에 대한 집착이 강해지면서 동시에 부작용도 커진다. 돈이 성공에 대한 보상이 아니라 빚으로 투자를 해서 재산(돈)을 모으려 하기 때문이다. 한국의 가계부채는 세계 1위다. 빚을 내서 욕구를 채우려는 경향이 가장 강한 국가가 한국이라는 의미다. 한국 GDP가 2,100 조원인데, 전세자금을 포함할 경우 한국의 가계부채는 3천조원이 넘는다. 2021년 기준 GDP 대비 157%다. 전세 보증금을 포함하지 않아도 106%나 된다. PIGS라 불리는 유럽의 문제 국가인 이태리는 44%, 포르투갈 66%, 스페인 58%, 그리스도 55%에 불과하다. 국가부도 위기에서도 이들 국가가 생존하고 있는 것은 가계 부채가 적기 때문이다. 돈에 대한 강한 집착은 사회를 거친 정글로 만들고 있다. 또한 새로운 차원의 사회 양극화를 초래하고 있다.

수축사회에서는 미래를 예측하기도, 적응하기도 어렵다. 세상에 대해 잘 모르겠으니 현재를 즐기고 상황이 바뀌면 그때 가서 대응하면 된다는 심리가 사회 기조로 깔린다. 수축사회에서 초라한 내 모습과 더 이상 성장이 어렵다는 무기력증이 인간성을 바꾸고 있는 것이다. '지금', '여기서', '나'에게만 충실하면 된다는 심리적 틀이 형성되고 있다.

당신은 누구신지요?

통계청의 2021년 인구조사에 따르면 친구(비친족 가구 구성원)와 함께 사는 사람이 47만 가구, 100만명을 넘어섰다.[24] 우리는 가족 공동체에서 출발해서 씨족, 부족, 국가로 삶의 터전을 넓히면서 성장해왔다. 생물학적으로 사람은 여타 동물과 마찬가지로 혈연이 가장 중요한 사회다. 가족 속에서 삶의 의미와 행복을 추구한다. 대를 이어 유지되는 가족 부양은 인류의 역사 그 자체다. 그러나 수축사회가 되면서 가족이라는 기초 사회를 유지하기 어렵게 되었다.

사회적 존재로서의 여성

생물학에 기반한 가족보다 일종의 계약(동거)으로 새로운 가족을 구성하는 경우가 늘어나고 있다. 계약에 기반한 가족은 지속하기 어려울 경우 단순히 계약을 해지하는 것으로 부담을 지울 수 있다. 어쩌면 나만의 욕구를 충족하기 위해서 가족은 장애물일 수도 있다.

21세기 최대 난제인 저출생 문제는 돈으로 해결할 수 없다. 돈으로 해결하기 위해서는 상상을 초월하는 발상의 전환이 필요하다. 유교중심의 가부장적 전통이 강한 한국에서 여성은 늘 가족 부양의 최전선에 있었다. 가족을 위해 희생해야 하는 존재였다. 그러나 과학기술의 발전과 교육 수준이 높아지면서 여성의 사회적 욕구와 존경, 자아실현의 욕구가 남성보다 빠르게 확산되고 있다. 사회적 존재로서 존경받고 자아실현 하고자 하는 여성에게 출산은 부담스럽다. 출산 후 사회에 복귀해도 경력이 단절된다. 가족해체, 저출생, 페미니즘 등 여성과 관련된 다양한 사회 담론의 핵심은 여성이 사회적 존재로 등장했음을 알려주는 증거다.

역지사지(易地思之)로 남성이 임신하고 출산을 하는 경우를 상상해보자. 이런 상황이라면 과연 남성이 결혼과 임신을 할 수 있을까? 내 대답은 절대 'NO'다. 자녀에게 시간과 돈을 투자하는 것보다 자신의 삶을 개척하거나 의미를 찾는 일을 선호할 것이다. 고용노동부에 따르면 2022년 육아휴직자 11만2천명 중 1/4이 남성이었다. 사람들이 사회적 가치를 추구할수록 출생률은 쉽게 늘어나지 않을 것이다. 물론 부부 중 어느 한편만 일을 하거나 재산이 풍족한 가정은 자녀를 출산할 것이다. 그러나 더 많은 맞벌이 부부, 자신의 삶에서 의미를 찾고자 하는 사람들은 출산을 포기하거나 1자녀에 만족할 것이다.

여성이 자존권을 확보하기 시작한 것은 한국뿐 아니라 전 세계적인 현상이다. 영국의 《이코노미스트》지는 2023년 세계 대전망에서 '여성'이 매우 중요한 한 해가 될 것이라고 분석했다.[25] 2022년 10월 신정(神政) 국가 이란에서 히잡을 착용하지 않았다가 체포된 후 의문사한 소녀를 추모하는 시위가 확산되었다. 시위는 이란에서는 상상하기 어려운 독재타도 구호를 외치면서 장기간 지속되었다. 같은 시기 중국 여성들을 대상으로 실시한 설문 조사에 따르면, 응답자 1만명 중 무려 90%가 부당한 처우에 불만을 표시했다. 이슬람 지역을 비롯한 독재 국가들의 어린 소녀들은 인터넷과 SNS를 통해 희생자로서의 여성이 아니라, 삶을 주체적으로 개척하는 여성으로 자아 인식이 빠르게 바뀌고 있다. 혹시 중국이나 이슬람 독재 체제는 여성에 의해 무너질지도 모른다.

내 인생이 가장 중요해…

여성 권익을 위한 세계적 차원의 전환은 국가별로 다르게 나타날 것이다. 그럼에도 불구하고 여성이 자신의 삶을 주체적으로 개척하고 욕구의 최종 목표를 자아실현에 둔다면, 가족 해체가 빨라지고 출생률 하락은 피할 수 없을 것이다. 많은 개도국에서 출생률이 낮아지는 것은 수축사회의 2차 파동인 여성의 등장을 알린다. 특히 한국 여성의 사회적 독립 의지가 세계적으로 가장 빠르다는 점은 세계 최저 출생률에서 확인된다.

2022년 기준 한국의 결혼은 19만 건인데 비해 이혼은 절반에 해당하는 9.3만 건이나 된다. 이마저도 코로나로 인해 줄어든 수치다. 평균 이혼 연령은 남성이 약 50세, 여성은 46.6세로 2012년 대비 4세 정도 올라갔다.[26] 이 연령대는 인생의 황금기에 해당한다. 자녀들도 중고교에 다니고 경제적으로도 평온한 시기다. 고령의 부모들은 80세 인근에 있어서 대체적으로 건강한 상태일 것이다. 인생의 황금기에 이혼을 감행한다는 것은 가족의 상황보다는 자신의 삶을 주체적으로 개척하는 것이 더 가치있다고 판단한 결과일 것이다.

결혼의 성격도 바뀌고 있다. 2012년 기준 남성이 초혼이고, 여성이 재혼인 결합은 약 19,000건으로 전체 혼인의 5.7%를 차지했다. 이런 추세는 지금도 이어져서 2022년의 경우 혼인 건수가 줄었지만 남성(초혼)+여성(재혼)이 5.9%, 남성(재혼)+여성(초혼)이 3.9%나 된다. 초혼 부부 중 여성이 연상인 부부는 19.4%를 차지한다.[27] 이제 한국은 남성 중심의 유교문화 국가가 아니다.

그럼에도 여전히 여성은 많은 분야에서 차별받고 있다. 여성의 역할 강화가 가족을 넘어 사회 각 분야에서 활발히 확산되면서 '인식(여성의 정체성은 강화되어야 한다)'과 수용하는 '과정(실제 생활에서 공평해야 한다)' 사이에서 시간적 격차가 발생하고 있다. 아마 지금은 역사적으로 간극이 가장 크게 벌어진 시기가 아닐까?

고독한 청년들

현재 청년층의 성장기는 공교육이 무너진 신자유주의 시대였다. 극단적인 경쟁이 학교와 학원에서 벌어졌다. 모든 것을 자신이 결정하고 책임을 지는 신자유주의 원칙이 교육 현장에 적용되면서 학교는 서열을 규정하는 장소였다. 또한 치열한 생존 경쟁의 전쟁터였다. 부모나 교사들은 오직 명문대 입시만이 목표였다. 교사들의 중추는 1990년대에 교직에 들어온 중장년층들이다. 교사들 역시 타 공무원과 마찬가지로 관료주의와 유사한 문화에 익숙해졌다. 입시에 중점을 두고 또 관료주의에 물든 학교에서 학생들은 인성교육을 받을 기회를 갖지 못했다.

이런 교육 시스템 속에서 성장한 현재의 젊은층은 반사회적 경향이 강하다. 치열한 경쟁 속에서 혼자 성장한 존재들인데, 이들은 사회관계에서 뒷선으로 물러나 자신만의 세계에 빠지려는 심리적 기초를 가지고 있다. 1980년대 후반~90년대 초중반에 태어난 남성의 경우 유치원부터 고등학교까지 여성 선생님에게 교육받은 비율이 매우 높다. 가정은 남성 중심인데 처음 접한 교육기관은 여성 중심이니 남성 청년의 입장에서는 적응이 쉽지 않았을 것이다.

생존해 있는 조부모세대나 부모세대 모두 정도의 차이는 있지만 남성 중심 사회였다. 특히 어머니의 과보호 속에서 자라면서 남성 우선주의에 별다른 저항 없이 성장했다. 그러나 여성의 빠른 사회화와 자아의식 확대로 소통이 쉽지 않다. 사회에 진입한 후에도 남성만 병역의

무를 지니 불공평하다고 생각한다. 물론 여성들도 자신의 정체성을 새롭게 만들고 있지만 여전히 부족하다고 느낀다. 새로운 갈등의 전선인 젠더 갈등이 발생할 토양이 만들어진 것이다.

여론조사 기관인 마크로밀 엠브레인은 《트렌드 모니터 2023》에서 젠더 갈등 문제에 대해 흥미있는 조사 결과를 보여줬다.

20대 남성: ① 목표에 집중하면서 능력주의 성향이 강하다.
② 자신의 일은 자신이 전적으로 책임져야 한다고 생각한다.

20대 여성: ① 남성에 비해 어떤 사건의 배경을 좀 더 중요하게 생각한다.
② 목표 자체보다 목표를 향해가는 과정에 집중한다.
③ 사회적 평판 등 나 이외 사회와의 관계를 깊게 생각한다.

다른 조사 결과도 있다. 34세 이하 청년층 중 가상자산과 주식투자자 수는 남성이 여성에 비해 2배나 많다. 게임 이용도 남성 비중이 상대적으로 높다. 대체로 남성 청년층은 개인적 차원의 분야에 관심이 높고, 또한 자신이 모든 것을 해야 한다는 의무감이 강하다. 이에 비해 여성은 사회적 환경을 더 중요하게 생각하는 경향이 강한 것으로 나타났다. 이처럼 남녀의 사고방식 차이가 점점 벌어지고 있다.

짝이 맞지 않아요!

생애미혼율은 전체 인구 중 50세 전후까지 결혼한 적이 없는 사람의 비율을 말한다. 통계청은 남성의 생애미혼율이 2015년 10.9%에서 2025년엔 20.7%, 2035년 29.3%로 높아질 것이라고 발표했다. 같은 기간 여성의 생애미혼율은 5%, 12.3%, 19.5%에 불과했다. 이런 추세가 계속되면 남성의 생애미혼율은 2035년쯤 일본을 추월할 것으로 예상된다. 일본 국립인구문제연구소는 일본의 남성 생애미혼율이 2015년 23.4%에서 2025년 27.4%, 2035년 29%를 기록할 것이라고 발표했다.[28]

현재의 청년세대는 베이비부머의 자식이라 인구도 많다. 이들이 태어나던 1980년대 후반~1990년대 중후반 시기에는 여전히 남아선호 경향이 강했고 암암리에 남아를 감별해서 출생시켰다. 1990년 출생성비는 100:116.5명으로 남성의 비율이 높았다. 셋째 아이가 남아인 비율은 1993년에 무려 209.7명이나 되었다. 남성 비중이 압도적으로 높았기 때문에 남성들 간의 경쟁 속에서 성장했다. 이때 출생자들이 지금 결혼 적령기가 되었다. 그러나 성비 불균형으로 결혼 적령기에 도달한 1990년 출생 남성의 약 5만명은 짝을 찾을 수 없게 되었다. 30여년 전 부모 세대의 이기심과 잘못된 관행이 자녀 세대의 결혼을 어려운 상황으로 조성한 것이다.

중국도 한국과 비슷한 문제가 발생하고 있다. 1979년 한 자녀 정책이 시행된 후부터 중국의 남아 선호 현상은 유별났다. 2000년에는 여아 100명 당 무려 120명의 남아가 태어났다. 결혼적령기 인구 중 여성에 비해 남성들이 4천만명이나 많아서 이들 남성은 결혼이 불가능한 상황이다. 중국에서는 이들을 잉여 남성이라고 부르기도 한다.[29]

많은 연구에 따르면 남녀 성비가 무너지면 사회의 안정성이 급속히 하락하고 범죄가 증가한다고 한다. 남녀 성비 불균형 문제는 아랍권 등 많은 개도국에서도 발견된다. 1인 가구 문제를 넘어 사회의 안정성이 급속히 낮아지는 것이다. 서로 사랑하고 협력해야 할 남성과 여성 사이의 거리가 멀어지고 있는 것은 오늘날 수축사회 젊은이들의 슬픈 현실이다.

세대 간의 경쟁

연금, 생명보험, 의료보험 등은 피라미드 형태의 인구구조를 가정해서 고안된 제도다. 한국의 국민연금은 2050년대 초반이면 고갈된다. 현재의 제도가 유지될 경우 1985년생 이후 출생자는 65세까지 연금을 납부해도 한 푼도 받을 수 없다. 건강보험은 병원에 자주 가는 부모 세대의 의료비 부담으로 계속 올려야 한다. 다양한 고령자 복지비용 증대와 이에 따른 세금 인상으로 이제 우리 사회는 지속가능하지 않다. 이 문제는 선진국 공통의 문제지만 한국과 중국의 준비가 가장 미흡하다.

연금제도 개혁의 필요성은 누구나 인정한다. 개혁의 방향성도 명확하다. 더 많이 내고, 늦게 받고, 조금 받는 것이다. 자녀세대는 연금 고갈의 위험성을 충분히 인식하고 개혁을 주장한다. 반면 부모세대는 반대한다. 평균수명이 연장되면 연금 문제는 더욱 심각해진다. 이 장면에서 세대 간의 갈등이 싹튼다. 부모세대와 자녀세대 간에 새로운 전선이 형성된다. 물론 세대 간 과도한 양극화도 중요한 원인이다. 한국의 고령자 빈곤률이 OECD 국가 중 가장 높다는 사실은 또 다른 세대갈등의 전선이 된다.

이제까지는 윗세대가 아래 세대를 가르치는 교육의 '이어달리기'가 보편적 현상이었다. 그러나 역사상 처음으로 자녀세대가 부모세대를 가르치기 시작했다. 과학기술 특히 디지털 기술은 베이비부머들이 학습하기에 쉽지 않다. 핸드폰, PC 등 다양한 소프트웨어 사용에 있어 자녀세대와의 격차는 시간이 지날수록 벌어지고 있다. 고령자가 새로운 디지털 기술을 배워 일자리를 차지하는 방법은 사실상 없다. 모든 일자리가 디지털화 되면서 부모세대는 은퇴와 동시에 외로움과 금전적 부족에 시달린다.

디지털 기술의 확산에 따른 양극화는 개선이 불가능하다. 연금과 건강보험 개혁도 쉽지 않다. 반면 청년들은 고령자 복지에 너무 많은 재정을 쓰고 있다는 피해 의식이 있다. 한국, 일본 등 고령화 국가에서 60세 이상의 일자리 비중이 20%를 넘어섰고, 앞으로도 계속 더 증가할 것이다. 고령자 복지 수요가 급증하면서 정치권은 유권자 수가 많고 투표율이 높은 고령자 중심의 정책을 펼 수밖에 없다.

고령자들이 가지고 있던 사회적 기득권도 해체되고 있다. 동창회, 종친회뿐 아니라 자발적 시민단체까지도 고령화 현상이 심각하다. 기금이 많이 쌓인 동창회, 동호회 등은 이제 해산을 준비해야 하지만 여전히 기금을 모으고 있다. 우리 집안의 경우 종친회가 가진 땅이나 산이 제법 있다. 젊은 층은 모두 매각해서 자손들이 나누자고 하고, 고령자들은 유지하려고 애쓴다.

MZ 세대들이 기존의 노동조합과 다른 행보를 보이고 있는 것도 유사한 원인이다. 많은 젊은이들이 어렵게 입사한 조직과 회사를 떠난다. 가장 큰 이유는 상사와의 불화 때문이다. 세대 간의 갈등과 경쟁이 가정을 넘어 사회 조직, 국가 차원으로 전방위로 확산되고 있다.

진짜 리더는 어디 계신지요?

말레이시아의 국부로 불리는 마하티르 모하맛(Mahathir Mohamad) 전 총리는 1925년생으로 97세인 2022년에 총선에 출마했다. 결과는 자신의 지역구 내 5명의 후보 중 4위를 기록하는 데 그쳤다. 이스라엘의 베냐민 네타냐후(Benjamin Netanyahu) 총리는 1949년생으로 최근 자신의 정권 강화를 위해 사법 개혁을 추진하다가 강한 저항을 받았다. 미국의 트럼프 전대통령은 1946년생이다.

우리는 늘 현명한 선배세대로부터 배우면서 성장해왔다. 그리고 그 시기는 팽창사회였다. 현재의 리더들은 팽창사회의 리더다. 말레이시아의 마하티르는 자신이 말레이시아를 만들었다고 생각할 것이다. 최근 말레이시아 경제가 어려워지자 다시 등판해서 과거 자신의 성장 경험을 다시 실행해야 한다고 여겼을지 모른다. 2023년 KT 사장 공모에는 산업자원부 장관을 지낸 고령자가 응모하면서 화제가 되었다. 77세인 그는 경제부처 장차관, 청와대 경제수석, 대통령비서실장을 지낸 인물이다. 그의 심리도 마하티르와 별반 다르지 않았을 것이다.

갑자기 탄생한 리더들은 리더로서의 수명이 길지 못하다. 유명 정치인이 탄생하곤 하지만 사회적으로 관심을 받는 기간은 짧아졌다. 수축사회로의 전환을 인식하지 못하고 특정 이슈로만 리더가 된 경우가 많기 때문이다.

수축사회에서의 사회적 대응은 과거형이다. 과거의 화려한 성장 시절(팽창사회)로 돌아가야 한다는 집단 심리가 형성된다. 내가 본 시위 현장은 퇴진의 대상이라고 지칭되는 베이비부머가 주축이다. 70대 이상의 산업화 세대 역시 그들이 사회를 바꾸어야 한다는 사명감으로 가득 차 있다. 나는 틀릴 수 없고, 나의 성공스토리는 이어져야 한다고 생각한다. 내 방식이 우리 사회를 발전시켰으니 나와 내 방식을 존중해 달라는 '인정투쟁'은 시위 현장을 넘어 유튜브 등 SNS에서 중장년층의 심리적 기반이 되고 있다.

수축사회의 해법 중 가장 중요한 것은 나이를 떠나 리더 계층이 사회 변화를 얼마나 절실하게 느끼고 새로운 차원의 대안을 제시하는 가에 달려 있다. 위기를 조장하는 것은 사람들이고 이를 해결하는 것은 리더다. 리더가 과거형이면 해결은커녕 혼란만 가중된다. 리더 그룹에서 고령자 비중이 높고, 경제 개발 60년의 성과를 간직한 리더계층이 길을 잃으면서 계층 갈등과 세대 간의 갈등은 더욱 확산되고 있다. 세대와 나이 구분 없이 적응하기 정말 어려운 세상이다.

대리만족→도피→환상→중독

요즘 한국 영화 최고의 스타는 영화배우 마동석이다. 그는 엄청난 파워와 실력으로 악당들을 물리친다. 과거에는 주인공의 무술 실력이 범죄자 대비 10~20% 정도 강한 수준이었다. 그래서 결투는 늘 오랜 시간이 걸리고 반전이 있었다. 그러나 마동석은 압도적 실력으로 닥치고 공격한다. 인원 수 상관없이 박살낸다. 거의 10배 이상의 실력이다.

관객들을 대신해 통쾌하게 복수를 대행하는 드라마 〈빈센조〉, 〈모범택시〉, 〈법쩐〉 등도 유사한 심리를 파고든다. 수축사회에 지친 사람들에게 불공정한 상황을 일거에 해소하는 쾌감을 선사한다. 사람들은 정교하고 감동적인 스토리(내용)보다 상황을 일거에 반전시키는 과감한(?) 폭력을 선호하게 되었다. 위근우 컬럼리스트는 '폭력이 장르'가 되는 시대라고 정의하기도 한다.[30] 폭력은 일시적으로 현실을 잊고 대리만족에 빠지게 한다.

수축사회 초기였던 10여 년 전에는 판타지물이 전 세계적으로 인기가 있었다. 국내에서 인기를 모았던 〈별에서 온 그대〉, 〈신과 함께〉등의 소재는 외계인이나 사후세계를 주제로 한다. 해외에서는 〈아바타〉로 대표되는 판타지물이 여전히 인기다. 2023년 아시아계 배우 최초로 아카데미상 여우주연상을 받은 양자경의 〈에브리씽 에브리웨어 올 앳 원스(Everything Everywhere All At Once)〉도 같은 맥락이다. 판타지물은 비현실 세계로 도피하고자 하는 취향을 저격한다.

이제 현실 도피는 언제 어디서든지 누구나 가능해졌다. 아케이드, PC, 콘솔, 모바일 등 전 세계 게임시장은 2021년 기준 2,197억달러나 된다. 한국은 2012년 9조7,525억원에서 2021년에 21조원 이상으로 10년 만에 2배 이상 증가했다. 게임 제작 및 배급 업체는 1,1170개, PC방 9,259개, 게임산업 종사자 8만명 이상, 수출액 87억달러로 추산된다. 이제 게임은 청소년 오락이 아니다. 전 국민이 게임에 열중이어서, 전체 국민의 74%가 게임을 한다. 남녀, 나이 구분이 무색하다. 게임의 종류만 다를 뿐 할머니와 손자가 함께 게임의 세계에 빠진 것이다.[31]

게임은 용어 그대로 상대방과 겨루는 승부다. 승부가 재미없어지면 도박적 성향이 높은 게임으로 바꾼다. 비슷한 상황이 가격변동이 심한 파생상품 시장에서도 관찰된다. 나는 30여 년간 금융계에 몸담았지만 파생상품은 의도적으로 공부하지 않았다. 대략 메커니즘만 알고 있다. 그러나 사회적으로 과하게 게임에 몰두하게 되면서 파생상품을 새로운 게임 혹은 도박으로 인식하고 접근하는 사람들이 늘고 있다.

비트코인 등 가상자산 투자자는 600만명 정도로 추산된다. 해외 파생투자도 크게 증가했다. 적은 자본으로 밤새 투자하다가 원금을 날리면 툭툭 털고 PC방에서 나가듯이 '투자=게임=도박'이라는 인식이 정착되고 있다.

교육 분야도 게임 방식으로 학습한다. 게임은 자신이 직접 플레이어로 참여하기 때문에 뇌에 오랜 시간 각인되고 다른 행동에도 영향을 준다. 현실 세계에서의 부적응을 가상세계에서 적극적으로 개척한다는 긍정적 측면도 있다. 그러나 가상세계에 머무는 시간이 늘어나고 몰입도가 높아질수록 부작용이 커진다. 사고방식이 비현실적이고 폭력적

[표 1-1] 연령대별 게임 이용률

단위:%

구분		사례 수	전체	10대	20대	30대	40대	50대	60-65세
전국	전체	(6,000)	74.4	86.1	92.1	80.4	86.8	61.3	34.1
	남성	(3,042)	75.3	90.9	96.9	80.5	85.7	56.1	37.8
	여성	(2,958)	73.4	81.2	86.9	80.4	88.0	66.6	30.5

자료: 〈2022 게임 이용자 실태조사 보고서〉, 한국콘텐츠진흥원, 2022년 8월 31일

으로 바뀔 가능성이 높다. 자녀를 학대 살인한 젊은 부부가 게임에 몰입했다는 보도는 현실과 가상을 구분하지 못하는 새로운 인류의 탄생을 알리는 징조가 아닐까?

마약, 알코올, 니코틴과 같은 물질, 도박, 게임, 동영상 시청 등의 행위는 뇌에서 도파민을 분비시켜 강력하게 행복감을 제공하기 때문에 쉽게 중독에 빠질 수 있다. 특히 조절을 담당하는 전두엽이 완전히 성장하지 않은 청소년, 초기 성인기에 위험하다고 한다.[32] 한국인의 정신 건강이 매우 위험해졌다.

나는 없다! 기꺼이 순교자가 되겠습니다

'추앙'이란 높은 영향력을 끼치는 사람 혹은 물건을 대하는 마음이다. 존경, 신뢰, 헌신의 의미인데 2022년 한국에서 크게 유행한 용어이기도 하다. 〈나의 해방일지〉라는 드라마에 나오는 대사로 각자의 답답한 현실에서 조건이나 대가 없이 서로 존중하고 배려하면서 현실에서 해방하자는 의미다. 비슷한 시기 사회 문제로 대두한 것 중 하나가 가스라이팅(Gas-lighting)이다. 가스라이팅이란 거부, 반박, 전환, 경시, 망각, 부인 등을 통해 타인의 심리나 상황을 교묘하게 조작해서 현실감과 판단력을 잃게 만든 후 통제력을 행사하는 것을 말한다. 추앙이 답답한 현실 속에서 존중할 만한 사람을 사랑으로 풀어가는 것이라면, 가스라이팅은 상대방을 교묘하게 종속시켜 자신의 이익을 추구한다.

두 가지 현상의 공통점은 <u>삶의 지표를 잃은 사람들의 정신세계를 타인으로 채우든지 아니면 지배하는 현상이라는 점이다.</u>

사이비 공습경보

미래는 누구도 알 수 없다. 내가 아는 것에 비해서 모르는 것이 압도적으로 많으니 그 차이를 뭔가가 채워줘야 한다. 바로 종교다. 종교는 현재를 해석하고 미래를 두려워하는 인간에게 필요한 심리적 안전판이다. 또한 사람들은 설명할 수 없는 모든 것을 신(神)으로 칭하고 추앙한다.

역사적으로 사회변동이 극심할 때 다양한 종교가 등장했다. 기독교의 경우 중세 암흑기에서 르네상스 시대가 도래하면서 종교개혁이 시작되었다. 중국 청나라 말기 기독교 구세주 사상을 기반으로 했던 '태평천국의 난'의 지도자 홍수전은 자신을 구세주인 천왕(天王)이라고 칭했다. 또 백련교도 중심의 '의화단의 난'은 수억 년 후에 탄생하는 미륵불에 사회 개조의 염원을 더한 미륵신앙이 바탕이 되었다. 전환기의 새로운 신앙은 기존의 기득권을 해체한다. 현대 경영학으로 설명하면 먼저 과거 질서를 파괴하는 파괴적 혁신(disruptive innovation)이 일어나는 것인데 이때 신흥종교가 큰 역할을 한다. 종교지도자 개인에 대한 추앙을 넘어 가스라이팅, 세뇌 등의 방식이 사이비 종교에 접목된다. 스스로 신이라 칭하면서 국내 정치에 개입하는 전광훈, JMS의 정명석 또한 방법의 차이일 뿐 수축사회의 빈틈을 노리는 사이비들이다. 지금 세계는 사이비 종교의 공습경보가 울리고 있다.

대상만 다를 뿐이지 추앙과 추종을 통해 마음의 평온을 얻으려는 사람들이 늘면서 유사한 사례가 확산되고 있다. 현대의 또다른 '교주'로 군림하는 일부 소셜미디어 인플루언서들도 비슷한 행동을 한다. 이들은 '당신은 선택된 사람'이라며 특별하고 인정받는 존재라고 느끼게 만든다. '우리 대 저들'이라는 이분법을 만들어 집단 바깥의 세상을 적으로 규정한다. 두려움이나 죄책감, 분노 등을 촉발하는 말로 행동을 조종하기도 한다.

피라미드 사기를 일삼는 다단계 판매 조직도 비슷하다. 주로 중산층 전업주부들을 대상으로 하는 다단계 조직의 슬로건은 여성주의를 가장하고 있다. '일생일대의 기회'를 잡아 '자기 자신의 보스'가 되어 '독립적인 사업을 시작'해 '집에서 파트타임으로 일하면서 풀타임 못지않게 수익을 올려'서 늘 갈망하던 '경제적 독립을 이룩하라'는 것을 지속적으로 세뇌한다.[33]

파괴적 혁신 이후 새로운 세계로 전진하지 못하면 최근의 뉴트로 열풍 혹은 보수주의의 부상과 같은 복고(復古)운동이 일어나기도 한다. 지난 10년 사이 한국을 포함한 주요 선진국에서 신자유주의 기반의 독재 체제가 재부상하는 것도 같은 이유로 볼 수 있다.

수축사회에서 살아가는 사람들에게 종교는 더욱 필요하다. 현재를 이해하기도 어렵고 미래는 더욱 캄캄하기 때문이다. 이때 사람들은 기꺼이 신(神)을 소환해서 위기를 돌파하려 한다. '모두가 적 때문이야', '당신은 특별하다'고 주장하는 사이비 종교는 마음이 불안한 사람들을 겨냥한다.

마음을 도둑맞은 사람들…

이 책에서 종교의 역할을 논하고자 하는 것은 아니다. 사람의 마음이 왜 바뀌고 있는지 살피고, 비합리적인 생각이나 믿음에 대한 확신이 거의 종교적 수준으로 강해진 점을 지적하기 위해 언급하는 것이다. 종교는 세상의 모든 것을 정의하고 자신의 현재와 사후세계까지 구원하기 때문에 어떤 이들은 종교를 지키기 위해 기꺼이 목숨을 버리기도 한다. 수축사회에 지친 사람들은 누군가에게 의지하고 추앙할 때 심리적 안정을 얻는다. 사이비 종교는 이런 사회적 분위기를 파고들고 반영한다.

한류 문화의 정점에 BTS가 있다. BTS의 팬클럽을 아미(ARMY)라고 한다. BTS를 지키는 군대인 것이다. BTS는 자유, 평화, 평등 등 민주주의의 가치를 정의의 관점에서 노래한다. BTS는 한류를 넘어 전 세계 젊은이에게 지향해야 할 방향성을 제공하고 있다. 기부 등 사회활동에도 열심이고 스캔들도 없다. BTS 팬클럽은 세계 모든 국가에 강력하게 조직화되어 있다. 독재국가에서도 BTS와 팬클럽 ARMY는 상당한 영향력을 행사한다. 아미들이 BTS를 넘어 자유, 평화 등 민주주의 사상에 빠져갈수록 해당 국가 독재자는 BTS와 아미들을 정권에 도전하는 불온(?) 사상 유포 세력으로 판단할 수 있다.[34] 자신이 좋아하는 연예인을 향한 강력한 팬덤이 국가 기반을 흔들 수 있는 상황까지 이르게 된 것이다.

운동선수에게도 비슷한 현상이 발생하고 있다. 여러 종목에서 자발적인 동호인 단체가 만들어지고 스포츠 스타에 대한 새로운 팬덤이 형성되고 있다. 최근 몇 년째 방송을 비롯해 한국을 휩쓸고 있는 트로트 열풍 역시 광범위한 팬덤을 기반으로 방송을 장악했다. 정치도 마찬가지다. 보수와 진보 모두 강력한 팬덤이 정치 구조를 왜곡시키고 있다. 이들은 순교자적 사명감으로 자신이 추종하는 대상을 추앙한다. 내가 관찰한 많은 팬덤들은 특정인을 향한 깊은 애정을 삶에서 가장 중요한 것으로 여기고 있었다.

과거에는 팬덤이 젊은 시절의 일탈로 인식되는 경향이 강했다. 그러나 수축사회에서의 팬덤은 전방위로 확산되면서 어디에나 존재한다. 경제적으로나 시간적으로 종교나 팬덤에 투입할 여유가 생겼다. SNS 등을 통해 언제든지 좋아하는 종교인, 정치인, 연예인, 운동선수와 24시간 연결이 가능해졌다. 인터넷은 자신이 추종하는 대상의 정보만 필터로 걸러서 보내준다. 세뇌를 피할 방법이 없어졌다. 이런 상황이 누적되자 자신의 행동에 대한 '자기 확신'은 더욱 강해지고 종교적 차원으로 격상되고 있다.

사람들은 수축사회에 대응하기 위해서 생각과 행동을 바꾸고 있다. 생명체 공통의 특징인 결혼과 출산을 거부하기도 한다. 환상 속으로 도피하기도 하고, 때로는 종교인 이상의 열정으로 자신의 가치를 추구한다. 우리가 아는 보편적인 인간성은 이제 볼 수 없다. 다양성을 넘어 사람들은 자신만의 서로 다른 인간성으로 각자도생(各自圖生)하고 있다. 바로 이 지점을 포퓰리즘이 파고든다. 정치, 종교, 사회단체, 기업들은 교묘히 자신들의 세력을 확장하려는 시도를 한다. 수단은 민주주의 파괴와 포퓰리즘이다.

3장

불평등의 시대, 나와 다른 너

───────────●───────────

수축사회에서 살아가는 우리는 과거와 다르게 생각하고 행동한다. 본래 경제학은 사람들이 '합리적이고 효율성을 최대화하는 의사결정'을 하는 것을 가정한다. 그런데 바로 그 합리성과 효율성이 모호해지고 있다. 좋게 얘기하면 다양성이지만 어떤 것이 합리적이고 혹은 효율적인지 잘 모르는 경우가 많아졌다.

동시에 우리 사회는 거의 모든 분야에서 양극화되고 있다. 서로 다른 생각을 가진 사람들이 진영을 만들어 대결하고 있다. 각자 살아가는 방식의 차이는 시간이 지날수록 확대되고 있다. 모든 영역에서 양극단으로 갈라져 싸우고 있어서, 모호한 회색지대가 점점 사라지고 있다. 지금 세계는 양극화의 절정을 향하고 있다.

이번 장에서는 불평등이 유발한 양극화가 포퓰리즘과 민주주의를 파괴하는 현장을 들여다볼 것이다. 먼저 불평등의 원인과 확산 과정을 살펴보자.

역사상 최악의 양극화

넷플릭스에서 서비스된 한국 드라마 〈오징어 게임〉에 세계인들이 열광한 것은 불평등을 탈출하기 위한 생존경쟁을 리얼하게 표현했기 때문이다. 이는 어느 나라나 한국과 유사한 불평등이 존재한다는 증거이기도 할 것이다. 2023년 6월 말 현재 〈오징어 게임〉은 전 세계적으로 2억6천5백만 건의 시청 건수를 기록했다.[35] 짐작하겠지만 〈오징어 게임〉은 수축사회의 기본 원칙인 제로섬 게임이 지배하는 드라마다. 함께 상생이 불가능한 상황에서 내가 생존하기 위해서 다른 사람을 제거하는 상황을 기본 설정으로 삼았다.

미국의 양극화는 오랜 시간 누적된 결과다. 2020년 소득 하위 20%에 해당하는 1분위 가구의 소득은 전체 가구 소득의 3.4%에 불과했다. 소득 상위 20%인 5분위 가구는 미국 전체 소득의 절반이 넘는 약 51%를 차지했다. 5분위 가구의 소득이 1분위 가구보다 15배 가까이 많다. 한국은 2023년 1/4분기 기준 약 11배 정도 차이가 난다.[36]

세계 경제학자 100여 명이 70여 개 나라의 소득·자산 자료를 모은 세계불평등데이터베이스(WID)를 보면 미국 상위 1%의 경제력 집중은 상상을 초월한다. 2019년을 기준으로 미국 상위 1%의 소득 점유율은 18.8%로, 하위 50%의 소득 점유율 13.3%를 크게 웃돈다. 1990년만 해도 하위 50%의 소득이 전체 소득의 16.3%, 상위 1%의 소득이 14.3%이었다. 1990년대 이후 엄청난 양극화가 발생한 것이다.

추월 불가! 자산 불평등

부(富)의 집중은 더욱 심각하다. WID 집계에 따르면 소득 상위 1%가 미국 전체 부의 약 35%를 차지한다. 반면 하위 50%는 전체 부의 1.5%만 보유하고 있다.[37]

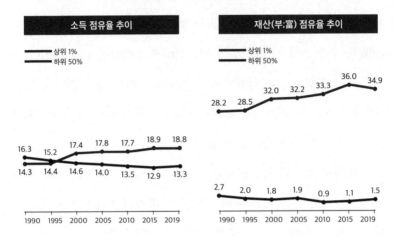

[그림 1-3] 미국의 불평등 추이

소득 점유율 추이

━●━ 상위 1%
━━ 하위 50%

재산(부;富) 점유율 추이

━●━ 상위 1%
━━ 하위 50%

*불평등 추이는 미국의 상위 1%와 하위 50%를 비교한 것이다.
자료: 세계불평등데이터베이스(World Inequality Database), https://wid.world/data

　　같은 통계에서 2019년 한국의 상위 1% 소득 점유율은 16.0%, 하위 50%의 소득 점유율 14.7%로 미국과 비슷하다. 한국의 재산(富) 점유율은 마지막으로 정보가 집계된 2013년을 기준으로 상위 1%가 전체 부의 25%를 차지하고, 하위 50%는 1.8%를 차지한 것으로 드러났다. 그런데 2013년 이후, 특히 코로나를 거치며 부동산과 주식을 비롯해 자산 가격이 급등한 것을 감안하면 현 시점에서 그 격차는 역사상 최고라 할 정도로 더 많이 벌어졌을 것이다.

　　《총균쇠》의 저자 제레드 다이아몬드는 2015년 기준 세계 10명의 부자들이 보유한 부의 합계가 전 세계 인구의 절반인 35억명의 부와 비슷하다고 주장한다. 당시 미국의 3대 부자인 아마존의 제프 베이조스, MS의 빌게이츠, 버크셔헤더웨이의 워런 버핏의 재산 총액은 미국 인구 3억4천만명의 38%인 1억3천만명의 재산과 같았다.[38] 또 다른 통계에 따르면 미국 상위 1,600명이 국민 전체 부의 90%를 소유하고 있다고 한다.[39]

최근 이 미국 3대 부자의 재산이 갑자기 줄어들었는데, 그 이유는 제프 베이조스와 빌 게이츠가 각각 이혼을 하면서 엄청난 위자료를 지급했기 때문이라고 한다. 한 사람의 위자료가 수천만명의 재산과 같은 규모라면 이는 용인하기 어려운 상황이다.

부의 불평등과 양극화가 격렬해지는 나라들은 공통적인 특징이 있다. 신자유주의 경제 이념을 도입했던 그리고 지금도 이를 추종하는 미국, 한국, 영국, 일본 등의 나라에서는 포퓰리즘, 가짜 뉴스, 사이비 종교, 집단적인 사회 병리 현상이 공통으로 나타나고 있는데 이는 불평등에 기반한 양극화 때문이다.

유리 바닥(The Glass Floor)을 깔아주세요

양극화 논쟁이 상위 1%에 집중되는 상황에서 좀더 현실적인 문제를 제시한 학자가 있다. 세계적인 싱크탱크인 브루킹스 연구소의 리처드 리브스(Richard Reeves)는 역작 《20 VS 80의 사회》에서 상류층의 개념을 확대해 상위 1% 혹은 상위 10% 정도가 아니라 상위 20%에 주목할 것을 제안했다.[40] '상위 20%는 어떻게 불평등을 유지하는가'라는 부제가 알려주듯이 리브스는 양극화를 더 폭넓고 구조적 개념으로 확대하면서 계급의 탄생을 예고했다.

리브스의 연구에 따르면 미국에서 상위 20%의 가구 소득은 1979년에서 2013년 사이에 4조달러 증가했다. 같은 기간 하위 80%의 소득은 3조달러가 약간 넘게 증가했다. 하위 20퍼센트~중위 20퍼센트 사이의 격차는 거의 변동이 없었고, 하위 80%에 속하는 사람들 간의 불평등도 큰 변화가 없었다. 결론적으로 불평등은 상위 20%를 경계로 벌어졌다.[41] 사회학적 용어 중에 중하류층의 상향 이동을 가로막거나 여성의 사회진출을 막는 다양한 장벽을 뜻하는 '유리 천장(Glass ceiling)'이라는 말이 있다. 이에 비해 리브스는 상위 20%가 중산층 혹은 하류층으로 떨어지지 않기 위해 마련한 유리 바닥(The Glass Floor)이 있다고 주장한다. 이 장치들은 기득권을 유지하는 동시에 미국을 계급사회로 만들 것이라고 한다.

리브스의 책에 인용된 미식축구 코치 배리 스위처의 말은 신랄하다. 그는 상류층의 계급 고착화를 야구에 비유했다. 상류층이 '3루에서 태어났으면서도 자기가 3루타를 친 줄 안다.'고 비꼬았다. 상류층 부모가 자녀를 위해 하는 많은 활동(책을 읽어주고, 숙제를 도와주고, 영양가 있는 음식을 만들어주고, 스포츠 등 학과 외 활동을 지원해주는 것 등)은 아이가 세상을 성공적으로 살아가는 데 필요한 것들을 갖추게 해준다. 이는 아이가 성인이 되어서도 상류층 지위를 유지할 가능성을 높여줄 것이다.[42] 그렇다면 이들에게 불공정한 카르텔을 규제하는 반독점법을 적용해야 하는 것이 아닌가?

복합 불평등 시대

수축사회는 그 자체로 불평등을 양산한다. 이제 우리가 사는 모든 영역에서 불평등은 일상이 되었다. 상층으로 올라가는 계층 이동의 사다리는 고장난 것이 아니라 아예 없어지면서, 상위계층과 하위계층 간의 거리는 점점 멀어지고 있다. 왜 계층 이동의 사다리가 사라졌을까?

교육 불평등

능력주의(meritocracy)라는 용어가 유행이다. 사람의 능력에 따라 평가하고 보상받는 시스템이다. 그러나 최근에는 능력주의를 좀 다르게 바라보기 시작했다. 특정한 능력을 보유한 것으로 공인된 사람들은 다른 이들에게 진입의 여지를 주지 않고 배타적인 계급을 형성하려고 한다. 이제 '능력주의'는 유리 바닥 위에 살고 있는 사람들이 자신들의 지위와 이익을 공고히 하고, 다른 사람들을 체계적으로 배제하는 시스템을 부르는 말이 되었다.

현재 우리 사회의 양극화는 애초에 자기 혼자 힘으로는 '능력'을 만들어낼 수 없을 정도로 심해졌다. 유리 바닥 아래에 사는 사람들은 교육이 부족해서 고숙련 노동 시장에 진입하지 못한다. 이런 상황이 대를 이어 유지될 때 계급이 발생한다. 안타깝게도 지금 우리 사회는 '계층 이동성이 없는 능력 본위주의' 사회가 되고 말았다.[43] 능력자들은 유리 바닥을 지키기 위해 할 수 있는 모든 노력을 다한다. 상위 20%는 대부분 고학력자인데, 그들(고학력자)끼리 결혼할 가능성이 높다. 이런 현상을 '동류 짝짓기(assortative mating)'라고 한다.[44] 그들만의 리그로 계급이 고착화되고 있는 것이다.

결국 가장 중요한 것은 능력을 만드는 교육이다. 가난하면 좋은 교육을 받기 어렵다. 교육 기회의 양극화는 거의 모든 국가에서 나타난다. 미국뿐 아니라 중국, 베트남 등의 교육 상황을 연구한 스콧 로젤(Scott Rozelle)과 내털리 헬(Natalie Hell)은 고교진학률로 선진국 진입 가능성을 연구했다.[45] 이들은 특정 국가의 선진국 진입 여부는 고등학교 진학률과 관련이 높다고 분석했다. 이들 책에 인용된 정치학자 제프리 개릿(Geoffrey Garret)의 최근의 경제발전 역사 연구 결과에 따르면 부유한 나라와 가난한 나라들은 높은 경제성장률을 보이는 데 반해, **소득이 중간쯤에 위치한 나라들은 경제성장의 속도도 느리고 결과도 덜 성공적이었다**고 한다.[46]

이들의 연구를 요약하면 고등학교 진학률이 50% 이하인 나라는 고소득 국가에 도달하지 못한다. 중학교를 졸업하고 바로 사회에 진출하는 비중이 높은 중국, 베트남 등의 미래를 어둡게 보는 건 이 때문이다. 우리는 중국의 대도시 등 발전 지역만 보기 쉽지만, 중국의 개발지역과 내륙 농촌지역에는 넘을 수 없는 교육 수준의 차이가 있다. 이런 상태가 지속되면 장기적으로 중국은 대혼란에 빠질 것이라고 예상할 수 있다. 반면 일본, 한국, 대만 등 교육 수준이 높은 국가들이 중진국 함정에서 탈출할 수 있었던 것은 중등교육이 의무 교육이었고 대학 진학률이 높았기 때문이었다.

디지털 사회에서 새로운 기술을 배우기 위해서는 최소한 고등학교

수준 이상의 학습이 필요하다. 또한 복잡한 디지털 기기를 사용하기 위해서도 고등학교 졸업은 최소한의 요건이다. IT 기기가 일자리를 줄이고 있는 상황에서 기계와의 경쟁에서 이기기 위해서는 그에 맞는 교육이 필요하다. 그러나 낮은 인건비에 의존하는 개도국들은 당장의 경제성장을 위해 교육 투자에 소극적이다. 이런 정책은 단기적으로 비용을 절감하고 개도국의 정치적 안정에 기여하지만, 장기적으로는 성장 잠재력을 갉아 먹을 것이다. 기업들이 해외에 진출할 때 진출국의 교육 수준이 중요한 이유가 여기에 있다. 노벨상 수상자인 경제학자 제임스 헤크먼은 불평등의 근본 원인을 교육에서 찾는 이들이 반길 다음과 같은 견해를 밝힌 바 있다. 바로 **부모를 잘못 만나는 것이 '가장 큰 시장 실패'라는 주장이다.**[47] 자본주의 기반의 자유민주주의 체제는 교육 불평등이 굳어지면서 시스템 위기에 봉착했다.

디지털 불평등

과거에는 기술이 노동을 대체하더라도 늘 새로운 기회가 만들어졌다. 마차와 관련된 일을 하던 사람들은 자동차 업계 노동자가 되었다.[48] 그러나 지금은 그런 직업적 전환이 불가능하다. 제조업, 건설업, 농업 출신의 노동자는 디지털 관련 일자리에서 일할 수 없다. 이른바 '기술적 실업'의 상황이다. 일자리를 구하지 못한 제조업 출신의 기술적 실업자들은 상대적으로 숙련 기술이 필요 없는 서비스업으로 이동하고 있다. 서비스업은 인력이 공급 과잉 상황이기 쉽고, 단순한 업무 성격상 임금도 낮은 수준에 머문다. 여기에 개도국에서 이주한 노동자들이 저임금을 바탕으로 서비스업 일자리를 잠식하고 있다. 충분히 성장한 국가에서 서비스업 중심의 일자리 재편은 저소득자의 임금을 하락시킨다.

이보다 더 중요한 사실은 기계가 가져온 혜택이 기술 개발자 등 몇몇 사람에게만 집중된다는 점이다. 예를 들어 서빙 AI로봇을 개발한 사업자나 소유자는 판매 혹은 빌려준(렌탈) 로봇 숫자만큼 노동자에게 돌아갈 인건비를 자신들이 챙긴다. AI로봇의 보급은 과거에는 일자리 문제였지만 지금은 몇몇 사람에게 부가 집중되는 문제로 바뀌고 있다.

충분한 대비 없이 더 시간이 지나면 이러한 디지털 불평등으로 인해 사람의 가치가 점점 줄어들 것이라는 경고도 있다. 구글 X의 AI 개발 총 책임자였던 모 가댓(Mo Gawdat)은 AI의 출현으로 인간의 가치가 점차 작아질 것이라면서 "우리는 기술을 소유한 사람들에게 골칫거리, 즉 부담이 될 것이고, 궁극적으로 그 사람들도 기계에게 골칫거리가 될 것이다."라고 했다.[49]

내가 사는 서울 도봉구의 지인 A씨는 서울 남쪽에 큰 분식점을 운영한다. 요즘 많은 연예인이 방문하는 맛집으로 유명하다. 그런데 일주일에 단 1번만 방문을 한다. 방법은 스마트폰이다. 매장의 CCTV를 통해 늘 가게를 들여다보고 있다. 매 순간 매출 상황을 그래프로 볼 수 있다. 메뉴별 매출도 보여준다. 그는 추가로 더 많은 점포를 열 계획을 세우고 있다. 이처럼 기술의 발전으로 인력이 반드시 투입되어야만 하는 영역에서도 사람 투입이 줄어들고 있다. A씨와 마찬가지로 한 사람이 여러 개의 프랜차이즈 식당이나 마트를 경영하는 게 흔한 일이 되었다. 그에 비해 영세한 소상공인들은 창업과 이후 자리 잡기가 더 어려워지고 있다. 디지털 불평등은 우리 시대에 새롭게 등장하고 그 기술 습득에 더딘 이들에게 차별적으로 적용되는 전혀 다른 차원의 불평등이다.

서비스업 불평등

한편 역설적으로 자본주의가 성공했기 때문에 성장률이 낮아지고 불평등이 확산된다고 보는 견해도 있다. 휴스턴대학교의 디트리히 볼래스(Districh Vollrath)는 최근 미국의 저성장을 고성장 후반기에 나타나는 안정기로 본다. 미국은 1950~2000년 사이에 매년 평균 2.25% 정도 성장했다. 그러나 21세기 들어(2000-2016년) 평균성장률이 1.25%로 낮아졌다. 볼래스 교수는 아래의 4가지 요인이 1%P의 경제성장률 하락을 가져온 것으로 분석했다.[50]

① 가족 크기의 축소와 고령화: 0.8%p 하락 기여
② 서비스 경제로 소비 패턴의 변화: 0.2%p 하락 기여
③ 기업의 재분배 감소: 0.15% 하락 기여
④ 세계화의 후퇴: 0.1% 하락 기여

충분히 성장한 사회에서 고령화와 서비스 소비는 관련성이 높다. 젊은 시절 우리는 소득이 증가하면 주택을 마련하고, 자동차나 TV 등 내구재를 구입하는 데 많은 돈을 소비한다. 반면 은퇴기에 돌입하면 내구재 대신 여행, 건강 관리, 돌봄 서비스와 같은 다양한 서비스를 이용하는 소비 비중이 증가한다. 요즘 공산품들은 품질이 좋아서 AS 없이도

오래 사용한다. 반면에 통신 비용, 넷플릭스 구독비 등 디지털 관련 소비
는 급증한다. 애플은 전체 매출에서 아이폰이 차지하는 비율이 52~53%
수준까지 줄고, 대신 데이터센터 운영, 앱 판매 등 서비스 판매 비중이
높아지고 있는데, 역시 같은 맥락이다.

  그동안 서비스업에서는 기계와 사람의 대결에서 사람이 우세한 편
이었다. 다양하고 세심한 사람의 마음을 기계가 대체하기에는 한계가 있
었기 때문이다. 그러나 상황이 역전되고 있다. 배달의민족 운영사인 '우
아한형제들'의 자회사 비로보틱스에 따르면 외식점에서 서빙 로봇 1대
를 운영하는데 36개월 기준 월 임차료 32만6천원만 부담하면 된다.[51]
향후 로봇은 더 다양하고 세심하게 발전하면서 힘들고, 어렵고, 위험한
3D 업무를 전담할 것이다.

  디지털 불평등과 저성장 기조 아래 서비스업으로 많은 인력이 몰
려오고 있지만, 서비스업의 성장 속도보다 인력 공급이 더 많고 빠른 형
국이다. 여기에 기계가 기존의 서비스업 일자리를 잠식하고 있다. 서비
스업에서도 새로운 불평등의 전선이 생기고 있다.

초저금리 불평등

낮은 이자율은 빚을 쉽게 낼 수 있는(대출을 받을 수 있는) 부자들에게 더
많은 기회를 준다. 부자들은 담보가 있기 때문에 낮은 금리로 많은 자
금을 빌릴 수 있다. 저소득자는 담보가 부족하기 때문에 고금리로 돈
을 빌릴 수밖에 없다. 대부분의 저소득자들은 고금리로 대출받은 이자
부담에 허덕인다.

21세기는 투자와 탐욕의 시대다. 거의 모든 자산 가격이 급등했다. 부동산, 주식, 가상 자산은 역사상 가장 오랜 기간 가장 높은 상승을 보였다. 그러나 상승의 열매는 모두 부자들에게 돌아갔다. 시간이 지날수록 격차는 더 벌어지고 있다. 쿠팡과 카카오의 약진 뒤에는 초저금리가 있다. 사업 초기에 이 회사들은 낮은 금리로 대규모 자금을 조달할 수 있었다. 이 자금으로 물류창고, 데이터센터 등에 과감하게 투자해서 시장을 장악할 수 있었다. 그리고 결과는 소상공인의 몰락이었다.

지금까지 저금리는 자산 불평등을 가속시켰다. 그러나 코로나 이후 물가와 금리가 동반 상승하면서 새로운 불평등을 야기할 것이다. 금융시장이 경색되면서 저소득층은 더 높은 금리로 자금을 조달하고 이자를 부담해야 한다. 2023년 하반기 이후 한국 경제의 최대 위협은 금리 상승에 따른 사회적 불평등의 심화가 될 것이다.

고령자 불평등

서구 선진국들은 출생률이 서서히 하락하는 과정에서 동시에 복지체계도 함께 만들었다. 코로나와 같은 예기치 못한 위기가 발생해도 복지시스템이 사회의 하단을 받쳐준다. 그러나 복지체계가 미흡한 개도국 혹은 한국과 같이 선진국에 막 진입하는 국가에서는 고령자 불평등이 풀기 어려운 구조적 문제로 대두하고 있다.

먼저 한국을 중심으로 고령자 불평등을 살펴보자. 한국의 80대 중반 고령자들은 일제 강점기에 출생했다(1930년대 중후반 출생). 흔히 산업화 세대라고 불리는 이들로서 한국의 성장을 이끌어왔다. 자녀들은

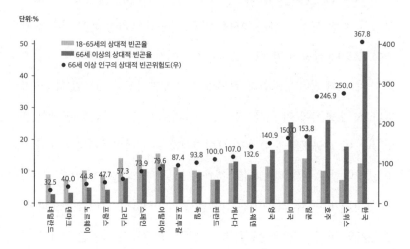

[그림 1-4] 주요 OECD 국가 66세 이상 상대적 빈곤위험도 비교

단위:%

- 18-65세의 상대적 빈곤율
- 66세 이상의 상대적 빈곤율
- 66세 이상 인구의 상대적 빈곤위험도(우)

*상대적 빈곤위험도는 18~65세 빈곤율 대비 66세 이상 빈곤율을 말한다.
**원 자료는 OECD의 소득 분배 데이테베이스(자료 인용 시점은 2021년 9월)이며, 2015년 이후 가장 최근 데이터를 사용했다. 한국을 포함 대부분 국가는 2018년 기준이며, 캐나다와 영국은 2019년, 덴마크와 스웨덴은 2017년, 네덜란드는 2015년 기준이다.
자료: 〈한국의 지속가능발전목표(SDGs) 이행보고서 2022〉, 통계청 통계개발원, 2022년 3월

베이비부머로 많은 인구가 출생해서 양육 부담이 컸다. 사회발전과 자녀 양육이라는 역사적 소명을 다한 것으로 의미가 크다. 그리고 IMF 외환위기에 즈음해 비자발적으로 은퇴한 경우가 많다. 또한 디지털 전환에 동승할 능력을 갖고 있지 못하다.

그런데 산업화 세대인 이들 고령자들이 가난해졌다. 그동안 한국은 고령자 복지체계를 만들 여유가 없었다. 이들은 자녀 양육과 생활비 등으로 저축 없이 노후를 맞이했다. 국민연금 시작이 1988년이기 때문에 가입 비중이 낮고 가입 기간도 짧다. 정부가 지급하는 기초노령연금

[그림 1-5] 한국의 처분가능소득 기준 상대적 빈곤률 추이

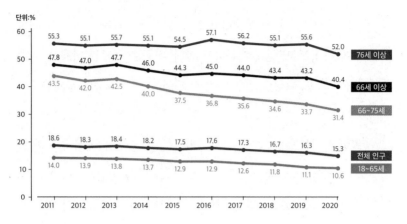

단위:%

	2011	2012	2013	2014	2015	2016	2017	2018	2019	2020
76세 이상	55.3	55.1	55.7	55.1	54.5	57.1	56.2	55.1	55.6	52.0
66세 이상	47.8	47.0	47.7	46.0	44.3	45.0	44.0	43.4	43.2	40.4
66~75세	43.5	42.0	42.5	40.0	37.5	36.8	35.6	34.6	33.7	31.4
전체 인구	18.6	18.3	18.4	18.2	17.5	17.6	17.3	16.7	16.3	15.3
18~65세	14.0	13.9	13.8	13.7	12.9	12.9	12.6	11.8	11.1	10.6

*처분가능소득은 OECD 기준 '시장소득+공적이전소득-공적이전지출'을 가구원 수를 고려해
균등화한 소득으로 계산한 것이다.
자료: 통계청, 한국은행, 금융감독원, 가계복지조사

이 유일한 수입원일 수 있다. 한국의 노인 빈곤률은 이미 OECD 국가 중 최고 수준이다. 그림 1-4에서 보듯이 청장년층(18~65세) 대비 66세 이상 고령자의 빈곤 위험도는 비교가능한 국가가 없을 정도다.

조금 구체적으로 살펴보자. 그림 1-5에서 보면 연령이 높을 수록 더 빈곤하다. 그리고 가난한 고령자가 많기 때문에 60세 이상 고령자 취업률이 매우 높다. 미국의 경우 60세 이상 고령자 취업률이 14.2%인데 반하여, 한국은 2023년 6월 기준 60세 이상 취업률이 47%, 70세 이상도 32%에 달한다. 한국은 '죽을 때까지 일하는 나라'가 되었다. 향후 한국은 1955년 이후 태어난 베이비부머가 은퇴하면서 60세 이상 취업자는 더 빠르게 늘어날 전망이다. 그런데 이들이 담당할 수 있는 영역은 비정규직 단순노동 분야밖에 없다. 직접 취업에 나서지 않아도 손주를 돌보는 등 가사노동에 시달리고 있다. 고령자의 1인당 가사노동 생산액은 66세에 1,205만원에 이른다고 한다. 가족을 돌보는 비용은 4조3천억원이나 되고, 여성의 경우 84세가 되어야 가사 노동에서 자유로워진다고 한다.[52]

최병천 신성장경제연구소장은 저서 《좋은 불평등》에서 한국의 불평등을 '미취업자=65세 이상 노인=초등학교 이하 졸업자=1930~1940년대 출생한 여성'으로 정의한다.[53] 그는 심각한 한국의 고령자 빈곤 문제 해결을 위해 국가의 적극적 역할을 강조한다.

최 소장은 한국형 불평등의 또 하나의 원인으로 수출을 이야기한다. 고성장기에는 수출이 증가할 때 수출 대기업의 성과보상으로 불평등이 커졌다고 한다. 그는 이것을 '좋은 불평등'으로 부른다. 개발경제학자들은 '좋은' 불평등과 '나쁜' 불평등을 구별한다. **좋은 불평등은 사람들에게 자신의 운명을 개선할 수 있는 동기를 부여함으로써 경제성장을 촉진한다. 반면 나쁜 불평등은 특정 계급**(지대 추구자)**에게만 이득을 준다.**[54] 좋은 불평등은 경제의 파이를 키우지만, 나쁜 불평등은 계급을 고착화시켜서 사회를 붕괴시킨다.

고령자 불평등은 나쁜 불평등이다. 국가는 이미 많은 복지 비용을 사용하고 있지만 여전히 부족하다. 고령자 불평등 문제는 앞으로 사회갈등의 중심 의제로 떠오를 것이다. 고령자들은 지금 당장이 중요하다. 그러나 국가는 지금 여기서 이들을 구제할 여유가 부족하다고 하소연한다.

상속 불평등

고령자 불평등이 일반적이지만 반대로 상류층은 상속을 통해 자신들의 부를 이전하면서 불평등을 심화시키고 있다. 역사상 최고의 황금 세대인 베이비부머(1946년~64년 출생)의 은퇴는 주요 선진국의 공통적 현상이다. 미국 베이비부머 세대가 보유하고 있는 순자산 규모는 무려 100조달러로 추정된다고 한다. 미국 가계의 총 자산 규모가 약 140조달러인데 거의 71%를 고령자가 보유하고 있는 것이다. 미국 GDP 25조달러와 비교해도 엄청난 규모다. 미국의 베이비부머 세대들은 미국 경제가 급속히 성장한 1970~1990년대에 종잣돈을 장만해서 지금까지 투자해오고 있다. 1983년 이후 40년간 미국의 평균 주택가격은 500%, S&P500 지수는 동기간 2,800% 상승한 반면 물가는 200% 상승에 그쳤다. 참고로 베이비부머 세대의 보유 자산 중 84조달러는 2045년까지 밀레니얼 세대 혹은 X세대로 이전되고 그 이후 10년간 16억달러가 추가로 이전될 것으로 추정된다고 한다.[55]

베이비부머 세대의 은퇴가 늘어나면서 부의 대물림 역시 활발해지고 있다. 엄청난 상속 자금이 부모 세대로부터 자식 세대로 이전되면서 양극화 현상은 더욱 확대될 것이다. 미국에서 젊은 세대의 부채 비율은 매우 높다. 2019년~2020년 중 미국 밀레니얼 세대(1981~1996년 출생자)의 연평균 부채 증가율은 11%였다. 이후 출생자인 Z세대(1997~2012년 출생자)들의 부채 증가율은 무려 67%였다.[56] 결국 물려받을 유산의 유무에 따라 운명이 갈리는 구조다. 이런 상황은 유럽, 일본 등 기존 선진국 공통의 상황이다.

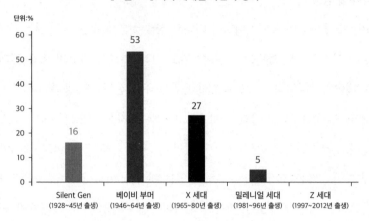

[그림 1-6] 미국 세대별 자산 구성비

자료 : Visual Capitalist, Bloomberg, CEIC, 하이투자증권 리서치본부

[표 1-2] 한국 세대별 가구당 순자산액 변화(2012년, 2020년)

	인구수 (단위: 명)		세대별 가구당 순자산액 (단위: 만원)			세대별 가구당 부채금액 (단위: 만원)		
	12년	20년	12년(A)	20년(B)	B/A	12년(A)	20년(B)	B/A
산업화 세대 (1940년~54년 출생)	7,037,048	6,492,283	34,675	35,936	1.04	5,657	4,878	0.86
1차 베이비 부머 세대 (1955년~64년 출생)	8,399,350	8,176,755	34,315	40,966	1.19	7,761	8,083	1.04
2차 베이비 부머 세대 (1965년~74년 출생)	8,890,370	8,787,199	25,722	37,491	1.46	6,419	10,110	1.58
X 세대 (1975년~84년 출생)	7,675,489	7,653,435	15,739	29,990	1.91	3,585	10,581	2.95
Y 세대 (1985년~96년 출생)	5,987,011	8,056,696	5,267	13,865	2.63	684	6,246	9.13

자료: 서울연구원, 하이투자증권 리서치본부

물론 한국도 비슷하다. 다만 2차 베이비부머인 1974년생까지 포함하게 되면 미국보다는 시기가 조금 지연될 것이다. 국세청에 따르면 2022년 상속·증여재산이 5년 전에 비해 2배 이상 늘어나서 총 상속·증여재산 규모가 무려 188조원을 넘겼다고 한다. 1인당 평균 상속재산은 40억원, 결정 세액은 12억원이었다. 상속재산 상위 1%인 158명은 1인당 평균 2천333억원을 물려준 것으로 조사됐다. 본격적인 부의 대물림이 이어지면서 사회는 양극화를 넘어 불평등이 고착화되는 계급사회로 진전될 수 있다. 이는 교육을 통한 간접적 부의 대물림보다 직접적인 갈등을 유발할 것이다.

코로나 불평등

국제구호개발기구 옥스팜(Oxfam)의 분석에 따르면 코로나 위기 속에서도 지난 2년간 전 세계에서 42조달러의 새로운 부가 창출됐다고 한다. 이중 26조달러(63%)를 상위 1%의 슈퍼리치가 가져갔고, 나머지 99%의 몫은 16조달러에 불과했다.

코로나 기간 중 돈의 홍수로 주식, 부동산, 가상자산 등의 투기 열풍이 불었다. 주식이나 부동산 투자는 기초 자산이 있어야 투자가 가능하다. 비트코인이나 파생상품은 비교적 소액으로도 투자가 가능하지만 엄청나게 하락했다. 팬데믹이 물러가자 금리가 폭등했다. 여유자금이 많은 상류층은 고금리 예금이 가능해졌다. 아인슈타인은 금리에 '복리의 마술'이 존재하는 한 자산불평등은 치유가 곤란하다고 했는데 바로 지금 이런 상황이 연출되고 있다. 코로나 위기로 빈익빈 부익부 현상이 심화되었다. 코로나는 역사상 가장 짧은 기간에 가장 큰 불평등을 만들어냈다.

지역 불평등

한국의 지역 불균형은 지역의 문제를 넘어 사회 불안과 국가의 성장 잠재력을 훼손시킬 정도로 심각해졌다. 반도체 벨트라는 말이 있다. 반도체 기업은 경기도 평택 이남에 공장을 세울 수 없다는 속설이다. 반도체뿐만이 아니다. 미래 핵심 산업의 본사, 연구소, 생산시설이 지방으로 가면 직원들이 따라오지 않는다. 과거 LG그룹은 IT 분야 핵심 기지를 구미로 옮기려 했지만, 우수 인력을 유치할 수 없자 서울 마곡지구에 둥지를 틀었다. 그러면 왜 우수 인력은 평택 이남으로 가지 않을까? 여러 이유가 있겠지만, 이들이 수도권에서 성장한 것이 가장 중요한 이유다. 수도권에는 언제든지 만날 친구와 가족들이 있다. 명문대 진학률을 봐도 사교육이 발달한 수도권이 압도적이다.

지방 이주는 돈의 문제를 넘어 정서와 사회 구조의 문제로 접근해야 한다. 지난 60년의 경제개발 역사는 수도권에 모든 것을 집중하는 것이 효율적이었다. 어느 국가나 비슷한 정책을 쓰지만 한국의 수도권 집중도는 매우 심각하다. 지역 불균형 성장이 60년 동안 지속되자 지금 후폭풍이 불어닥치고 있다. 바꿔 말하면 기존의 개발 방식을 바꾸지 않는 한 국토 불균형은 해소하기 어렵다. 이제 국토 불균형은 수도권 대 지방의 대결로 비화되고, 도처에서 다양한 부작용이 발생하고 있다. 지방에 비해 수도권의 부동산 가격이 급등하면서 넘기 어려운 자산 격차가 벌어지고 있다. 교육도 마찬가지다. 지방에 살면 교육, 자산 축적 등 모든 면에서 차별받게 되었다. 이미 2008년에 강준만 교수는 《지방은 식민지다》라는 책에서 이 문제를 통렬하게 지적한 바 있다.

물론 국토 불균형의 문제가 한국만의 현상은 아니다. 미국도 유사하다. 미국은 캘리포니아 등 서부 지역과 텍사스 등 미국의 동남부 지역이 경합하고 있다. 세금, 규제, 인허가, 인센티브 등의 차별화를 통해 기업을 유치하고 있다. 한국과 대만의 반도체, 배터리, 자동차 기업의 투자 지역은 거의 동남부 지역이다. 캘리포니아보다 세금 등에서 더 많은 인센티브를 주고 임금 수준이 다소 낮기 때문이다.

중국이나 베트남도 지역 불균형이 확대되고 있다. 2020년 기준 중국의 남부 지역 GDP는 중국 전체의 65%로 5년 전에 비해 5%P나 증가했다.[57] 홍콩, 선전과 인접한 남부 지역은 IT 산업 등 미래산업이 집중적으로 개발되면서 자본주의 성향이 강하다. 반면 북부지역은 소재 등 기간 산업이 주로 위치하고 있고 정부 입김이 강한 국영기업 중심의 구조다. 남북 갈등은 베트남도 마찬가지다. 하노이를 대표로 하는 북부지역은 호치민 등 남부에 비해 개발이 더디지만 정치적 수도다. 이런 상황에서 한국 대기업들이 북부지역에 집중 투자하니 베트남 입장에서는 얼마나 반가웠을까?

[그림 1-7] 소득 5분위별 소비지출 구성비(2023년 1분기)

단위:%

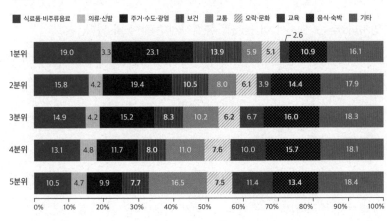

■ 식료품·비주류음료　■ 의류·신발　■ 주거·수도·광열　■ 보건　■ 교통　▨ 오락·문화　■ 교육　■ 음식·숙박　■ 기타

	식료품·비주류음료	의류·신발	주거·수도·광열	보건	교통	오락·문화	교육	음식·숙박	기타
1분위	19.0	3.3	23.1	13.9	5.9	5.1	2.6	10.9	16.1
2분위	15.8	4.2	19.4	10.5	8.0	6.1	3.9	14.4	17.9
3분위	14.9	4.2	15.2	8.3	10.2	6.2	6.7	16.0	18.3
4분위	13.1	4.8	11.7	8.0	11.0	7.6	10.0	15.7	18.1
5분위	10.5	4.7	9.9	7.7	16.5	7.5	11.4	13.4	18.4

자료: 통계청

[표 1-3] 소득 5분위별 가계수지(2023년 1분기)

단위: 천원, %, 전년동분기대비

	1분위	2분위	3분위	4분위	5분위
가구원수(명)	1.43	1.73	2.22	2.76	3.22
가구주연령(세)	62.0	52.2	50	49.8	49.6
소득	1,076	2,598	4,051	6,052	11,483
이전소득	718	714	76.1	811	861
공적이전	506	489	52.7	518	610
사적이전	212	225	234	293	251
비경상소득	9	19	33	65	438
가계지출	1,536	2,275	3,199	4,670	7,739
처분가능소득 1)	858	2,139	3,284	4,798	8,869
흑자액 2)	-461	323	852	1,382	3,744
흑자율(%) 3)	-53.7	15.1	25.9	28.8	42.2
평균소비성향(%) 4)	153.7	84.9	74.1	71.2	57.8

*2023년 1분기 기준
** 1) 처분가능소득=소득-비소비지출 2) 흑자액=처분가능소득-소비지출
　3)흑자율=(흑자액/처분가능소득) 4)평균소비성향=(소비지출/처분가능소득)×100
자료: 통계청

한계 상황에 도달한 한국의 불평등

지금 한국은 다양한 형태의 불평등이 서로 혼재하면서 사회 양극화가 기초 환경이 되었다. 먼저 지금 벌어지고 있는 한국의 불평등 통계를 세밀하게 살펴보자. 2022년부터 러-우 전쟁과 저금리 부작용으로 물가가 급등했다. 물가가 상승하자 저소득층은 삶이 파괴될 정도로 어려움에 시달리고 있다. 1분위(소득 하위 20%) 계층은 2022년 3분기 주거 및 수도, 광열비로 전체 소비의 15.9%를 사용했다. 반면 2023년 1분기에는 23%까지 비중이 늘어났다. 5분위(상위 20%) 계층은 9.9%에 불과하다.

코로나를 감안하지 않아도 하위 20%는 생계 중심의 소비 비중이 높다. 생활에 필수적인 음식료, 의류, 주거, 수도, 광열비, 보건, 교통 비용 등의 생계형 소비 비율은 2023년 1분기 기준 65.2%에 이른다. 반면 상위 20%인 5분위 계층은 동일한 항목에 49.3%만 소비한다. 대신 상위계층은 교통(차량 구입 포함), 오락·문화, 교육비 지출비중이 높다. 특히 교육에 주목해야 한다. 소득 상위계층은 교육비로 전체의 11%를 사용하지만 하위 20% 계층은 2.6에 불과하다. 앞서 살펴본 리처드 리브스의 《20 VS 80의 사회》에서 지적한 교육 불평등이 한국에서 고착화되고 있는 것이다.

하위 20% 계층은 전체 소득의 무려 154%를 소비한다. 2분위(하위 20~40%) 계층도 85%를 소비한다. 반면 상위 20% 계층은 전체 소득의 58% 정도를 소비한다. 1분위(하위 20%) 계층의 적자 가구 비중은 무려 62%에 달한다. 반면 5분위(상위 20%)는 8.8%였다. 이런 상황이 계속 누적되면 양극화는 극복 불가능해진다. 통계를 통해 알 수 있는 또 다른 사실은 소득이 적을수록 가구원 숫자가 적고 연령이 높다는 것이다. 이제 소득 불평등은 가족의 구성마저 어려워지게 하고 있는 것으로 보인다.

이런 불평등 기조에서 정부의 역할이 점점 중요해질 것이다. 코로나 기간 중 지급된 긴급재난지원금, 다양한 사회복지 지출은 그냥 사라지는 것이 아니다. 소득 하위계층일수록 다시 재소비로 연결된다는 점을 잊어서는 안된다. 반면 상류층은 소득과 무관하게 일정한 소비를 유지하기 때문에 정부 지원으로 소비가 늘지는 않는다. 오히려 코로나 종료 이후 해외로 나가는 해외 소비가 급증하고 있다. 또 인터넷 쇼핑을 통한 해외 직구도 매년 가파르게 증가하는데 배달 비용과 관세 이외에는 도움이 안 된다. 즉 국내 경기와는 아무 관련이 없다.

다양한 형태의 불평등은 수축사회의 특징이다. 여러 가지 불평등이 겹쳐서 나타나면서 양극화가 빠르게 확대된다. 이는 전 세계 공통의 현상이지만 한국의 양극화 속도는 너무 빠르다.

웰컴 투 정글!

코로나 기간 중 중남미 부유층은 미국으로 백신 투어를 떠났다. 빈부격차가 보건 격차를 넘어 수명 격차까지 만들고 있다.[58] 지금의 불평등이 지속된다면 우리 사회 시스템은 존속이 어려울지 모른다.

앞서 살펴본대로 수축사회를 맞아 사람들의 마음은 과거와 완전히 달라졌다. 오직 자신만을 중심으로 생각하고 활동한다. 이런 심리적 기반 위에서 불평등이 심화되자 적극적으로 상황 타파에 나선다. 불평등에 직접 맞서 싸우기 시작했다. 적군이 누구인지 희미하지만 난타전을 벌여 불평등을 해소하려 한다. 이 과정에서 포퓰리즘적 방식이 동원되기도 한다. 극단적인 이념이 탄생하기도 하고 민주주의를 공격하기도 한다. 동시에 근대사회 번영의 토대가 된 자본주의도 새로운 형태의 위기에 직면하고 있다.

제로섬 파이 쟁탈전

2023년 상반기 한국은 간호사법이 뜨거운 논쟁을 일으켰다. 간호사법은 다양한 내용이 있지만, 중요한 내용은 간호사의 지위 상승이다. 문제는 의사들이다. 간호사의 지위가 상승하면 임금이 상승한다. 이렇게 되니 의사들은 반대한다. 더 열악한 환경에 있는 간호조무사들 역시 간호사 수준의 대우를 원하고 있다. 의료체계의 3각축인 의사, 간호사, 간호조무사들이 서로 파이 쟁탈전을 벌이고 있는 것이다. 간호사법에 이어 이번에는 과학기술이 의료 업계를 공격하고 있다. 원격의료 문제다. 현재 법안은 재진에 한해 원격진료를 허용하는 것으로 논의가 되고 있다. 그러나 의사협회는 원격진료 자체를 반대하고 있다.

공인중개사 협회는 과도한 자격증 남발을 방지하기 위해서 연간 합격자 수를 줄여달라고 주장한다. 또 변호사의 부동산 중개업무를 견제하기 위해서 오랜 기간 투쟁해오고 있다. 회계사와 세무사는 국가지원을 받는 공공기관의 회계 감사 영역을 두고 분쟁하고 있다. 한편으로 이들 회계사, 세무사는 IT 기술의 도전을 받고 있다. 기업의 회계시스템을 판매하고 유지, 관리시켜주는 '더존비즈온'이라는 회사는 280만 개의 기업을 대상으로 기업의 회계와 IT 시스템을 설계, 관리해준다. 세무사들도 국세청 홈텍스를 통해 종합소득세를 내는 사람들이 늘기 시작하면서 일감이 줄고 있다. 과학기술이 라이선스의 기득권을 해체하고 있는 것이다.

개인택시 업계는 카카오 택시의 진출로 승객이 줄어들었다. 온라인 소비와 배달 문화의 확산으로 중소기업 종업원들은 임금이 높은 배달 업계로 일자리를 옮긴다. 중소기업의 인력난이 심화되자 외국인 근로자 의존도가 높아졌다. 쿠팡의 흑자 전환에 이어 배달의민족(우아한형제들)의 독점화 경향이 가속화되고 있다. 각 지자체들은 자체 공공앱을 개발해서 지역의 배달 생태계를 만들려 노력하고 있다. 연 26조원대 세계 최고의 사교육 시장은 어학원을 중심으로 챗GPT에게 주도권을 내줘야 할지 모른다.

사람들 사이의 갈등은 기업 경영에도 영향을 미친다. 특정 제품을 구입하지 말자는 운동을 전개해 기업 행동을 바꾸려는 '소비 보이콧'이 늘어나고 있다. 페이스북, 나이키 등 글로벌 기업들은 정치 성향이 다른 계층으로부터 공격받거나 불매 운동을 당하는 사례가 빈번하다. 중국에서는 서구 제품이나 사드 사태 이후 한국 제품에 대해 불매 운동이 일어나기도 했다.[59] 거의 모든 산업에 제로섬 기반의 파이쟁탈전이 벌어지고 있다.

수축사회 2.0: 닫힌 세계와 생존 게임

지금 우리는 전투 중!

나는 매일 언론에서 새로운 전선이 형성되는 뉴스를 본다. 지금 우리는 남녀노소 구분 없이 누구나 2~3개 영역에서 싸우고 있다. 언론 보도에 따르면 윗집에서 밤 11시 넘어 세탁기와 건조기를 돌리고 개까지 짖어대서 잠을 자지 못하자 '복수'에 나서는 일이 자주 발생하고 있다. 개중에는 다소 황당한 사건도 있다. 책상 위에 선반과 책 여러 권을 쌓아 올리고, 그 위에 블루투스 스피커를 설치해 최대한 천장과 밀착시킨다. 이후 밤새도록 유튜브에서 찾은 '개 짖는 소리' '쿵쿵 발 디디는 소리'와 같은 생활 소음 영상을 최대 음량으로 틀어 윗집에 소음이 발생하도록 만든다. 유튜브에서 '층간 소음 복수 음악'을 검색하면 '발소리 360분' '통돌이 세탁기 3시간' '드럼 소리 8시간' '욕실 바가지 던지는 소리' 등 300여 건의 생활 소음 영상이 나타난다.

온라인 쇼핑몰에서도 '층간 소음 스피커'를 검색하면 '보복' '복수' 같은 설명이 붙은 제품이 다수 검색된다. 이 제품들은 '골전도(骨傳導) 방식이라 소리가 벽을 잘 뚫는다' '윗집 소음은 키우고 사용자 소음은 최소화했다' 등의 문구로 광고하고 있다.[60] 더 심하면 아래윗층 간에 살인과 같은 극단적 비극이 발생하기도 한다.

최근 사회적 관심사가 된 학교폭력 문제 역시 갈등이 일반화되고 있다는 증거다. 유명한 검사 출신 정치인의 자녀는 민족사관고등학교라는 최고 명문 고교에 다니면서 학교폭력을 저질렀다. 모두 불안해하면서 자신의 파이를 지키고 다른 사람의 것을 빼앗기 위해 혈안이 되고 있다. 사회적 위치는 상관없다. 싸워서 이기고 빼앗아야 한다.

불평등의 여러 요인 중 가장 중요한 것은 경제성장률이 낮아진 점이다. 수축사회는 파이가 정체 혹은 줄어드는 사회다. 그렇다면 <u>내가 생존하는 방법은 나 자신 이외 사람의 몫을 빼앗거나 아예 없애 버리는 것이다.</u> 이 지점에서 무한 투쟁이 발생하고 있다. 현재의 불평등이 내가 아닌 사회와 타인 때문이고 이것을 개선할 방법이 없다는 절망감은 갈등을 넘어 폭력으로 사회를 끌고 가고 있다. 여기에 갈등을 조장, 방조하는 정치도 크게 한몫하고 있다.

허구를 대상으로 한 갈등

지금 세계는 정치적 갈등이 최고조에 달하고 있다. 과거보다 더 치열하게 싸우고 있지만 정치의 공통 관심사는 불평등 해소와 수축사회에서의 탈출이기 때문에 정책적 차이는 거의 없다.

2020년에 행해진 미국 유고브(YouGov)의 한 여론조사에 따르면 미국인의 86%는 자신이 반대하는 정당을 지지하는 사람과 데이트하기 어렵다고 한다. 누구에게 투표했느냐가 사랑을 결정하는 중요한 요인이 된 것이다. 2022년 9월의 CBS 조사에 따르면 민주당원과 공화당원의 다수가 상대를 정치적 반대자가 아니라 적으로 보고 있다고 한다. 2022년 8월 트럼프 전 대통령의 구속 수사에 대한 여론조사에서는 트럼프의 구속에 대해 민주당원의 92%가 찬성했다. 반면 공화당 지지자들은 21%에 불과했다. 트럼프 전 대통령이 성추문, 기밀 유출 등 여러 가지 혐의로 검찰에 기소된 후 2023년 6월 말에 실시한 여론조사에서는 트럼프 44%, 바이든 41%로 지지율이 역전되기도 했다. 자신과 생각이 다르면 모두 적으로 간주하면서 자기 진영으로 똘똘 뭉치고 있다.

일자리가 중요해지면서 이민자에 대한 혐오와 공격은 전 세계 보편적 현상이 되었다. 2011년 노르웨이의 이민자 총기난사 사건, 네덜란드의 연정 붕괴, 미국 트럼프의 불법 이민자 통제 등은 스스로 적을 만들려는 시도다. 적이 있어야만 우리 편이 강해진다는 적대적 공범 관계가 형성되고 있다. 국제질서도 마찬가지다. 안보는 지금 많은 국가에서 핵심 이슈가 되었다. 편을 갈라 파이를 독점하기 위해서는 적이 필요하기 때문이다. 미-중 패권전쟁의 본질이기도 하다.

정치의 중요한 역할은 미래를 준비하는 것이다. 수축사회는 사람들에게 미래에 대한 불안감을 고조시킨다. 미래에 대한 시각 차이는 자신의 생존과 연결되기 때문에 누구나 적극적으로 참여하려 한다. 바로 이런 상황이 정치적 갈등의 출발점이 되면서, <u>갈등의 주제 역시 안전 욕구와 경제성장으로 압축된다.</u>

핵심 연료는 패권전쟁과 자본주의에 대한 시각 차

한 나라 안에서의 갈등만이 아니라 세계적으로도 갈등이 진행중이다. 지금 벌어지고 있는 패권전쟁은 미국과 중국의 이해관계를 중심으로 진행되고 있다. 미국과 중국은 각각 자유민주진영과 사회주의진영을 대표한다. 미-중 패권전쟁은 미래 세계의 주도권 전쟁이지만 이를 바라보는 사람들은 충분히 이념 전쟁으로 오해할 수 있다. 각국 정치권은 이런 거대한 전쟁을 국내 정치에 활용, 전선을 격화시키는 촉매로 활용한다.

한편 저성장이 기본 구조인 수축사회에서는 경제성장에 대한 갈망이 커진다. 이때 경제를 운영하는 방식의 차이에서 강한 갈등이 발생한다. 어떤 형태의 경제 이념으로 경제를 운영할 것인지에 대한 갈등이다. 좁게 보면 자본주의를 바라보는 시각차이다. 우파는 사적재산권을 강력히 수용하고 경쟁을 장려한다. 자유, 공정, 개인주의, 성장 등이 주요 아젠다. 진보 좌파는 불평등 해소를 우선에 두기 때문에 독점을 견제하고 사적재산권을 일정 부분 제한하려 한다. 제한적 경쟁과 평등, 민주, 분배, 복지 등이 핵심 주장이다.

산업혁명 이후 서구의 정치체제는 우파적 시각을 바탕으로 성장해왔다. 그러나 1930년대 대공황 이후 자본주의는 스스로 변화하기 시작한다. 당시 독일의 나치, 이탈리아의 파시스트, 일본의 군국주의는 극우파에 가까웠다. 반면 승전국인 자유민주진영은 국가가 시장에 적극 개입하는 케인즈 경제학을 기반으로 좀 더 왼쪽으로 이동했다.

1980년 초반 영국의 대처 수상, 미국의 레이건 대통령은 다시 원초적인 자본주의로 회귀하는 '신자유주의' 정책을 도입했다. 강한 우파를 지향하는 신자유주의는 2008년 글로벌 금융위기까지 이어진다. 2008년 금융위기 이후 사회적 불평등이 확대되고 코로나가 발생하자 국가는 국민의 삶에 깊숙이 개입하면서 다시 왼쪽으로 향하고 있다. 이런 식으로 불과 100년 사이에 이념이 시계추처럼 좌우로 이동해왔다. 역사적으로 이념은 고정되지 않았고 상황에 따라 가변적으로 변화해왔다.

표면적으로 '미국 진영=신자유주의'를 추종하는 집단과 '중국 진영=사회주의적 자본주의'를 신봉하는 세력 간에 완벽한 전선이 형성되었다. 그러나 이런 구분은 완전 허구다. 수축사회의 핵심은 생존이기 때문에 이념은 중요하지 않다. 실제로 각국은 양측의 견해를 융합해서 사용한다. 오히려 두 가지 견해가 선명하게 갈린 국가가 있다면 그 나라가 바로 후진국이다.

퇴보하는 민주주의

사회 운영 방식을 둘러싼 견해 차이는 모든 사람들에게 영향을 주기 때문에 정치적 대결의 중요한 주제로 등장했다. 여기서 우위를 점하기 위해서는 더 거세게 상대방을 공격해야 한다. 우파는 좌파를 공산주의자로, 좌파는 우파를 거의 나치주의자 정도로 몰아붙이는 전략을 사용

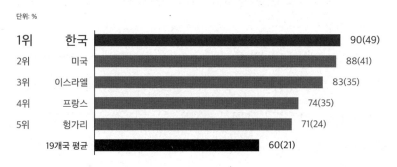

[그림 1-8] 정치적 분열이 높은 국가 순위

단위: %

순위	국가	값
1위	한국	90(49)
2위	미국	88(41)
3위	이스라엘	83(35)
4위	프랑스	74(35)
5위	헝가리	71(24)
	19개국 평균	60(21)

*나라별 그래프 뒤의 숫자는 다른 정당을 지지하는 사람들 사이에 강한 갈등이 있다고 답한 비율이다. 특히 ( ) 안의 수치는 아주 강한 갈등이 있다고 답한 비율이다.
자료: 퓨리서치

한다. 선과 악의 대결로 전투를 치르고 때로는 법률적 다툼으로 비화되기도 한다.

지금 전 세계 모든 국가에서 정치권은 치열하게 싸우고 있다. 민주주의의 나라 미국의 정치 분열은 오히려 한국보다 강한 느낌이다. 2022년 11월 미국 연방하원의 의장 선출은 5일에 걸쳐 15차례 투표가 거듭된 끝에 공화당 소속의 케빈 매카시를 하원의장으로 뽑았다. 163년 만에 가장 길게 진행된 투표 절차였다. 2020년 미국 대선 이후 트럼프 지지자들이 미국 의회에 난입한 사건도 있었다. 브라질에서도 룰라 대통령 당선 후 비슷한 사건이 발생했다.

퓨리서치 센터가 갤럽을 통해 지난 2022년 3월 14일부터 5월 2일까지 한국의 성인 1,008명에게 설문한 결과, 90%에 달하는 한국인이 정치적 갈등을 심각하게 인식하고 있다는 결과가 나왔다. 10명 중 9명이 '서로 다른 정당을 지지하는 사람들 간 갈등이 심각하다'고 응답했다. 이에 비해 미국, 일본, 프랑스, 말레이시아 등 19개국의 평균적인 정치적 갈등 인식 수준은 60%였고, 2등인 미국은 88%, 3등인 이스라엘은 83%였다.[61]

정치적 영역에서 출발한 갈등은 낙태, 동성혼 등 다양한 사회적 이슈로 확산된다. 2021년 6월 영국 킹스칼리지가 발표한 보고서에서 한국은 세계에서 가장 극심한 문화 전쟁을 겪는 나라로 선정되기도 했다. 한국은 전체 12개 항목 중 이념·빈부·성별·학력·정당·나이·종교 7개 부문에서 갈등 인식 지수 1위를 기록했다.

4장

포퓰리즘의 시대

●

정치인의 이해관계와 사이비 언론, SNS는 자신도 모르게 좌우 양 끝단의 정치적 이념을 가지게 한다. 이 결과 지금 우리는 의견이 다른 상대를 '상대편'(opponent)으로 인정하지 않고, 적(enemy)으로 인식하면서 정치적 대결을 더욱 심화하고 있다.[62] 중요한 것은 이런 현상이 독재 체제의 개발도상국이 아니라 미국, 한국 등 선진국에서 나타나고 있다는 점이다.

모두가 정치 투쟁 중

SNS가 민주주의의 양극화에 대해 미치는 영향을 조사한 퓨리서치에 따르면 2022년 선진 19개국에서 평균 65%나 '그렇다'고 대답했다. 긍정 응답비율이 높은 국가는 예상한 대로 미국(79%), 한국(77%) 등이 선두권이다. 예상외로 안정적 선진국가인 네덜란드(78%)가 2위, 캐나다(74%), 호주(71%), 독일. 스웨덴(65%) 등도 상위권이다. 이들 국가는 복지체계가 잘 갖춰져 있고, 자원부국이기도 하다. 이제 정치적 갈등과 SNS의 갈등 조장은 모든 국가에 공통된 현상이다.[63]

타협과 협상이라는 정치의 순기능은 작동하지 않는다. 정치평론가 박성민은 이분법적 사고와 정치의 사법화를 우려하면서 "정치와 전쟁의 차이는 퇴로를 열어주느냐 여부다."라고 이야기한다.[64] 수축사회의 정치권은 퇴로를 열어줄 수 없다. 적을 완전히 제거하지 못하면 자신이 제거되기 때문이다. 자신의 신념에 대한 확신이 강하기 때문에 사법부의 판단을 신뢰하지도 않는다. 여러 국가에서 사법부의 판단에 이의를 제기하거나 저항하는 사례가 발견된다. 수축사회에서는 공정한 심판자가 절실하나 심판자도 전투에 참가 중이다. 한국의 경우 헌법재판소, 법원, 감사원의 판단에 대해 국민들의 저항이 커지는 것도 같은 맥락이다. 당연히 전투는 더욱 격화된다.

《총균쇠》의 저자인 제레드 다이아몬드는 이념이나 종교를 공유하고 있으면 서로 무관한 개인들이 함께 살아가는 데 보탬이 되어 유대감을 갖게 된다고 한다. 그러나 때로 이념이나 종교는 타인을 위해 목숨까지 희생할 수 있는 동기를 부여한다.[65] 이념 전쟁에 참여한 정치인이나 양극단의 세력들은 거의 종교적 수준으로 이념을 숭배한다. 그러나 이들이 믿는 이념은 지금 존재하지 않는다.

여당이건 야당이건, 좌파건 우파건, 수축사회에서의 탈출 해법이 없으니 오직 권력 쟁취만이 목표가 된다. 수단과 방법을 가리지 않고 권력 쟁취에만 올인하면서 갈등은 더 심화된다. 이런 식의 극단적인 대결은 정치 혐오를 강화한다. 정치 혐오가 강해지면 중도층은 정치권 밖으로 나가고, 양극단의 강성 지지자들만 남는다. 보다 선명한 대결구도가 형성되는 것이다. 2022년 대선에서는 여야 할 것 없이 중산층과 중도층을 위한 공약이 별로 없었다. 기본 선거 전략이 정치 혐오였기 때문이다. 지금 정치권은 스스로 정치 혐오를 만들고 있다. 정치 혐오나 정치적 무관심이 커질수록 양극단에 위치한 정치적 기득권은 공고해진다. 2024년 여야의 총선 전략은 원하건 혹은 원하지 않건 간에 정치 혐오가 중요한 선거 전략이 될 듯하다.

포퓰리즘이 싹트는 환경

생존을 담보로 한 갈등 과정에서 포퓰리즘은 핵심 무기다. 포퓰리즘의 사전적 의미는 대중의 견해와 바람을 대변하는 정치사상 및 활동을 가리킨다. 포퓰리즘은 독재자가 대중의 비위를 맞춰 자신의 정치적 목적을 달성하는 수단으로 활용되어왔다. 후진국이나 이탈리아 등 남유럽 좌파 정부의 정책으로 주로 국가 재정을 남발하는 정책을 사용한다. 때로는 중국의 문화대혁명과 같이 포퓰리즘이 정적 제거를 위한 방법으로 사용되기도 한다. 포퓰리즘은 제도적 절차적 민주주의 대신에 대중에 대한 직접적인 호소와 엘리트에 대한 불신이라는 속성을 가지고 있다. 대중 즉 다수의 지지를 받아낸다는 점에서 포퓰리즘은 민주주의와 맥을 같이한다고 볼 수도 있지만 실상은 전혀 아니다. 21세기에 들어선 지 20여 년이 지난 지금 다시 포퓰리즘 시대가 도래한 이유는 무엇일까?

우선 사회 기반이 포퓰리즘에 유리하게 바뀌었다. 사회가 네트워크에 실시간 연결되면서 정보 유통이 빨라졌다. SNS는 경쟁적으로 극단적인 편파성을 드러내면서 가짜 뉴스와 음모론의 온상이 되었다. 특히 유튜브가 가동하는 추천 알고리즘은 시청자들에게 유사한 성격의 채널을 지속적으로 노출시켜 확증 편향을 강화한다. <u>가짜 뉴스의 전파 속도는 진실보다 6배나 빠르다고 한다. 트위터의 경우 전체 트윗의 80%가 10%의 사용자에게서 나온다는 조사 결과도 있다.</u>[66] 포퓰리즘이 발아하기 아주 좋은 환경인 것이다.

독일의 정치학자 한나 아렌트(Hannah Arendt)는 1951년작 《전체주의의 기원》에서 "조직되지 않고, 구조화되지 않은 대중, 절망적이고 증오에 가득 찬 개인들의 대중이 지도자에게서 구원을 기대하는 상황 하에서 전체주의는 탄생한다."고 말한다.[67] 여기서 말하는 전체주의를 가능케 하는 방법이 바로 포퓰리즘이다. 아노미 현상, 디스토피아의 세계라고 인식하는 사람들을 쉽게 유혹할 수단이 생긴 것이다. 히틀러의 나치즘이 독일 국민 다수의 절대적인 지지로 탄생했다는 사실을 생각하면 민주주의 운영원리인 '다수결의 원리'는 다른 한편 포퓰리즘의 자양분이기도 하다.

사람들은 수축사회가 만든 불평등에 화가 나있는 상태다. 사회 변화에 대한 적응도 쉽지 않다. 여기에 SNS와 가짜 뉴스가 불을 붙이고 있다. 포퓰리즘은 기득권을 가진 엘리트주의를 배격한다. 상대적 불평등에 분노하는 사람 입장에서는 기득권 타파를 위해서 기꺼이 포퓰리즘에 중독되거나 본인이 전투에 참여할 용의가 있다. 바로 이런 상황을 정치권이 이용하는 것이다.

포퓰리즘의 대행자, 언론

수축사회 한가운데에 있는 언론도 파이 쟁탈전에 참전하고 있다. 지금 한국의 언론은 지속가능하지 않다. 주요 언론사일수록 고령화가 심각하다. 인터넷 언론사의 대거 출현과 SNS와의 경쟁으로 치열한 생존경쟁이 벌어지고 있다. 내 지역구인 세종시는 인구가 39만명이지만 240개의 언론사, 380명에 이르는 기자가 시청 기자실에 등록되어 있다. 여전히 정확한 인원 파악은 신의 영역이다. 기존 언론사 중 일부가 계속 퇴출되고 새로운 언론이 탄생하기 때문이다.

이제 광고는 인터넷으로 집중되고 있다. 대형 보수언론의 오프라인 광고는 건강보조식품이나 가구 등이 단골 메뉴다. 광고 단가가 비싼 대기업 광고는 오프라인 신문에서 자취를 감췄다. 미국 이마케터 (eMarketer)의 분석에 따르면 2020년 기준으로 미국 언론사의 광고 수익은 디지털 매체가 63%, 전통적인 비디지털 매체 비중은 37%에 불과하다고 한다. 2011년에는 2:8로 비디지털이 높았다. 더 큰 변화는 63%의 디지털 광고비 중 페이스북과 구글이 54%를 가져간다는 사실이다.[68]

광고를 기사에 녹이는 일도 많아졌다. 과거에는 특별 섹션으로 광고성 기사를 담았지만 10여 년 전부터는 기사 내용이 광고인 경우가 많다. 추가로 각종 포럼, 세미나를 개최해서 기업의 후원을 받는다. 기자들의 전언에 따르면 주요 언론사의 수입 중 광고국 수입보다 세미나를 개최해서 후원을 받는 편집국의 수입이 더 많다는 소문도 있다. 반대 트렌드도 있다. 2022년 〈뉴욕타임스〉는 사상 최대 매출을 기록했다. 구독자 955만명, 매출은 23억달러, 구독 매출 비중이 67.3%까지 증가했다고 한다. 종이신문 구독자가 줄면서 디지털 구독자의 10%밖에 안 되지만, 여전히 광고 매출 비중은 종이신문이 40%를 차지한다. 한국 언론사들은 〈뉴욕타임스〉의 사례를 배워야 한다.

영향력에 있어서도 기존 언론들은 SNS에 밀리는 형국이다. 뉴스 포털인 네이버를 공격해서 무력화해야 한다는 절박함에 쌓여 있다. 기존 언론들은 SNS, 네이버 뉴스와의 클릭 경쟁이 불가피하다. 기사 제목을 자극적으로 잡아야 클릭이 늘어나니 유튜버와 언론의 차이가 사라졌다. 누가 더 싸움을 세게 붙이느냐 경쟁을 벌이고 있는 것이다. 미국 사례이지만 스콧 갤러웨이는 이런 현상에 대해 "가장 인기 있는 헤드라인은 우리를 불안하게 만들고, 화나게 하며, 충격을 주는 것들"이라며, "불안의 표준 편차가 증가할 때마다 중요 기사 목록에 오를 확률은 21% 증가했다. 놀라움의 표준 편차가 증가할 때는 30% 상승했다. 하지만 가장 강력한 감정은 '분노'로, 유포 정도를 34%나 높였다."고 이야기한다.[69] 이런 상황에서 언론에게 공정을 기대할 수 없다.

언론사는 늘 가짜 뉴스를 경계해야 한다고 지적하지만 스스로 가짜 뉴스를 만들기도 한다. 2020년 미국 대선에서 개표기 조작 가능성을 집중 보도한 폭스뉴스가 개표기 업체에 명예훼손으로 1조원이 넘는 배상금을 물어주게 된 판결이 있었다.[70] 팩트가 분명한 뉴스를 왜곡하기는 쉽지 않다. 소송 피해 때문에 가급적 기사에 올리지 않는다.

그렇다면 다른 방식이 필요하다. 교묘하게 기사를 왜곡한다. 언론사의 정치 성향과 다른 기사는 아예 게재하지 않거나 축소 보도한다. 때로는 별로 중요하지 않은 기사를 전면에 배치해서 불리한 이슈를 덮는다.

언론의 정치권 혐오는 단골 메뉴다. 언론은 정치권의 부도덕, 무능, 이기주의만 부각시킨다. 국회의원의 특권 폐지는 모든 언론의 단골 메뉴다. 정치권을 때려야 언론이 더 높은 위치에서 심판자 역할을 할 수 있기 때문이다. 사실 국회의원의 급여는 대기업 부장 수준보다 낮다. KTX를 무료로 이용한다고? 어느 기업이든지 출장비는 지급한다. 물론 일부 갑질하는 국회의원도 있겠지만 극소수다. 모든 경비 집행은 투명하게 공개된다.

수축사회가 강해지면서 언론은 자신들과 정치적 지향이 유사한 집단의 대변자 역할로 전환해서 스스로 적을 만들고 있다. 위기 앞에 단결하듯이 반대 성향 정치 집단을 공격하기 위해 보수언론은 더 오른 쪽으로, 진보 언론은 더 왼쪽에 위치한다. 양 극단의 언론 입장에서는 서로 싸우지만 적이 존재해야만 자신도 존재할 수 있는 상황을 즐기고 있는 것이다. 최근 정치 현수막 문제가 크게 부각되고 있다. 정치권이나 사회단체 입장에서는 언론이 자신들의 시각에 맞는 기사만 내보내니 직접 시민과 소통하겠다는 의미다. 네트워크 시대에 엄청난 후퇴를 언론이 자초한 것이다. 수축사회의 언론은 사회 갈등의 유발자가 되고 있다. 어떤 면에서 언론이 직접 정치 행위를 한다는 표현이 맞을 듯하다.

독재와 전체주의의 유혹

수축사회가 장기간 지속되면서 사람들은 지쳐가고 있다. 누군가 빨리 이 갈등을 종결해주기를 바란다. 강력한 지도자가 필요해진 것이다. 1930년대 초 엄청난 인플레이션에 시달리던 독일이 히틀러를 불러낸 것과 비슷한 상황이다. 21세기 미국의 첫 대통령이었던 조지 W. 부시 대통령은 미국 일방주의를 바탕으로 9.11테러 이후 이라크 전쟁 등에서 강력한 외교정책을 수행하는 네오콘(neocon)을 대거 등용했다. 네오콘이란 네오 컨서버티브(신보수주의, neo-conservatives)의 줄임말이다. 힘을 바탕으로 불량국가에 대한 선제공격을 감행해서 적극적으로 미국의 이해를 달성하자는 정치 세력이다. 핵심 인물은 딕 체니 부통령, 도날드 럼스펠드 국방부장관, 폴 울포위츠 등이다.

구원자가 필요해요

그러나 네오콘은 오래가지 못했다. 당시 미국은 국방과 외교에 있어 절대적인 힘의 우위에 있었지만, 경제와 사회는 구조적인 문제가 부각되는 시기였다. IT혁명으로 생산성은 증가했으나 실업률이 높아지고 인종 갈등, 사회적 불평등이 빠르게 증가했다. 미국의 부채 경제도 당시에 출발했다. 또한 주로 남부 지역에 있던 기독교 근본주의자들이 사회 각계각층으로 파고들어 강성 기독교와 신보수주의가 결합되었다. 위기일수록 사람들은 정치적 극단주의, 즉 일종의 전체주의를 선호한다. <u>무질서를 한방에 그리고 과감하게 해결해줄 구원자가 필요해진다.</u> 수축사회에 대한 정치적 대응은 종교와 독재임을 미국이 먼저 보여준 것이다.

오바마 시대 잠시 물러났던 네오콘은 트럼프 시대에 중국과의 패권전쟁을 명분으로 다시 소환됐다. 이번에는 백인 소외계층을 대변하는 우파 독재의 지원 세력으로 등장했다. 트럼프 대통령은 자녀들을 백악관 중요 보직에 임명했지만 별다른 저항이 없었다. 왜 그럴까? 우파 백인들은 도덕적 지도자보다 자신들의 어려움을 해결할 강력한 독재자가 필요했던 것이다. 그들에게 트럼프 개인의 일탈은 중요하지 않았다.

자국 이익 중심으로 국제 정치가 흐르면서 1930년대 유럽의 민족주의, 파시즘, 나치즘, 쇼비니즘(Chauvinism) 등과 같은 배타적인 정치 이념이 일반화되고 있다. 21세기 초반은 중국에서 민족주의 성향이 강해지면서 동시에 미국에서도 애국주의가 부상하던 시기다. 이런 이념들은 기본적으로 포퓰리즘적 성향이 강하다.

이때부터 스포츠에 있어서도 국가 대항전이 인기를 끌기 시작한다. 국가 대항전에 관심이 없던 야구, 골프 등의 종목에서까지 국가 대항전 인기가 높아진 것도 이 시기다. 축구는 전통적으로 월드컵이 열리는 등 국가 대항전이 활성화된 스포츠였다. 국가 간 갈등이 깊어지면서 축구 인기는 더욱 높아지고 있다. 스포츠는 분열하는 수축사회에서 국민과 지역을 단결시키지만, 다른 국가와의 경쟁을 강화시키는 부작용도 있다. 다른 의미로 해석하면 모든 사람들이 수축사회 전투에 참전하게 만들고 있는 것이다.

극약 처방을 부탁합니다

수축사회가 길어지면서 답답해하는 사람들이 많아지자 사회문제 해결도 극단적 형태를 띤다. 인권보다 다수의 행복만 추구하는 공리주의 관점이 부상하고 있다. 2023년 6월 한국 정부는 각종 흉악범죄자의 신상 공개를 확대적용하는 정책을 추진하겠다고 발표했다. 같은 시기 국회는 스토킹 범죄의 처벌에 관한 법률 개정안을 의결했다. 무려 32개 법률을 통합했기 때문에 예상 가능한 스토킹 범죄를 모두 포함하고 처벌 내용도 강력하다. 검찰총장이 한국거래소(KRX)를 방문하는 일도 발생했다. 주가조작 세력을 강력하게 처벌하는 것은 1,400만 투자자 모두가 바라는 일이다. 그러나 과도한 조사과정에서 선량한 투자자들이 피해를 볼 수도 있고, 또 창의성이 중요한 자본시장이 위축될 수 있다. 스토킹 범죄자를 강력히 처벌하면 여성 안전이 확보된다. 하지만 강력한 처벌이 법에 의존해서만 이루어지면 사회의 자정 능력은 사라지고 소수자의 인권 역시 사회적 관심에서 멀어진다.

공리주의(功利主義, utilitarianism)는 '최대 다수의 최대 행복'을 추구한다. 개인보다는 '다수결의 원칙'이 지배하는 사회를 목표로 한다. 다수결로 결정되는 의사결정이 모두 합리적일 수는 없다. 국민투표로 대통령을 뽑아서 당선시키지만, 대부분의 국가에서 대통령 지지율은 50%를 넘지 못한다. 다수의 생각이 틀릴 가능성은 늘 열어둬야 한다. 수축사회에서는 사람의 생각이 비합리적이고 개인 중심으로 흐른다. SNS로 소통하고 가짜 뉴스가 판치는 수축사회에서 다수가 오판할 가능성은 늘 존재한다. 1930년대 독일, 일본, 이탈리아의 광적인 포퓰리즘 시대에 당시 국민들은 히틀러, 천황과 군부, 무솔리니의 주장에 집단적으로 동조했다. 다수결에 충실한 공리주의가 전체주의로 바뀐 것이다. 이때 사회는 다양성, 창조성이 사라지고 사람의 존재 가치도 약화된다.

2008년의 글로벌 금융위기는 경제적 현상이지만 수축사회를 알리는 신호탄이었다. 이후 각국에서 미국의 네오콘 모델을 응용한 다양한 형태의 독재자가 출현하고 있다. 러시아의 푸틴, 필리핀의 두테르테, 튀르키예의 에르도안, 중국의 시진핑, 일본의 아베 등 전체주의를 지향하는 정치인이 대거 집권했다. 결론적으로 **수축사회는 '배타적 애국주의=사이비 종교=포퓰리즘=독재자'의 공식이 통용된다.** 이 결과 민주주의는 엄청난 속도로 퇴행하고 있다.

왜 불평등이 심화되면서 양극화가 발생하는지 그리고 이 양극화가 포퓰리즘을 통해 어떻게 독재자 출현을 가능케 했는지 살펴보았다. 민주주의는 포퓰리즘의 공격으로 위협받고 있다. 수축사회의 사회구조는 이런 과정을 통해 완성된다. 다음에는 이런 현상이 자본주의를 어떻게 변화시키고 있는지 살펴보고자 한다. 수축사회의 자본주의는 우리가 아는 자본주의가 아니다.

5장

자본주의는 없다

─────────────●─────────────

수축사회에 진입하는 시점에서 경제와 사회의 기초 작동 원리인 자본주의도 전혀 다른 형태로 바뀌고 있다. 포퓰리즘이 일상화되는 것은 자본주의의 쇠락과도 일맥상통한다. 자본주의와 수축사회의 관계, 21세기 자본주의의 퇴행 현상을 살펴보면서 이념적으로 중심을 잡아보자.

신자유주의와 수축사회

자본주의는 사적 재산권의 수용, 완전 경쟁 보장을 기본 원칙으로 한다. 1980년대에 미국의 레이건 대통령과 영국의 대처 수상 등이 주장하고, 한국의 우파가 지향하는 신자유주의는 여기에 다시 3가지 원칙을 추가한다.

① 모든 재화(상품, 자본)가 국경을 넘을 자유

② 기업 경영이 국가의 통제에서 벗어날 자유(규제 완화, 공기업 민영화)

③ 노동운동으로부터 경영의 자유

위와 같은 3가지 원칙은 세계화, 개방화, 자유화, 민영화, 탈규제, 탈복지 등을 내세운 자본가 중심의 이데올로기이기도 하다. 자본주의에 신자유주의가 결합되면 경제성장→기업 이익 증대→임금과 소비 증가→세수 증대 등으로 결국 경제가 선순환하게 된다는 논리를 내세운다. 사회 상층부의 소득 증대가 하층까지 내려오게 되니 낙수 효과에 대한 기대도 크다. 한마디로 효율성 중심의 사회를 추구하자는 것이다.

신자유주의에 대한 많은 논의에도 불구하고 지속 기간은 그리 길지 않았다. 1980년대 초반 대서양 양안의 미국과 영국의 지도자(레이건과 대처)들이 제창하면서 시작한 신자유주의가 정교하게 이론을 다듬고 규제 해제 등 실질적으로 정책을 구현한 것은 1980년대 후반부터였다. 21세기 들어 브릭스(BRICs)의 개발 열기로 신자유주의가 재차 부흥하기도 했지만 2008년 글로벌 금융위기 이후 급속히 퇴조하고 있다. 특히 코로나 쇼크가 발생하자 신자유주의는 국가자본주의로 대체되었다.

이론적 결함에도 불구하고 신자유주의가 30년 가까이 지속되었던 이유는 무엇일까? 가장 큰 이유는 냉전 종식이다. 구 공산권이 무너지면서 중국, 러시아, 동유럽, 중앙아시아 등이 새로운 시장으로 등장했다. 엄청난 투자의 시대가 열린 것이다. 21세기 초반 세계 경제성장률은 지구 역사상 가장 높았다. 파이가 커지는 팽창사회였다.

두 번째 이유는 냉전 종식과 함께 시작된 세계화다. 생산성이 증가하면서 세계 경제는 그 어느 때보다 효율적으로 바뀌었다. 절대 빈곤 지역이었던 중국, 인도 등에서 극빈층이 급감하면서 신자유주의가 추구하는 효율성이 숭배의 대상이 되었다. 낙수 효과도 어느 정도 나타났다. 미국은 절대 패권을 확보한 상태였고, 큰 전쟁도 없었기 때문에 세계화는 신자유주의와 민주주의를 전 세계에 전파하는 수단이 되었다.

마지막으로 IT혁명도 큰 몫을 했다. 세계화와 IT 기술이 접목되면서 글로벌 분업 체제를 가능하게 했다. 자본과 재화가 국경을 자유롭게 넘나드는 신자유주의 원칙은 경제성장을 촉진했다. 한마디로 가장 효율적이고 또 성장이 높게 유지되는 사회였기 때문에 신자유주의가 새로운 이념으로 정착할 수 있었다.

길을 잃은 신자유주의

반면 신자유주의가 쇠퇴하게 된 이유는 이러한 조건들이 모두 사라진 수축사회로 진입하고 있기 때문이다. 패권전쟁이 시작되면서 세계화는 반세계화로 바뀌고 있다. 절대 빈곤에서 벗어난 개도국들에서도 이제 균형 복지 요구가 증가하고 있고, 선진국들은 베이비부머의 은퇴를 앞두고 성장 잠재력이 낮아졌다. 가속 페달을 밟고 있는 디지털 기술은 사람에게서 일자리를 빼앗고 있다. 팽창하던 세계가 급브레이크를 잡으면서 수축사회로 들어서고 있는 것이다. 정글을 지향하는 신자유주의로는 수축사회를 막을 수 없다.

신자유주의의 전도사 중 하나였던 토마스 프리드먼이 《세계는 평평하다》[71]라는 책을 내며 세계화와 신자유주를 옹호하자, 이에 대한 반박으로 데이비드 스믹(David M. Smick)은 프리드만의 신자유주의 찬양에 제동을 거는 《세계는 평평하지 않다》[72]란 책을 출간하기도 했다. 1990년대 초 신자유주의와 미국식 민주주의가 세상의 모든 이념 대결을 종식시킬 것이라고 주장했던 프랜시스 후쿠야마(Francis Fukuyama)의 《역사의 종말》[73]도 결국 후쿠야마가 자신의 잘못을 인정했을 정도로 이미 신자유주의는 오래 전에 생명을 다했다.

지금 우리가 자본주의라고 부르는 것은 사실 중도 우파 정도로 평가하는 것이 맞을 것이다. 어느 국가나 불평등이 확대되면 세금을 올려 복지 재원으로 활용한다. 영국의 토러스 총리는 대처 수상의 신자유주의를 언급하며 세금을 깎겠다고 나섰다가 강력한 사회적 저항으로 45일 만에 사퇴했다. 사적 재산권을 제한하기 위한 다양한 조치는 미국을 포함한 전 세계 대부분의 국가에서 실행되고 있다. 독일은 에너지가격이 급등하자 2021년 9월부터 2022년 11월까지 GDP의 7% 이상을 에너지 보조금으로 지급했다. 국가가 거의 모든 영역에 적극 개입해서 일을 하고 있는 것이다. 국민 개인이 모든 것을 책임지는 것이 아니라 국가가 도와주고 있다. **실질적으로 신자유주의는 이미 사라졌다. 다만 정치인들의 투쟁의 도구일 뿐이다. 수축사회의 이데올로기는 생존 이데올로기다.**

재미있는(?) 것은 오직 한국만 수명을 다한 신자유주의를 숭배하고 있다는 점이다. 그러나 신자유주의를 부활시키겠다고 등장했던

MB 정부는 4대강 사업 등을 통해 오히려 적극적으로 시장에 개입했다. 또 당시 글로벌 금융위기를 극복하고자 공기업의 임금을 깎기도 했다. 박근혜 정부 역시 기본소득과 유사한 기초노령연금 지급을 확대했다. 반면 복지를 핵심정책으로 걸었던 DJ와 노무현 정부는 신자유주의와 FTA를 도입하는 등 역설적 상황을 만들기도 했다.

2022년 출범한 보수 정부 역시 대외적으로 신자유주의 정책을 가장 강하게 밀어 붙이고 있다. 감세, 규제해제, 공기업 민영화, 복지 축소 등 현 보수 정부의 이념은 신자유주의 기본 원칙에 충실한 정책이다. 보수 정부는 이전 문재인 정부의 정책을 '퍼주기' '포퓰리즘' 등의 용어로 비난했지만, 정작 취임하자마자 무려 62조원의 긴급재난지원금을 지급하는 추경을 편성했다. 21세기에 등장한 한국의 정권들은 각각 신자유주의와 복지라는 상충된 이념을 주장했지만, 공통적으로 국가의 시장 개입을 확대하는 정책을 추진했다.

왜 미국은 모두 세계 1위인가?

경제력에서 미국이 세계 1위를 지키는 이유는 무엇일까? 미국 경제의 경쟁력에 대해서는 많은 연구와 분석이 있다. 몇 가지 사례를 살펴보고 다시 판단해보자.

먼저 구글, 페이스북, 마이크로소프트, 애플, 트위터, 테슬라, 심지어 챗GPT의 오픈AI까지 왜 모두 미국에서 탄생했을까? 한국도 싸이월드와 아이러브스쿨을 먼저 만들고 네이버, 카카오, 쿠팡 같은 토종 브랜드를 갖고 있지만 세계적으로 성공을 거둔 것은 전부 미국 기업들

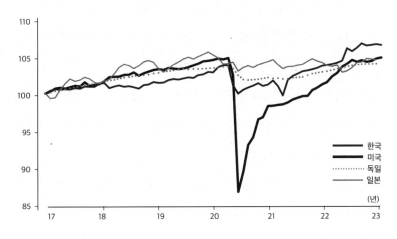

[그림 1-9] 코로나 시기 주요국 일자리 수 변화

한국
미국
독일
일본

(년)

*2017년 1분기=100
자료: Bloomberg, 유진투자증권

이었다. 그 이유에 대해 흔히 한국은 시장 규모도 작고 규제가 많은데
다 특히 고용 환경이 경직돼서 그렇다는 이유를 드는 경우가 많다.

실제로 한국에 비해 미국의 고용 환경은 대단히 유연하다. 수시
로 채용하고 수시로 감원한다. 미국인들은 이런 상황을 담담히 받아
들인다. 가령, 코로나 국면에서 미국 고용 시장은 엄청난 롤러코스터가
있었다. 코로나가 시작된 2020년 2월부터 4월까지 미국에서는 2,550
만개, 전체 일자리의 16%가 사라졌다. 가차 없이 해고된 것이다. 그러
나 과감한 경기 부양책으로 2년이 지난 2022년 초반이 되면서 일자리
는 코로나 이전 수준으로 회귀했다. 독일, 일본, 한국과는 완전히 다른
모습이다. 미국에서는 별다른 저항 없이 엄청난 고용 쇼크를 거친 후

다시 사상 최저 수준의 실업률을 유지하고 있다.

기술 발전과 코로나로 재택근무가 증가하자 아마존 등 빅테크 기업들은 많은 인력을 채용했다. 구글, 메타(페이스북), MS, 아마존 등 4개사의 2022년 말 기준 직원 수는 2019년 1분기 대비 평균 2배 이상 늘어났다. 그중 메타는 3만8천명에서 8만6천명으로 가장 크게 증가했었다.[74] 그러나 코로나가 물러가고 경기가 침체하자 미국의 빅테크 기업들은 다시 감원조치를 시행하고 있다. 2023년 3월 20일, 아마존은 9천명을 해고할 계획임을 밝혔다. 이미 2022년 11월부터 2023년 1월까지 전체 직원의 5%에 해당하는 1만8천명을 해고한 직후였다. 상황은 다른 빅테크 기업도 비슷하다. 기업들이 인원을 감축하자 해당 기업의 주가는 급등했다. 인건비가 줄어드는 만큼 수익이 증가할 것이기 때문이다.

이런 상황은 임금 수준이 높은 빅테크 기업뿐 아니라 일반 기업, 자영업 등 미국 사회 모든 분야에서 나타난다. 기업인들이 크게 반길 만하다. 경기 상황에 따라 인력 투입을 자유롭게 조절할 수 있게 되면 인건비는 고정비용에서 변동비용으로 바뀌게 된다. 그러나 반대편에서 이 상황을 보면 코로나 발생 2개월 만에 미국 노동자 중 2,550만명이 소리 없이 해고된 것이다. 그런데 왜 노동자들은 조용히 받아들였을까? 미국만의 독특한 사회 시스템이 이들을 감싸줬기 때문이다. 정부가 적극적으로 경기 부양책을 펴면 기업들은 해고되었던 인력을 다시 고용한다. 실업 기간 동안의 생계는 정부가 책임진다. 경기 순환 주기에 따라 해고, 돌봄, 재고용이 반복되는 동안 정부와 기업, 노동자 간에 나름의 신뢰가 형성된 것이다.

산업적으로 미국은 다른 국가와 차이가 크다. 미국의 산업 구조는 서비스업 중심이다. 서비스업이 전체 고용의 81.6%를 차지한다. 통상 서비스업은 많은 인력이 투입되지만 특별한 기술 없이도 일할 수 있다. 생산성이나 임금은 상대적으로 낮고, 고용은 가장 유연하다. 미국식 자본주의를 상징하는 기업의 하나인 맥도날드의 경우 미국인의 약 8%가 근무한 경험이 있다고 한다. 맥도날드 매장의 업무는 단순하고 시간제 근무 중심이다. 고용의 유연성은 맥도날드와 같은 고용 형태가 일반적으로 받아들여지는 미국에서만 가능하다. 또한 많은 이민자들이 서비스업에 종사하면서 상대적으로 낮은 임금을 지급할 여건이 마련된다. 미국의 산업 구조는 제조업 중심인 한국, 일본, 독일과 차이가 있기 때문에 단순 비교해서는 안 된다.

또 미국은 실직자 지원에 대한 다양한 제도가 갖춰져 있다. 매주 신규 실업수당 신청 건수가 발표되고 실직자들에게 장기간 실업수당이 지급된다. 미국이 과감하게 실업비용을 지불하면서 시장경제를 지킬 수 있는 것은 바로 미국이기 때문에 가능하다. 세계의 기축통화인 달러화를 쓰고 있기 때문이다. 경제학으로 설명하기 어려운 패권국가 고유의 권한이다. 패권국가이기에 가능한 것을 다른 국가에 적용할 수는 없다.

한국에서는 '고용 유연성'을 선진국으로 가는 노동개혁으로 보는 시각이 강하다. 그런데 전 세계에서 고용이 유연한 국가는 패권국인 미국과 이념적으로 유사한 영국 등에 한정된다. 물론 실업수당 등 충분한 복지체계가 선행되어야 가능하다. 더 자세한 이야기는 2부에서 각 나라를 중점적으로 이야기할 때 미국 부분에서 깊숙이 다룰 것이다.

미국식 사회주의

지난 두 번의 미국 대통령 선거(2016년, 2020년)에서 민주당은 국가가 시장에 적극 개입하는 정책을 공약으로 내걸었다. 반대편의 공화당 트럼프 전 대통령도 비슷한 국가자본주의 형태의 정책을 폈다. 정책의 이름만 다를 뿐 주요 내용은 거의 차이가 없었다.

미국은 자본주의와 세계화를 통해 미국만의 성장을 추진했지만 결과적으로 부메랑을 맞고 있다. 미국이 만든 세계화와 신자유주의로 무장한 중국 등 아시아 국가들과의 경쟁에서 미국은 점점 뒤처지고 있다. 빅테크나 방위산업 이외 분야에서 미국이 경쟁력을 가진 산업은 찾기 어렵다. 재정적자와 경상수지 적자를 함께 부르는 쌍둥이 적자도 고착화되어 있다. 자체 성장 동력이 필요한데, 유일한 방법은 미국이 만든 세계화와 자본주의를 스스로 바꾸는 것 밖에 없다. 사실 트럼프 이후 미국의 자본주의를 자본주의라고 부르기가 좀 어색하다. 경제학적으로는 자국의 이익만을 우선하는 '중상주의' 혹은 '근린궁핍화정책'(beggar-thy-neighbor policy)으로 불러야할지 모른다. 미국만의 이익을 추구하는 것이다.

트럼프 대통령의 대중국 관세 인상, 기술 수출 금지 정책에 이어 바이든 행정부도 IRA 법안 등을 통해 다양하게 시장에 개입하기 시작했다. 미국의 학자금 대출금은 한국 GDP보다 많은 약 1.75조달러나 된다. 2022년 바이든 행정부는 연 소득 12.5만달러 이하인 사람에 한해

1인당 2만달러까지 상환 면제를 추진했다. 4,500만명의 학자금 대출자 중 2천만명에게 전액 면제 혜택을 부여했다.

다양한 세수 확대 방안도 마련했다. 미국 증권 전문매체 〈배런스〉에 따르면 아마존의 최근 3년간 평균 세전 이익은 254억달러(환율 1,300원 가정시 한화로 약 33조원)에 달하지만 각종 공제 등을 제외할 경우 실제로 내는 세금(실효세율)은 9%에 불과하다고 한다. 그런데 IRA 법안에 포함된 15% 최소 법인세율을 적용하면 세금을 6%p, 즉 15억달러를 더 내야 한다. 더욱이 기업이 자기 주식을 사는 자사주 매입 금액의 4%를 세금으로 내도록 바꿨다. 이런 조치는 자본주의 원칙과는 상반된 조치다. 나는 이를 '미국식 사회주의'로 부른다.

바이든 대통령은 추가로 2023년 2월 증세안을 발표했다. 민생지원 및 재정적자 감축을 위한다는 명분인데 이게 미국인가 싶을 정도다. 대표적인 것이 억만장자세의 도입이다. 순자산 1억달러 이상 억만장

[표 1-4] 바이든 행정부의 주요 증세 항목

단위: 10억달러

	고자산가	고소득자			법인			전체 증세항목
	억만장자세	최고세율 인상	건보료 인상	사업소득 과세강화	법인세율 인상	글로벌 최저한세	UTPR	
2024년 효과	0 ('25년 44)	53	30	23	137	45	0 ('25년 40)	316
10년 누적효과	437	235	344	306	1,326	493	549	4,742

*억만장자세, UTPR 등은 2024년 귀속소득을 바탕으로 2025년에 세수효과 발생
자료: OMB, 〈Analytical Perspectives : Budget of the U.S. Government, Fiscal Year 2024〉, 2023.3.

자에게 매년 자산 증가분을 포함한 소득에 대해 최소 25%를 과세하겠다고 한다(대상자 0.01%, 3만명). 그 바로 아래 단계의 고소득자에게는 소득세 최고세율을 37%에서 39.6%로 인상(대상자 92만명)하고 법인세율을 21%에서 28%로 인상하겠다고 한다. 이런 내용으로 2024년부터 2033년까지 무려 4조7,420억달러의 세금을 더 걷겠다고 발표했다.

세금을 올리는 것만이 아니다. 이 세금을 어디에 쓰느냐도 중요하다. 늘어난 세수 4.7조달러의 약 60%는 과도하게 증가한 재정적자를 줄이는 데 쓸 계획이다. 나머지 40%는 서민층 지원책으로 보육, 주거, 교육, 건강 등에 지원하기로 했다. 미국은 자본주의 국가인가? 사회주의 국가인가? 점점 애매해진다.

진화하는 자본주의

자본이 누구를 위한 것인지 혹은 누가 주도하는지에 따라 자본주의는 다양한 형태로 구분된다. 국가자본주의는 국가 주도로 산업의 국유화를 통해서 국가가 직접 시장에 개입한다. 통상 개발독재와 결합되어 운영되는데 한국의 박정희, 대만의 장징궈, 말레이시아의 마하티르, 싱가포르의 리콴유 등이 대표적인 국가자본주의 지도자들이다. 최근에는 패권전쟁이 발발하면서 미국이나 여타 국가도 국가자본주의 성격이 짙어지고 있다.

금융자본주의는 대규모 공황이 발생한 후 금융기관이 산업을 지배하는 형태를 말한다. 1990년대 이후 일본에서 발견된다. 연금자본주의는 엄청난 자산을 축적하고 있는 연기금이 기업의 실질적인 소유자가 되어 연금의 이해에 맞게 기업이 경영되도록 하는 것이다. 자본주의의 변화는 자본주의의 자체 한계와 모순에 기인한다. 자본주의는 방치되면 독점과 불평등을 향해 간다. 이런 폐단을 방지하기 위해 최근에는 자본에 대한 규제 논의가 사회적 의제로 등장하고 있다.

금융자본주의, 과속 질주 경고

우리는 자본 즉 금융과 실물경제를 구분해서 봐야 한다. 금융의 본래 기능은 실물경제를 지원하는 역할을 하는 것이다. 하버드대 교수를 역임했던 진보적 성향의 경제학자 폴 스위지(Paul Sweezy)는 "금융자본은 실물생산경제의 겸손한 조력자라는 원래 역할에서 벗어나는 순간, 필연적으로 자기 확장에만 골몰하는 투기자본이 된다."고 주장했다.[75] 금융을 자본주의의 피, 즉 혈맥으로 비유하기도 하는데 혈맥이 통제가 안 되면 인체는 작동이 불가능해진다.

　　엄밀한 의미에서 21세기의 선진국 자본주의는 금융자본주의에 가깝다. 장기간 고성장 과정에서 금융자본이 대규모로 축적되었다. 경제위기 때마다 화폐를 찍어내서 살포했다. 얼마나 많은 돈을 풀었으면 프린트(Print) 머니, 종이 화폐라는 표현이 나왔을까. 2022년 초반 기준, 양적완화(QE)를 통해 미국, 중국, 일본, EU가 풀어댄 돈만 30조달러를 넘었다. 전 세계 GDP가 100조달러이니 전 세계 GDP의 약 30%에 해당한다. 금리까지 역사상 가장 최저 수준인 만큼 금융자본은 본래 속

성대로 탐욕의 본성이 매우 강한 상태가 되었다. 실물경제보다 더 많은 금융자본이 존재하기 때문에 **금융의 본래의 기능인 실물경제의 지원이 아니라 '금융의 금융에 의한 금융을 위한' 경제 구조로 바뀌게 되었다.** 실물경제와의 연계성이 낮아지면서 금융시장은 수익률 게임의 법칙만 통용되는 타락의 길을 걷기 시작했다.

금융자본의 과속 질주는 앞서 살펴본 신자유주의 제1 원칙과도 깊이 연결된다. 자본이 국경을 넘는 데 아무런 제약이 없어지게 되었다. 자본 투자국인 선진국은 투자국의 실물경제(기업, 인프라)가 아니라 금융자산에 투자한다. 투자한 자본은 일정한 투자 수익을 달성하면 빠르게 회수한다. 이 과정에서 투자 대상 국가는 단지 하나의 상품에 불과하다. 특히 미국은 과다 축적된 자본으로 세계 각국에 투자하면서 투자 이익과 패권을 동시에 유지하고 있다. IMF 위기 당시를 생각해보자. 해외 자본이 빠르게 탈출하면서 한국은 외환위기를 맞았다. 글로벌 투자가인 조지 소로스(George Soros)는 영국 파운드화를 공격해서 영국의 항복을 받아내기도 했다. 금융자본(달러, 미국)이 한 국가의 생사를 쥐락펴락하는 시대가 된 것이다. 금융자본에는 감성이 없고 오직 탐욕만 있다.

ESG 자본주의

자본주의를 고쳐보자는 시도도 확산되고 있다. 자본주의 특히 신자유주의로는 수축사회의 불평등을 치유할 수 없다. 새로운 자본주의가 필요해졌다. 다행히 자본주의의 중요한 특성은 스스로 교정하면서 진화해 나간다는 점이다. 최근에 등장한 ESG 운동은 자본주의를 수정해서 지속가능한 성장을 추구하기 위한 운동으로 시작되었다. 주주만을 위한 경영이 아니라 기업 경영에 관계된 모든 이해 관계자들이 서로 상생할 수 있는 자본주의를 추구하는 것이다. 기업의 무한한 탐욕을 조절해서 따듯한 사회를 만들어보자는 시도다.

금융을 중심으로 시작된 ESG 운동은 수축사회의 새로운 자본주의로 발전할 것이다. 지금까지는 불평등을 개선하기 위해 정부의 역할에만 주목했었다. 그러나 실제로는 기업이 실행의 주체이기 때문에, 향후 자본주의 전환의 핵심은 기업이 될 것이다. 그동안 기업은 성장과 이윤만 추구했다. 오너와 주주만 바라보는 주주자본주의가 기업 경영의 원칙이었다. ESG 경영은 그동안 외부 효과로 간주하던 환경 문제(E, Environment)를 주요 경영 의제로 삼는다. 기후위기 대응의 주체로 기업이 나서자는 얘기다. 또 기업의 사회적 책임(S, Social)은 기업의 존재 가치를 사회에 두고, 지배구조의 투명성(G, Governance)을 추구하자는 새로운 경영운동이다. ESG 운동의 의미는 자본주의와 신자유주의가 필연적으로 '빈익빈 부익부' 현상을 가져오기 때문에 이런 문제를 타개하고 수축사회에 맞게 고쳐보자는 새로운 자본주의 운동이다.

이지머니(easy money) 자본주의를 탈선시키다

21세기 초반의 낮은 인플레이션과 완만한 경기 침체를 '대 안정기(Great Moderation)'라고 부른다. 이 시기는 신자유주의가 지구 전체로 확산되던 시기였다. 경제가 국가로부터 독립해야 한다는 신자유주의 이념은 금융시장에도 강력한 영향을 줬다. 또 하나의 구조적 요인은 수축사회가 현실화되면서 저성장과 저금리가 정착된다. 낮은 금리때문에 세계의 자본은 높은 수익률을 찾아서 국경을 실시간으로 넘나들게 되었다. 낮은 금리로 조달할 수 있는 실탄(자금)은 충분하니 수익률이 높은 먹잇감만 있으면 사냥(투자)이 가능해진 것이다.

돈을 빌리기 쉬운(easy) 이지머니는 누구나 적극적으로 투자에 나서게 만들었다. 선진국 자본뿐 아니라 각국의 국부펀드, 연기금, 보험사들은 지구 전체를 대상으로 투자에 나선다. 개인들도 마찬가지다. 한국도 팬데믹 국면에서 '서학 개미'라고 불리는, 해외주식에 투자하는 투자자가 크게 늘어났다. 2022년말 기준 <u>한국은 해외에 1조 7,456억달러의 금융자산을 보유하고 있다. 금융부채를 차감한 대외 순금융자산만 3,482억달러에 달한다</u>(준비자산 포함 시 7,713억달러). 지구촌 전체가 이렇게 투자에 열중했던 시대는 없다. 누구나 투자하는 시대다. 이제 자본주의가 탐욕으로 스스로 무너지는 몇 가지 사례를 살펴보자.

주주가치 경영 동맹

주식시장의 오랜 숙제는 단기 투자에만 집중하는 투자자 비율이 너무 높다는 점이다. 주식투자자들은 특정 회사와 운명을 같이할 정도로 시간적 여유가 없다. 분기별 실적에 따라 춤추는 주가에만 관심이 높다. 21세기 들어 경영자들에게 중요한 변화가 있었다. 2차 세계대전 이후 기업의 대주주 지분율은 꾸준히 하락해서 전문 경영진이 경영하는 기업이 많아졌다. 상속을 2~3번 하게 되자 상속세 부담으로 대주주 지분율이 크게 낮아진 것이다. 한국도 경제개발 역사가 60년 정도를 지나면서 현재 3세 경영자의 지분률은 국민연금 등 금융기관에 비해 턱도 없이 낮아졌다. 대주주가 직접 경영하기 어려운 구조가 된 것이다.

지분률이 낮은 대주주 입장에서는 자신의 의결권을 빼앗길지 모른다는 위기감이 커지고 있다. 대주주를 대신해서 경영하는 전문 경영인의 표면적인 목표는 회사의 발전이다. 그러나 개인적 차원에서의 목표는 자신이 오래 근무하고 높은 보수를 받는 것이다. 이때 대주주와 전문 경영인은 주가를 올려야 한다는 점에서 이해관계가 일치하게 된다. 이를 주주가치 경영이라 하는데, 자사주를 매입하고 배당을 늘리는 것이다. 이런 경영은 모든 투자자들이 쌍수를 들어 환영한다. 대주주는 자사주 매입으로 지분률을 안정적으로 관리할 수 있다. 전문 경영인은 더 오래 근무하고 보상도 늘어난다. 주가 상승으로 투자자들의 수익도 증가한다. 주식을 둘러싼 모든 이해당사자의 이해가 맞아떨어지는 것이다. 정색하고 이야기하면 회사 경영의 주된 목표가 주가를 부양하는 것으로 바뀌게 된 것이다.

주주가치를 높이는 손쉬운 방법은 배당을 높이는 것이다. 통상 기업의 이익은 3등분해서 사용한다. 주주 몫인 배당으로 1/3을 지급하고, 종업원의 성과 보상으로 1/3, 나머지 1/3은 기업의 계속 성장을 위해 사내에 유보한다. 이 3분할 원칙은 오랜 기간 기업 경영의 불문율로 유지되었다. 그러나 주주자본주의가 확산되면서 이 원칙이 무너지고 있다. 대부분의 회사에서 주주에게 모든 이익이 돌아가도록 운영된다. 정기 예금보다 배당률이 높고 추가로 주가까지 오른다면 당연히 자본은 주식시장으로 흐르게 된다.

주주가치 증대의 마법

미국 중심의 과도한 주주자본주의는 우량 기업들의 존재 자체를 의문시하게 된다. 세계에서 가장 큰 회사는 미국의 애플이다. 2022년 9월말 기준 애플의 자기자본은 506억달러에 불과하다. 원화로 환산하면 65조원(원달러 환율 1,300원 가정)인데, 같은 시점 삼성전자의 자기자본은 5.3배나 많은 344조원이었다. 그런데 주식 가치의 합인 시가총액은 2023년 6월말 기준 애플은 약 3조달러, 삼성전자는 3,642억달러로 애플이 8배 이상 많았다.

그동안 애플의 자기자본은 계속 감소해왔다. 2017년에서 2022년 9월말까지 애플의 자기자본은 62%나 줄어들었다. 이 기간 애플의 순이익은 3,666억달러로 삼성전자의 3배였다. 놀랍지 않은가? 왜 이런 현상이 벌어졌을까? 이유는 간단하다. 애플은 5년 동안 4,585억달러를 자사주 매입과 배당을 통해 주주들에게 돌려줬다. 즉 3,666억달러를 벌어서 주주에게 4,585억달러를 돌려준 것이다.(자사주 매입 3,873억달러, 배당 712억달러) 맥도날드는 동일 기간 당기 순이익은 265억달러였지만 주주 환원은 무려 419억달러에 달했다(자사주 매입 251억달러, 배당금 지급 167억달러).

지금 미국에는 애플보다 정도가 심한 기업들이 즐비하다. 미국을

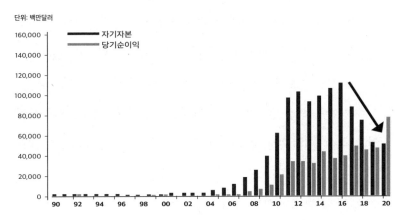

[그림 1-10] 애플 자기자본과 당기순이익

단위: 백만달러

자료: Bloomberg, 신영증권 리서치센터

대표하는 세계적 기업으로 구성된 S&P500지수에 포함된 기업 중 29
개 기업은 자기자본이 마이너스(-) 상태다. 이런 상황을 자본잠식이라
고 한다. 어디서 많이 들어봤을 것이다. 통상 부도 지경에 처한 기업들
은 자기자본 없이 부채만 있는 기업이다. 한국에서 유사한 상황이 벌
어지면 회계법인들은 '의견 거절' 혹은 '한정 의견' 등을 제시하고 증권
거래소는 관리대상종목으로 지정하거나 상장 폐지시킨다. 그런데 미국
에서 자본잠식에 달한 기업들은 누구나 잘 알고 있는 스타벅스, 오라
클, 맥도널드, 도미노 피자, 휴렛패커드, 홈디포 등 미국의 대표 기업이
다. 이 회사들은 여전히 우량 기업이고 한국의 서학 개미들도 많이 투
자한다.

　회사에 쌓아놓은 자기자본을 은행에 맡기면 저금리로 이자가 거

의 발생하지 않는다. 그러나 자기 회사 주식을 매입하면 자기자본 이익률(ROE)에 해당하는 금융상품에 투자하는 효과가 발생한다. 미국 S&P500의 자기자본 이익률이 21세기 들어 15% 내외였기 때문에 은행에 예금하는 것보다 자사주를 매입하는 것이 합리적인 선택이다.

자사주는 의결권이 제한되고 배당도 지급하지 않는다. 예를 들어 상장 주식수가 100주인 기업이 20주를 자사주로 매입하면 전체 의결권 있는 주식은 80주가 된다. 대주주가 30주를 가지고 있으면 의결권은 30%다. 그런데 자사주 매입으로 20주의 의결권이 사라지니 남은 80주 중 대주주가 가진 30주의 의결권은 37.5%로 상승한다(30주/80주). 혹시 외부에서 경영권을 공격하면 보유 자사주 20주를 우호적 투자가에게 매각해서 경영권을 방어할 수 있다. 유통주식수가 줄어들게 되면 주당 순이익이 늘어난다. 주당 배당금도 증가하게 되니 당연히 주가가 오른다. 다른 말로 PER이 하락하는 것이다. 주주 입장에서는 이보다 더 좋은 마법이 없다.

예를 들어 호프집 사장이 호프집 경영에서 벌어들인 수익보다 더 많이 가져가면 그 호프집은 유지하기가 어렵다. 그러나 기업 특히 주식시장에서는 기업이 지속적으로 수익을 낼 것이라는 투자자들의 신뢰가 있으면 가능하다. 저금리가 유지되고 지속 성장이 가능하면 애플과 같은 주주가치 경영이 가능하다. 2015년경부터 이런 현상이 유행처럼 번져 나갔다. 이에 대해 김학균 신영증권 리서치센터장은 "자본주의는 자본의 물적 표현물인 기업을 통해 증식을 꾀하는 시스템인데, 기업에 자본이 존재하지 않는다는 사실은 매우 아이러니한 일이다."라면서

"자본은 자기 증식의 속성이 있는데, 초우량기업 애플은 스스로 자본을 파괴하고 있다."고 통찰적으로 자본주의의 일탈을 경고한다.[76]

이런 식의 경영은 영업실적이 둔화되거나 금리가 오르면 사실상 사기에 해당하는 폰지 게임(Ponzi Game) 형태로 변질될 것이다. 이윤 창출 없이 나중에 투자한 투자자들의 돈으로 먼저 투자한 투자자에게 수익을 지급하는 폰지 게임과 별반 다르지 않기 때문이다. 어떤 기업도 영속성장은 불가능하다. 금리는 언제든지 오를 수 있다. 만일 이런 상황이 발생하면 주주가치 경영이라는 숫자의 바벨탑은 언제든지 무너질 수 있다.

맹렬한 속도의 주주자본주의는 금융(월스트리트)이 실물경제(메인 스트리트)를 압도하게 만들었다. 꼬리가 몸통을 흔들게 된 것이다. 원래는 긍정적 측면의 자사주 매입이지만 너무 심하면 경제를 파괴시킬 수도 있다. 바이든 행정부는 2024년 세법 개정안에서 자사주 매입 시 4%의 세금을 부과하겠다고 나섰다. 주주자본주의를 이용해서 증세하겠다는 절묘한 정책이다.

주주자본주의 확산은 단 한 개의 일자리도 증가시키지 않는다. 오히려 주주가치를 높이기 위해 상시적인 구조조정으로 일자리를 줄인다. 자본주의 스스로 자본의 파괴를 통해 자본주의의 수명을 단축시키는 것이 아닐까? 이런 현상에 대해 뉴욕대의 스콧 갤러웨이 교수는 '주주가치라는 신흥종교'로 금융자본의 과속 질주를 경계하기도 했다.[77]

한국의 경우에도 자사주 매입이 붐을 이루고 있다. 그러나 금리는 오르고 있고 수축사회로 기업의 경영위기가 상시화되고 있다. 경제 위기가 왔을 때 해당 기업이 과연 생존 가능할지 여부부터 따져봐야 한다. 주주가치 경영이 매우 부족한 한국이지만 미국의 사례를 참조해서 준비해야 한다.

거의 모든 것이 투자 대상

2023년 5월 금융감독원은 조각투자 펀드에 대해 5%의 대손충당금을 쌓으라고 요구했다.[78] 저금리 기반의 엄청난 이지머니는 주식 단품에 만족하지 못하고 증권화·금융화가 가능한 거의 모든 것을 투자 대상으로 만들었다. 상가, 호텔, 오피스빌딩, 주택 등 부동산은 리츠나 부동산 펀드를 통해서 투자할 수 있게 되었다. 식량, 원자재, 벤처 기업 등 모든 자산에 누구나 투자가 가능해졌다. 최근에는 한우, 미술품, 부동산을 조각조각 쪼개서 팔기도 한다.

서울, 인천, 대전시의 준공영제 버스회사 17곳(서울 6곳, 인천 9곳, 대전 2곳)은 '차파트너스'라고 하는 사모펀드가 주인이다. 차파트너스는 2019년부터 2022년까지 영업으로 425억원을 번 후 497억원을 배당금으로 가져갔다. 버스회사가 이익보다 더 많은 돈을 배당해도 존속할 수 있는 이유는 버스 준공영제하에선 어떻게 버스 회사를 운영해도 적정 이윤을 보장해주기 때문이다.[79] 인천공항 고속도로, 서울 외곽순환도로 북부 구간, 천안-논산 고속도로 등도 비슷한 자본 설계를 바탕으로 하고 있다.

기업 경영자들도 이런 상황을 잘 활용한다. 선진국 기업들은 공장 설비와 같은 고정 자산 투자를 줄이는 추세다. 기술 개발도 외부 기업 인수를 통해서 해결하는 비중이 높아졌다. 무형 자산 즉 신기술 특허나 인수합병에만 열중하고 있다. 대표적인 사례가 미국의 GE다. 세계적인 기업인 GE는 IT 회사일까? 아니면 금융투자 기업일까? GE는 자회사를 사고팔아 돈을 챙기는 기업으로 잘 알려져 있다. 자동차 회사인 GM 역시 금융화 기업의 상징이다. 2008년 글로벌 금융위기 전 GM은 서브프라임 대출을 전문으로 하는 주택담보대출 사업을 운영하기도 했다. 여기서 발생한 수익은 주주가치 경영 즉 자사주 매입에 사용했다.

기업이나 사람들이 본업에 충실하지 않고 투자에 몰입하고 있다. 바야흐로 모든 사람이 모든 대상에 투자하는 시대가 된 것이다. 다만 투자 대상인 기업과 자산에 대한 배려는 전혀 없다.

행동하는 행동주의

행동주의 투자자(activist investor)들은 기업의 약한 고리를 공격해서 주가 상승을 통해 수익을 극대화한다. 한국에서도 SK, KT&G, 삼성물산 등의 대기업이 공격당한 사례가 많다. 한국 토종 행동주의 펀드도 빠르게 늘고 있다. 오랜 기업 분석을 통해 한국 기업의 지배구조 문제를 파악해온 KCGI 펀드의 강성부 펀드는 단연 선두에 있다. 그의 책《좋은 기업, 나쁜 주식, 이상한 대주주》[80]라는 제목은 행동주의펀드가 가진 생각을 분명히 보여준다. 한국에는 좋은 기업이 많은데, 주가가 제대로 평가받지 못하고 있다며, 그 이유로 대주주가 주주가치 경영을 하고 있지 않다고 이야기한다. KCGI는 요진건설, 한진KAL, 오스템임플란트, DB하이텍 등 지배구조에 문제가 있는 기업에 투자해서 주주중시 경영을 요구하고 있다.

문제는 이를 악용하는 것이다. 한국에도 잘 알려진 칼 아이칸(Carl Celian Icahn)이라는 미국의 투자가는 흔히 기업 사냥꾼이라고 불린다. 그는 문제가 있는 기업의 주식을 사들인 후 경영에 적극 개입한다. 기업 사냥꾼답게 단기에 이익을 극대화하는 경영을 요구하거나 주주가치를 높이는 정책을 요구한다. 자사주 매입, 구조조정, 사업부 매각, 인수합병, R&D비용 등의 축소를 요구하니 단기 재무제표는 좋아진다. 이 결과 주가가 오르면 조용히 주식을 팔고 떠난다. 기업의 장기적인 미래에는 아예 관심이 없다.

나비스코, 텍사코, 샘소나이트, 마블 엔터테인먼트, 타임워너, 넷플릭스, 모토롤라, 허벌라이프 등 유수의 우량 회사들이 그의 먹잇감이 되었다. 한국에서도 2006년 KT&G의 2대주주에 올라 악명을 떨치기도 했다. 최근에는 슈퍼개미까지 주주자본주의를 외치면서 기업 경영에 개입하기도 한다. 내가 보기에 투기꾼에 가까운 한 슈퍼개미는 최근 10여 개 기업에 주주제안을 보내면서 주가 부양을 요구하고 있다. 강성부 펀드를 흉내내고 있지만 본심은 칼 아이칸에 가까운 듯하다.

세습 경영이 일반화된 한국에서 행동주의펀드의 등장은 기업 경영의 투명성을 높이는 긍정적 효과가 있다. 주주자본주의 수준도 워낙 낮았기 때문에 필요한 측면을 인정한다. 그러나 과도한 주주자본주의와 행동주의는 기업의 성장을 가로막는다. 기업은 계속적인 기업활동을 통해 지속성을 추구하는 데 비해 투자자가 시세차익에만 관심이 있다면 지속가능하지 않다. 이런 과정이 일종의 머니게임과 같은 형태로 이어지면서 경제 체력을 갉아먹는다. 주주자본주의가 필요없다는 것이 아니라 과도함, 즉 자본주의를 스스로 파괴하는 행위가 일상화됨을 경계해야 한다.

독과점 자본주의

네트워크 중심의 경제 구조는 독점을 불가피하게 만든다. 자본주의의 최대 약점인 독점은 기술의 발전과 세계화의 진전으로 확대되었다. 새로운 기술을 보유한 기업은 선발자로서 시장을 독식해버린다. 빅테크라고 불리는 네트워크 기업들에는 멧칼프의 법칙(Metcalfe's Law)이 작용한다. 멧칼프의 법칙은 통신망 사용자에 대한 효용성을 나타내는 지표인데 망의 가치는 대체로 사용자 수의 제곱에 비례한다는 법칙이다. 쉽게 설명하면 사용자가 많을수록 비용이 하락하고 소비자 효용이 높아지기 때문에 자연 독점이 가능해진다는 이론이다. 과거에는 수확체증의 법칙(Increasing Returns of Scale)이라고도 했다.

구글은 전 세계 인터넷 사용자가 가장 선호한다. 이용자가 많기 때문에 모든 정보는 구글로 집중된다. 새로 인터넷에 가입하는 사람들은 구글을 통해 정보에 접근한다. 한국의 네이버나 카카오톡도 유사하다. 카카오톡은 거의 전 국민이 가입되어 있기 때문에 카카오톡에 가입하지 않으면 정보 유통 뿐 아니라 각종 모임이나 정보에서 소외된다. 특히 상거래 관련 앱이나 사이트는 사용자가 많을수록 많이 팔리기 때문에 가격도 싸진다. 자연스럽게 독점이 만들어진다.

문제는 독점이 완성된 이후에 발생한다. 독점 기업은 혁신이 불가능하다. 비용이 들고 귀찮은 혁신보다는 현실에 안주하는 경향이 강해진다. 배달시장을 예로 들면, 모기업인 우아한형제들의 자회사인 '배달의민족'과 '요기요'는 한때 합계 시장점유율이 90%를 이상을 넘기기도 했다. 바로 그즈음 배달료를 인상하면서 사회적 비난을 받았었다. 또 백화점은 신세계, 롯데, 현대 등 3개사의 독점이다. 통신사도 3개에 불과하다. 라면 회사는 4개, 자동차 회사는 실질적으로 현대차그룹뿐이다. 과거에 비해 제품 생산기업의 숫자가 크게 줄었음을 모든 산업에서 확인할 수 있다. 이런 현상이 확산되면서 한국의 자본주의는 자연 독점화되고 있다.

왜 21세기에 자본이 독점화되는 것일까? 여러 이유가 있겠지만 과학기술의 발전으로 자본투자(기계) 비중이 과거보다 중요해졌다는 점을 들 수 있다. 인적 자본 투자로 생산성을 높이는 것에는 한계가 있다. 반도체 공장에는 사람이 없다. 로봇이 거의 모든 일을 하기 때문에, 과거 삼성전자에서 유해 성분에 노출되어 백혈병에 걸렸던 사건 같은 일이 재발할 가능성은 매우 낮아졌다. 자본 조달은 대기업이 절대적으로 유리하다. 기술개발도 마찬가지다. 미래산업인 디지털 기술은 많은 자본과 혁신적인 기술이 필요하다. 중소기업은 하청업체로 개발의 일부분만 담당할 수밖에 없어졌다.

혁신적인 기술개발, 자본조달 능력에서 우위에 있는 대기업은 국내 독점을 넘어 국가의 영역까지 도전하고 있다. 요즘 유행하는 마더

팩토리(Mother Factory)는 제품 설계와 연구개발(R&D), 디자인 등 핵심 기능을 수행하는 공장으로 국내외 생산기지의 두뇌 역할을 담당하는 곳이다. 최첨단 설비를 갖춘 마더팩토리를 국내에 구축하고 해외에는 양산 공장만 구축한다. 이런 능력은 오직 독점적 대기업만 가능하다. 우주 산업은 무기 전용이 가능하고 엄청난 초기투자비용 때문에 국가 중심으로 진행된다. 그러나 최근 미국에서는 NASA를 대신해서 스페이스X라는 민간기업이 우주 개발에 나서고 있다.

소비자의 선택이었던 독점화된 대기업 중심의 경제 구조는 이제 되돌리기 어려운 상황이 되었다. 이 독점기업들은 이미 경쟁자들을 굴복시켰다. 추후 다른 경쟁자가 나온다고 해도 방어가 그리 어렵지 않을 것이다. 테슬라의 <u>일론 머스크는 "시제품을 만드는 것은 비교적 간단하지만, 대규모 제조는 매우 어렵다. 제조시스템 설계는 자동차 자체 설계보다 100배나 어렵다."고 말했다.</u> 시제차 한 대를 만드는 것과 차를 대규모로 생산하는 시스템을 갖추는 건 전혀 다르다는 얘기다.[81] 대기업 독점화의 효율성과 높아진 진입장벽의 불가피성을 얘기하고 있는 것이다.

독점화도 수축사회의 단면이다. 수축사회의 원인인 과학기술의 발전이 독점을 유발하고 있기 때문이다. 이 때문에 독점을 줄이기 위한 다양한 시도들이 나타나고 있다. 선진국들은 글로벌 최저법인세를 도입하면서 견제구를 날리고 있다. 중국은 알리바바 등 빅테크 기업에게 상식을 벗어난 수준의 제재를 가하고 있다. 가장 인구가 많은 국가에서 가장 큰 독점적인 기업이 나오는 아이러니 앞에서 아마 중국 공산당은 독점화된 네트워크 기업이 계속 성장하면 공산당보다 영향력이 강해질지 모른다는 공포를 느꼈을지 모른다. 이제 독점은 자본주의와 시장경제의 지속 가능성에 근본적 의문을 던지면서 불평등이 만연한 수축사회를 강화시키고 있다.

경영자 없는 자본주의

포브스가 발표한 2023년 한국의 50대 자산가 순위에서 김병주 MBK 회장은 97억달러(약 12조7884억원·순자산 기준)로 1위를 차지했다. 이재용 삼성전자 회장이 80억달러로 2위였다. 2005년 MBK파트너스를 설립한 김병주 회장은 불과 18년 만에 한국 최고 부자가 되었다. MBK 파트너스는 PEF 운용사이다. PEF는 투자자로부터 자금을 유치해서 기업을 인수한 후 가치를 높여 되파는 바이아웃(buyout) 전략을 사용한다. MBK는 우리가 잘 아는 정수기 업체 코웨이, ING생명, 두산공작기계 등을 인수해서 경영을 정상화 시킨 후 매각해 큰 수익을 얻었다. 현재는 약 250억달러의 운용자산을 보유하고 글로벌 투자에 나서고 있다.[82]

이제 금융 전문가에 의해 기업이 거래되는 시대다. 슘페터는 자본주의의는 끊임없는 혁신으로 새로운 체제로 진화한다고 주장했다. 이른바 창조적 파괴가 자본주의의 본질이라는 것이다. PEF에 인수된 기업이 장기적으로 혁신을 이루고 성장할 수 있을까? 본질적으로 불가능하다. 과감하게 R&D 투자에 나섰다가 실패하게 되면 투자금을 모두 날리게 된다. 오직 수익만 올려서 비싼 가격에 되파는 것이 목표다.

경영자 없는 자본주의는 수명이 짧다.

게임화 되는 자본시장

2010년 11월 11일 무렵 2조4천억원 가량의 외국인 투자자의 팔자 주문이 쏟아지면서 주가가 폭락했다. 옵션 만기일이라는 특수성 때문에 옵션 등 다양한 파생상품 투자자들이 큰 손실을 입었다. 당시 주문을 낸 증권사는 한국 도이치증권이었는데, 긴 소송과정을 거치면서 일정액을 배상했지만 결국 한국에서 철수했다.

2023년 4월 24일 한국 증시에서는 갑자기 8개 종목이 하한가로 급락했다. 이후 주가는 끝 모르게 하락했다. 사건 발생 후 정확한 원인을 찾지 못하다가 차액결제거래(CFD, Contract for Difference)가 원인인 것으로 밝혀졌다. CFD 거래는 매수 시점과 매도 시점의 가격 차이를 파생상품화한 일종의 종목 옵션 형태의 상품이다. 최초 출범 당시 CFD의 증거금률은 10%에 불과했다. 이후 40%로 상향했지만 작은 주가 변동에도 큰 손실이 발생할 수 있는 상품이다.

코인 시장은 따로 설명이 필요 없을 정도로 게임화되었다. 주가가 오르기 위해서는 이익 증가가 예상되어야 하듯이 모든 자산 가격의 변동에는 변화의 원인이 있어야 한다. 가상자산 가격 변동은 금리 변동을 중요한 요인으로 본다. 그러나 금리 변동이 없는 야간과 휴일에도 가상자산 가격은 24시간 변동한다.

2021년에는 전 세계 투자자가 참여하는 큰 게임이 미국에서 발생했었다. 공매도에 대한 비판 열기가 한창이었던 2021년 여름, 게임스

탑에 투자한 일반 주주들은 공매도 세력에 대항해서 게임스탑 주식을 매수한 후 주가를 끌어올린다. 공매도한 세력이 주가 상승으로 손실이 발생하면 되사야 하는 상황을 만든 것이다. 단기적으로 개인투자자들은 성공했지만 이후 게임스탑은 등락을 거듭하면서 구조조정에 돌입했다. 한국에서도 유사한 시도가 종종 나타난다.

2023년 4월말에는 베드 배스&비욘드(Bed Bath & Beyond Inc)라는 회사가 파산했다. 이 회사가 파산하기 전 한국 투자자들은 4월 6~7일 이틀간 6천4백만달러(한화 약 808억원) 어치를 매매했다. 테슬라에 이어 2위의 거래 규모였다. 엔비디아와 애플(4,493만달러)보다 거래가 많았다. 이 회사 주가는 파산을 앞둔 6일에 주가가 거의 2배 올랐다. 다음 날에는 주가가 다시 반토막이 났다. 기업을 보고 투자한 것이 아니라 게임하듯이 주가 변동에 투자한 것이다.

'밈 주식'(meme stock)이라는 것이 있다. 2021년 대단한 인기를 끈 주식들이다. 온라인에서 단지 입소문으로 투자자가 몰리는 주식을 일컫는다. 구글에서 검색하면 밈 주식의 특성을 5가지로 분류한다. 높은 공매도 비율, 문제 있는 사업(비즈니스성이 떨어짐), 많은 거래량, 당시 소셜미디어에 이슈가 되는 회사, 광적인 추종자들이 많을 것 등등이다. 기업 가치와는 전혀 별개라는 말이다. 복잡한 비즈니스를 분석하기보다는 공매도가 많으니 개인투자자들이 화가 나있을 것이고, 거래가 많으니 언제든지 매매가 가능할 것이다. SNS에서 회자되니 투자자의 관심이 높아서 이유 불문하고 해당 주식은 올라야 한다는 투자자가 많다는 얘기다. 결국 투자하기 좋은 주식이 아니라 게임하기 좋은 주식이라는 의미다.

자산시장 전체가 게임화되면서 청년층에게 피해가 집중되고 있다. 종잣돈이 부족한 청년들이 신용대출 등 단기 대출을 받아 위험자산에 투자하는 비중이 너무 높다. 게임하듯이 투자하다가 원금을 다 날리면 손 털고 일어서는 도박판 같은 모습이 연출되고 있다. 게임하듯 빚을 내서 투자하면 한방에 큰 수익을 벌 수 있다는 생각은 단순히 주식시장만의 현상은 아니다. 부채를 기반으로 빌라를 수백 채를 구입해서 사기 분양한 빌라왕, 건축왕들도 동일한 심리 구조를 가지고 있을 것이다.

투자에 실패한 청년들은 '투자=게임=도박'이라는 생각이 굳어져 있을 것이다. 현재의 청년들이 생각이 바뀌어 다시 투자시장으로 돌아오려면 적어도 한 세대(30년) 이상이 걸릴 것으로 보인다. 청년층의 반사회적 경향도 높아질 것이다. 이렇게 자본주의는 스스로 자멸을 재촉하면서 수축사회로 알게 모르게 한발짝 더 끌려가고 있다.

수축사회에 들어서면서 자본주의의 가장 큰 장점인 스스로 진화하는 능력이 사라지고 있다. 오히려 자본이 자체 탐욕에 빠져 있다. 사회의 근간인 민주주의와 자본주의가 병들어 가고 있는 것이다.

지금까지 수축사회의 모습, 사람들의 마음의 변화, 불평등, 포퓰리즘, 수축사회가 자본주의를 어떻게 변화시켰는지 살펴보았다. 다음 2부에서는 패권전쟁에 참여하는 주요 국가들의 상황을 살펴볼 것이다. 참전용사들의 상황도 만만치 않게 어렵다.

수축사회를 맞아 많은 국가들이 자발적 혹은 비자발적으로 패권전쟁에 참전하고 있다. 국제 질서의 변화도 있지만, 어려운 국내 사정을 타개하기 위해 미국이나 중국 진영에 손을 내미는 기회주의적 측면도 발견된다.

2부에서는 패권전쟁으로 끌려들어 가고 있는 국가들의 내부 사정을 알아본다. 전쟁 당사자인 미국과 중국뿐 아니라 핵심적인 몇몇 국가를 집중 조명할 것이다. 우리는 미국과 중국 양 진영이 으르렁대는 뉴스만 보고 있지만, 전쟁 참여국들의 내부 사정은 전쟁을 벌이기에 녹록지 않다. 수축사회의 관점으로 각 나라들의 속내를 살펴보자.

2부

흔들리는 세계

6장

미국, 패권 상실의 트라우마

───────────────●───────────────

미국은 지구 역사상 최강 국가다. 그 어떤 국가도 미국처럼 지구를 통치한 적은 없다. 나는 2005년 말 《세계 경제의 그림자, 미국》을 통해 미국의 슈퍼파워를 분석한 책을 발간했었다. 그리고 제목에서 암시하듯 미국의 슈퍼파워가 도전받는 상황임을 경고했다.[1] 그 책에서 나는 미국이 보유한 슈퍼파워를 7가지로 분류하고 '독점시스템'으로 명명했다. 미국과 미국 이외 국가와의 관계는 독점시스템을 통해 규정된다. 미국의 독점시스템을 다른 국가들이 모두 인정하고 받아들이면서 2008년 글로벌 금융위기 무렵까지 미국은 세계 최강 파워를 유지했다. 7가지 슈퍼파워 중 단 한 가지 영역에서도 미국을 추월할 만한 국가는 없었다.

흔들리는 독점시스템

그러나 21세기 들어 9.11테러 이후 미국의 위기를 제기하는 연구나 서적이 늘어나기 시작했다. 그와 함께 미국의 패권 유지가 힘들어지

수축사회 2.0: 닫힌 세계와 생존 게임

고 있다는 우려가 커졌다. 그 이유는 미국의 7가지 독점시스템에 균열이 발생했기 때문이다.

① 민주주의: 미국 내 민주주의 약화

미국은 민주주의를 실제 정치에 구현한 거의 최초의 국가다. 미국은 늘 다른 국가에 민주주의를 전파했다. 독재 국가를 배격하고 인권을 우선하는 최후의 보루였다. 그러나 지금은 아니다. 미국은 자국의 이익을 위해 민주주의나 인권을 기준으로 적용하지 않는 경우가 많아졌다. 지난 30~40년간 미국은 철저히 미국의 이해관계에 따라서만 행동했다. 월남전, 이라크 침공 등 미국이 참전했던 많은 전쟁들은 미국의 이해관계가 가장 중요한 요인이었다. 미국의 선택적 민주주의 적용을 비난할 의도는 없다. 어차피 미국도 자신들의 이익이 가장 중요하기 때문이다.

미국 내부의 민주주의도 무너져내리고 있다. 2020년 미국 대통령 선거 당시를 기억해보자. 공화당과 민주당의 충돌을 우려해서 주요 지역의 상점들은 문을 닫았다. 선거 후에는 트럼프 지지 세력이 국회의사당을 습격하기도 했다. 낸시 펠로시 전 하원의장의 남편은 자택에서 습격당하기까지 했다.

바이든 정부 들어서는 이념에 기반한 여야 대결로 상원 외교위에서 인준 절차를 기다리는 직업 외교관만 총 26명에 달한다. 비영리단체 '공공서비스 파트너십(PPS)'에 따르면 대통령이 지명한 인사의 상원 인준에 걸리는 시간은 1980년대 로널드 레이건 행정부 때 평균 56.4

일이었던 반면, 트럼프 행정부에선 두 배인 115일로 늘었다가 현 바이든 행정부에선 127일로 치솟았다.[2] 리처드 하스 전 미국외교협회(CFR) 회장은 세계 안보의 최대 위협은 미국인데, 이유는 미국의 민주주의가 무너졌기 때문이라고 밝혔다. 그는 현재의 미국 상황이 매카시즘, 베트남 전쟁, 워터게이트 사건을 겪었던 시기보다 더 나쁘다고 진단한다.[3]

인종차별 문제도 미국 민주주의를 아래에서부터 약화시킨다. 미국은 남북전쟁을 치른 지 160여 년이 지났지만 여전히 인종차별이 심각하다. 흑인은 백인 경찰에게 수시로 이유 없이 살해당하며, 사실상 백인들처럼 사회의 지도층으로 올라설 가능성이 희박하다.

그만큼 미국 내에서의 민주주의는 크게 후퇴하고 있다. 2022년 10월 AP통신과 시카고대 전국여론연구센터(NORC)가 실시한 여론조사에서 불과 9%의 미국인만이 민주주의가 '아주 잘 작동하고 있다'고 응답했다. 미국이 세계에 독점시스템을 강요할 명분이 약해지고 있다.

② 압도적인 군사력: 중국의 성장과 디지털 군사력 시대

2022년 미국의 국방비는 8,770억달러로 세계 전체 군사비의 약 40%에 육박한다. 중국은 2,920억달러로 세계 전체 군사비의 약 13% 정도를 지출한다. 군사력은 해당 시점의 군사비 지출로만 비교해서는 안 된다. 장기간 얼마나 투자했느냐가 중요하다. 해외의 미군기지는 오랜 기간을 통해 만들어져왔다. 지금 한창 현역으로 활동중인 항공모함들은 20~30년 전에 만들어진 것들이다. 소총부터 정찰 위성, 핵무기까지 2차 세계대전 후 미국의 군사력은 오랜 기간 축적되어왔다. 다른 국가가 미국 군사력을 따라잡기 위해서는 현재 미국 군사비 이상의 지출을 수십 년 이상 유지해야 가능하다.

그렇지만 이제 미국은 많은 군사비를 지속하기 어려운 상황이다. 재정적자 문제가 심각하기 때문이다. 이미 중국과의 기술패권전쟁 비용으로 엄청난 재정 투입이 예정되어 있다. 동시에 전쟁의 양상도 바뀌고 있다. 디지털 기술이 발전하면서 AI가 접목된 전쟁이 가까이 와 있다. AI 분야는 중국도 상당히 앞서 있다. 최근 미-중 반도체 전쟁은 AI 전쟁의 전초전으로도 볼 수 있다. 반도체 기술의 차이가 AI 기술을 좌우하기 때문이다. 향후에는 누가 어떤 반도체를 가졌느냐가 전투력의 핵심이 될 것이다. AI 기술에서 미국과 중국의 차이는 거의 없어졌다. 만일 AI 기술에서 중국에 추월당하면 과학기술 뿐 아니라 군사력에서도 패권을 유지하기 어렵게 된다.

③ 과학기술: 미국과 상대국 간 격차 축소

미국의 과학기술은 중국 등 여타 국가에게 밀리기 시작했다. 미국 내 주요 공과대학 학생들은 미국인이 아니라 중국, 인도 등 아시아계가 주류를 이룬다. 이들은 모국으로 돌아가서 대기업에 취업하거나 연구에 몰두한다. 아시아에서 성공한 기업의 뒤에는 미국 유학생 출신이 있다. 최근 미국 IT 산업을 주무르는 기업가들은 중국(대만)계가 주류를 이룬다. 미래 산업의 핵심인 반도체는 한국의 D램을 제외할 경우 중국계가 거의 장악하고 있다.

UN 지적재산권기구(WIPO)는 매년 산업 전반에 걸쳐 수십만 개의 특허를 추적한다. 2021년 중국은 컴퓨터, 전기기계, 디지털 통신 등 총 36개 분야 중 29개 분야에서 1위를 차지했다. 특허출원 건수도 전체 약 160만 건의 특허 중 38%를 차지했다. 반면 미국은 18%, 일본은 16%에 불과했다. 한국은 4위에 올라서 10%였다. 이어 독일(4%), 프랑스(2%), 영국(1%) 순이었다.

최근의 특허는 컴퓨터, 전기/전자, 디지털, 통신, 의료 관련 기술 등이 핵심인데 바로 이 분야가 미래 산업의 중추에 해당한다. 기술혁신을 주도하는 반도체, 배터리, 미래차 등에서 미국의 기술적 우위는 거의 없다. 아직 바이오산업 정도가 강력한 편이다. 미래산업 분야 특허에서는 이제 중국이 압도하는 상황이 되었다. 물론 미국은 군사력과 마찬가지로 특허에 있어서도 과거로부터 누적된 특허를 자산처럼 가지고 있다. 그러나 현재와 같은 중국 중심의 특허 취득 추세가 이어지면 문제가 발생한다. <u>중국이 취득하는 미래 기술 관련 특허가 산업화되는 5~10년 뒤 미국의 과학기술이 중국에 뒤처질 위험성이 매우 높아졌다.</u>

④ 원자재 시장: 중국과 중동의 영향력 증대

미국은 자체적으로 세계 최대 원자재 보유국이다. 원유부터 희토류까지 미국에는 산업에 필요한 거의 모든 원자재가 매장되어 있다. 미국 이외 국가의 원자재에 대해서는 미국 기반의 다국적 기업을 통해 실질적으로 지배하고 있다. 중동의 원유가 대표적이다. 세계 원자재의 많은 부분에 있어 생산, 유통과 가격은 늘 미국의 통제 하에 있었다.

2010년대에 들어서 셰일 오일이 발견되면서 미국은 원유 수입국에서 수출국으로 전환되었다. 에너지 문제에서 자유로워진 미국은 골치 아프고 때로는 비위를 맞춰야 하던 중동에서 발을 빼기 시작했다. 하지만 이것도 잠시, 상황이 다시 돌변하였다. 중동의 최대 원유 수출국이 미국에서 중국으로 바뀐 것이다. 최근 중국과 중동의 밀착으로 미국의 원유 지배권은 빠르게 약화되고 있다. 사우디, 이란 등 중동 산유국과 원유 수출국인 러시아 입장에서는 자신들의 원유를 안정적으로 사줄 파트너가 필요하다. 철광석, 식량자원 등 다른 많은 자원들도 마찬가지여서 이런 자원 생산국들은 자신들의 자원을 가장 많이 수입하는 나라(중국) 쪽으로 기울고 있다.

원자재 통제권이 약화되면 미국이 심혈을 기울여 추진하는 반도체, 배터리의 미국 국내 생산계획이 차질을 빚을 수 있다. 주요 소재가 대부분 중국에서 생산되기 때문이다. 미국에 배터리 공장을 설립해도 배터리를 만들 소재가 미국에는 없다. 물론 시간이 지나면 중국 이외의 국가에서 배터리 핵심 소재를 생산해서 미국으로 들여올 것이다. 그러나 쉽지 않다. 미국에서 직접 생산해서 제련하려면 공해 문제로 반대에 부딪칠 것이다. 중국 이외 지역에 정제 시설을 설립해서 안정적으로 수입하기까지는 최소 4~5년 혹은 더 오랜 시간이 필요할 것이다. 더군다나 광산의 상당 부분을 중국이 차지하고 있다. 미국의 원자재 통제권은 점점 약화되고 있다.

⑤ 기축통화: 달러의 신뢰성 약화

이 문제는 14장 금융패권전쟁에서 자세히 다룰 예정이다. 핵심은 미국의 누적된 재정적자, 블록체인 기반의 가상자산과 각국 중앙은행이 발행하는 디지털화폐(CBDC) 사용이 점차 증가하면서 달러화의 위상이 낮아지고 있다는 점이다. 특히 중국, 러시아, 사우디 등 중동 산유국이 위안화 결제 비중을 높이게 되면 달러화의 위상은 낮아질 수 있다. 이럴 경우 미국이 지배하는 국제 금융시장 역시 상당한 타격이 불가피하다.

⑥ 소프트 파워: 다양한 문화의 등장

영어를 기반으로 하는 미국 문화는 전 세계 표준이었다. 그러나 SNS가 확산되면서 AI를 이용한 다양한 언어의 번역이 손쉬워졌다. 동시에 한류와 같은 여타 국가 문화에 대한 접근성도 높아졌다. 미국 문화를 향유하던 아시아의 젊은이들은 이제 유튜브, 페이스북 등 다양한 SNS를 통해 자신들만의 문화를 만들어가고 있다. 굳이 미국 문화 없이도 재미있고 자신과 더 친숙한 문화를 향유할 수 있게 되었다. 미국이 지구촌 사람들의 정신을 지배하던 시대는 천천히 사라지고 있다.

⑦ 글로벌 규칙 제정: 패권전쟁으로 제한적 사용

미국은 국제사회에서 통용되는 모든 규칙을 관리한다. 미국이 제정한 규칙이 곧 글로벌 표준이었다. 미국 식품의약국(FDA)은 세부적인 법령을 통해 미국에서 생산, 유통, 판매되는 모든 종류의 품목을 통제, 관리, 승인한다. FDA의 승인을 받는다는 것은 실질적으로 전 세계 판매

허가를 받는 것이다. 이런 식으로 미국은 식품, 의약품을 넘어 많은 영역에서 표준을 정한다. 관련 기업의 입장에서 보면 미국은 심판자와 다름없다. 지금도 미국의 이런 역할에는 변함이 없다. 그러나 앞서 살펴본 6가지 상황 변화로 미국 이외 국가들도 자신들만의 룰을 만들어 가고 있다.

2023년 5월 4일 백악관은 핵심/신흥 기술(Critical and Emerging Technology; CET)에 대한 미국의 기술표준 주도 전략을 발표했다. 중국에게 첨단기술 분야에서 점차 밀리자 미국이 첨단기술의 표준을 주도하는 전략을 마련한 것이다. 미국이 지정한 핵심/신흥 기술(CET)은 통신/네트워크, 반도체/마이크로전자공학, 인공지능/머신러닝, 생명공학, 포지셔닝/네비게이션, 블록체인, 청정에너지, 양자정보기술로 총 8가지다. 미국의 초초함이 엿보이는 CET 전략은 미래 기술에 있어 중국에 밀리고 있다는 반증이기도 하다.

패권 상실의 두려움

과거 미-소 냉전 시기에도 미국의 7가지 독점시스템은 유지되었다. 당시 소련은 군사력과 일부 우주 기술에 있어서만 미국에 견줄 수 있었을 뿐, 국력을 구성하는 많은 요소에서 미국의 상대가 되지 못했다.

21세기 들어 미국의 독점시스템이 약화되는 것은 두 가지 측면으로 구분할 수 있다. 상대(중국)가 강해져서 나타나는 현상으로는 군사력, 과학기술, 원자재 지배권 상실 등 3가지를 들 수 있다. 경제력에서 중국에 밀리면서 나타나는 결과다. 반면 민주주의의 후퇴, 소프트파워의 약화는 미국 내부의 문제가 더 크다. 기축통화 효과, 글로벌 규칙의 지배권 상실은 독점시스템 약화의 결과로 볼 수 있다. 하지만 더 거시적으로 종합해서 본다면 사회의 양극화, 고령화, 환경 위기, 과학기술의 발전 등 수축사회의 핵심 원인이 미국에서 확산되고 있기 때문이다.

패권국은 여러 영역에서 특혜를 누린다. 패권국 국민은 경제적 혜택 뿐 아니라 다양한 영역에서 우대를 받는다. 미국 영화를 보면 세계 모든 지역, 심지어 분쟁지역 등에서도 '나는 미국인이다.' 라고 외치면 대접이 달라진다. 행여 미국인이 상해라도 입으면 무차별적인 보복도 정당방위가 되기 때문이다. 미국은 2차 세계대전 이후 거의 80여 년을 이렇게 살아오면서 패권국이 누리는 특권을 즐겼다.

물론 한국을 비롯해 세계의 많은 국가들이 미국의 도움으로 독립하거나 나라를 세울 수 있었다. 민주주의를 지키고 경제를 성장시키는 데에도 미국의 도움이 컸다. 그 때문에 세계는 미국 패권에 자발적으로 동의해온 측면이 있다. 중국조차도 미국으로부터의 기술 도입과 수출이 아니었다면 오늘날 미국에 도전할 수 있는 능력을 보유하지 못했을 것이다.

그렇다면 미국 내부에는 어떤 문제가 있을까? 미국의 상대적 약화는 수축사회라는 인류 공통의 문제와 더불어 미국 고유의 문제가 결합한 결과다. 다르게 표현하면 미국은 너무 오랜 기간 패권이 주는 편안함에 안주해왔다. 그런데 어느 날 눈을 떠보니 패권이 약해지고 있다. 미국의 독점시스템에 문제가 생긴 것이다.

지금 미국의 주류 계층은 패권을 상실할지 모른다는 집단적 패닉에 빠져 있는 듯하다. 독점시스템 중 2~3개만 중국에 밀리면 미국의 미래가 없다고 생각한다. 현재 시점에서 중국을 강하게 견제하지 못하면 미국은 패권을 상실하고 미국만 누리던 특권도 내려놔야 하는 것으로 느끼는 듯하다. 더 늦어지면 기회를 잃을지도 모른다는 두려움이 미국이 중국과 패권전쟁에 나서는 심리적 기초다. 미국은 별다른 장애 없이 패권을 확보했고 패권 속에서 욕망을 성취할 수 있었다. 그런데 과속하던 미국의 욕망에 브레이크가 걸리기 시작했다.

이하에서는 미국이 패권 상실 위기에 처한 이유를 미국 내부로 들어가 살펴볼 것이다. 선행 연구가 많기 때문에 간단히 정리한다.

내부로부터 붕괴하는 미국

제조업 없는 과소비 사회

미국은 패권국답게 소비에 열중하는 국가다. 생산은 독점시스템으로 다른 국가에 맡겨도 된다. 미국의 GDP 중 소비가 차지하는 비중은 무려 70%로 2차 세계대전 이후 과소비가 이어져왔다. GDP 대비 수출비중은 11%, 투자비중은 14.5%(비주거투자), 제조업 비중은 10.7%, 제조업 일자리 비중도 전체의 14%에 불과하다(2021년 기준). 제조업 혁명을 이끈 미국이지만 정작 제조업이 경제에서 차지하는 비중은 크게 낮아졌다.

미국의 학문적 업적은 여전히 뛰어나다. 20세기 이후 세계를 바꾼 거의 모든 기술은 미국이 개발했다. 최근 빅테크 기술도 마찬가지다. 그러나 생산할 능력이 없다. 너무 오랜 기간 제조업을 방치했기 때문이다. 적절한 비유일지 모르지만 마치 부자집 자식이 힘든 공부보다는 문화예술, 취미활동에 열중하는 것과 비슷하다고 보면 과할까? 힘들고 어려운 미래산업을 연구하고 생산하려는 동기가 약화된 것이다. 코로나 국면에서 미국이 다른 국가로부터 마스크를 거의 탈취하듯이 가져온 사건을 기억하기 바란다. 마스크는 특수한 상황이라 제외한다고 해도 이제 미국인들은 중국, 한국, 베트남 등 동아시아의 공산품이 없이는 살아갈 수 없다.

너무 오랜 기간 소비가 미덕이다 보니 빚을 내서 소비하는 습관이 강하다. 경기 침체가 와서 소비가 줄어들 조짐이 보이면 여지없이 금리를 내린다. 부채를 늘려서 소비하라는 신호다. 미국은 전 세계 인구의 5%에 불과하지만 소비는 전 인류가 소비하는 양 가운데 27%나 차지한다. 2008년 글로벌 금융위기의 진원지는 미국이었다. 집을 살 수 없는 여건의 사람에게까지 낮은 금리로 대출을 해줬다. 정치권은 중앙은행(FED)만 쳐다본다. 부채 사회인 미국에서 금리는 가장 중요한 경기 조절대책이기 때문에 FED가 금리를 올릴까 봐 늘 노심초사한다. 오죽하면 FED의장이던 앨런 그린스펀을 재무장관에 임명할까? 한국으로 치면 한국은행 총재가 기획재정부 장관으로 자리를 바꾼 것이다.

미국은 부채에 있어서도 세계 최대 국가다. 미국의 연방정부 부채는 3차례에 걸쳐 빠르게 증가했다. 2차 세계대전 중 전쟁비용이 늘어나면서 국가 부채가 순식간에 GDP대비 100%를 넘었다. 1980년대 ~1990년대에는 물가 급등, 냉전 종식을 위한 군사비 지출 증가 등으로 다시 국가 부채가 크게 증가한다. 1990년대 IT 등 신경제로의 성공적인 전환과 냉전 종식으로 군사비 지출이 줄면서 국가 부채는 잠시 안정적으로 관리된다. 그러나 21세기 들어서면서부터는 감소 없이 꾸준히 증가만 하고 있다.

이런 속도로 정부 부채가 증가하게 되면 미국이 부담해야 할 국채 이자는 얼마가 될까? 미국의 정부 부채를 32조달러로 가정하고 (2022년말 기준) 기준이 되는 10년물 국채 금리가 자연이자율에 해당하는 2.5%까지 내려간다[4]는 가정으로 계산하면 연간 이자만 7,750억달러가 된다. 만약 물가와 금리가 더 오르면 2022년 기준 미국 국방비 (8,770억달러)와 비슷하게 된다. 2022년은 패권전쟁과 러시아-우크라이나 전쟁으로 국방비가 크게 늘어난 점을 감안할 때, 이미 <u>정부 부채의 이자비용과 국방비가 비슷해졌다</u>고 봐야 한다.

바이든 행정부는 한 술 더 떠서, 장기 재정계획에 따르면 2022년

[표 2-1] 미국의 장기 예산 계획안(2022-2033년)

단위: 10억달러

	2022	2023	2024	2025	2026	2027	...	2032	2033	'24~'33
총수입	4,897	4,650	4,721	4,910	5,305	5,647	...	7,060	7,418	60,478
총지출	6,273	6,376	6,584	6,808	7,103	7,382	...	9,342	9,954	80,389
재정적자	1,376	1,726	1,863	1,897	1,798	1,735	...	2,282	2,535	19,912

자료 : OMB, 〈Budget of the U.S. Government : Fiscal Year 2024〉, 2023.3

부터 2033년까지 총수입과 총지출의 합계액을 각각 60조달러, 80조달러로 추정했다. 이때 재정적자는 20조달러가 추가 발생할 것으로 예상한다. 2033년 기준으로 국가 부채 이자를 다시 계산해보면, 현재 32조달러에서 20조달러가 추가돼 연방정부 부채가 52조달러나 된다. 경기침체가 예상되니 자연이자율을 2.5%에서 2%로 낮춰서 계산해도 한해 이자만 1조달러가 넘는다. 달러화가 기축통화의 위치를 유지하는 것은 고사하고 국가 재정위기에 처할 수도 있다.

빚으로 유지되는 나라

GDP 대비 정부 부채비율은 사회가 부담하는 부채 수준을 표시하고 국가 간 비교에도 사용된다. 그렇다면 미국의 부채는 어느 수준까지 감내가 가능할까? 미국의 가계 부채는 2008년 글로벌 금융위기 당시 GDP 대비 100% 수준에서 3~4년이 지난 후 80%로 줄어들었다. 미국인들의 합리적 소비와 방만하게 대출했던 금융기관의 자기반성을 통해 부채비율이 낮아졌다. 당시 위기를 반성하고 부채를 조정한 점은 인정할 만하다.

미국은 정부 부채를 이용해서 경제위기에서 성공적으로 탈출한 경험을 가지고 있다. 2008년 글로벌 금융위기 당시 미국은 정부 부채를 크게 늘려 경기를 부양했다. 서브프라임 모기지 문제 등 금융기관의 부실과 개인 파산 그리고 이어진 경기침체 국면에서 과감한 재정 투입으로 민생을 살렸다. 국가 재정이 가계가 빚을 갚을 수 있도록 도와준 것이다.

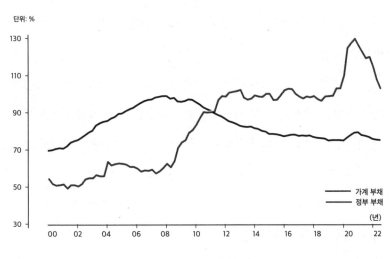

[그림 2-1] 미국의 GDP 대비 정부 부채와 가계 부채 비율

단위: %

자료: BIS

　코로나가 발생하면서 그때와 유사한 행동이 다시 나타났다. 미국 정부는 세계에서 가장 신속하고 과감하게 경기 부양책을 실시했다. 코로나 이전인 2019년 말 GDP 대비 누적 재정적자만 109%였다. 그러나 코로나가 빠르게 확산된 2020년 말에는 133%로 급증했다. 불과 1년 만에 미국의 재정적자는 2.5조달러 늘어났다. 코로나가 4월부터 확산된 점을 감안하면 불과 9개월 동안 재정을 무차별 투하한 것이다. 한국에서 이런 상황이 발생했다면 아마 난리가 났을 것이다. 퍼주기, 국가 부도 임박, 재정 중독 등의 기사가 넘쳤을지 모른다.

　이후에 더 웃픈(?) 현상이 발생한다. GDP 대비 재정적자비율의 분자는 재정적자이고, 분모는 경상 GDP다. 분모가 커지면 이 비율은 줄어든다(경상 GDP는 실제 GDP에 물가상승분을 더한 것이다). 분자인 재정적자가 늘어나는 것보다 경상 GDP가 더 증가하면 GDP 대비 재정적자 비율은 낮아진다.

그런데 러-우 전쟁이 일어나면서 글로벌 공급망이 붕괴되자 물가가 급등하기 시작했다. 2022년에는 많은 나라들에서 물가가 10% 가까이 상승했다. 미국도 물가가 9% 정도까지 오르기도 했다. 당연히 분모인 경상 GDP가 급증하게 되니 재정적자비율이 낮아졌다. 그러자 마치 아무 일도 없었다는 듯이 미국의 GDP 대비 재정적자가 100% 대로 다시 내려왔다. 경제 위기 시 정부의 재정정책 중요성이 얼마나 중요한지 일깨워주는 대목이다. 한국 정치권이 참조해야 할 중요한 사례다.

정부 부채가 30%P나 오르락내리락 했는데 정말 아무 일이 없었을까? 그럴 수는 없다. 분자인 부채의 절대규모가 늘어난 것은 부인할 수 없는 사실이다. <u>분모(경상 GDP)는 경제가 성장한 결과가 아니라 물가상승에 기반한 것이다.</u> 결국 허수라는 얘기다. 물가는 하락하지 않기 때문에 지급 능력만 개선된 것이다.

이후 상황을 예측해보자. 분자가 커지는 정부 지원은 2023년 1분기를 마지막으로 거의 종료되었다. 문제는 분모 즉 물가상승에 있다. 부채의 나라인 미국에서 물가 상승과 고금리에 따른 이자 부담이 증가하면 소비가 늘어나기 어려워서 경기침체가 불가피하다. 경기 침체와 물가 상승이 겹쳐 나타나는 상황을 스태그플레이션(stagflation)이라고 하는데 중산층 이하 계층에 큰 타격을 준다. 2024년부터 미국은 스태그플레이션이 불어닥칠 가능성이 높다. 취약계층은 정부 지원이 종료되는 시점에서 물가가 오르는 상황에 노출되는 것이다. 새로운 고통의 시작이다. 일자리를 구해야 하는데 경기는 침체되고 있다.

중산층은 없다!

중산층의 나라 미국은 사회 불평등이 확산되면서 중산층 비중이 줄고 있다. 코로나 훨씬 이전인 1980년대 중반 이후 미국은 자신의 문제는 자신이 책임지는 신자유주의 이념으로 전환했다. 체제 경쟁에서 사회주의를 완전히 패배시켰기 때문에 이념적으로 비교할 국가가 없었다. 그렇게 눈치 볼 필요가 없게 되면서 원초적인 자본주의 국가로 회귀해도 별 문제가 없다고 생각한 것이다. 신자유주의라는 정글 사회에서는 강자가 약자를 지배한다. 모든 제도는 강자 중심으로 만들어지고 운영되기 시작했다.

최근에는 소득 불평등보다 자산 불평등이 더 큰 문제가 되고 있다. 소득에 대해서는 누진적인 세율 조정으로 다소 완화되고 있지만, 자산에 따른 격차는 불평등을 영구화하면서 미국의 핵심계층인 중산층을 무너트리고 있다.[5] 미국인들은 대부분 자신이 중산층이라고 인식하고 있다. 1990년에 미국인의 62%는 중산층으로 분류되었다. 그런데 2020년에는 50%로 줄어들었다. 뉴욕의 경우 30년 전에는 중산층이 50%에서 2020년에는 35%로, LA는 42%에서 37%로 각각 줄어들었다.[6] 인종 간의 차이는 더 벌어지고 있다. 한 연구에 따르면 흑인 중위가구의 총 자산이 백인 중위가구의 8분의 1에 불과하다고 한다. 중산층의 붕괴와 인종 간의 차별이 결합되고 있는 것이다. 중산층의 나라 미국은 이제 양극화가 고착화되면서 계급사회로 나아가고 있다.

19세기 초반 프랑스의 정치학자인 토크빌(Alexis de Tocqueville)은 《미국의 민주주의》란 책에서 유럽보다 자유롭고 평등한 미국의 여러 제도를 극찬했다. 그는 미국을 중산층이 행복한 나라로 규정했다. 그러나 이제 중산층이 줄어들고 계급사회가 출현하면서 미국만의 위대했던 가치는 사라지고 있다. 최근 미국의 포퓰리즘과 사회 혼란은 중산층이 줄어드는 것과 밀접한 관계를 가진 것으로 판단된다.

인종 갈등

미국도 다른 여러 선진 국가와 비슷하게 자체 인구는 줄어들고 있다. 합계 출생률은 1980년대 1.85명에서 2022년에는 1명으로 줄어들었다. 미국은 줄어드는 인구를 이민으로 충당해왔다. 문제는 백인의 출생률이 줄어드는 반면, 히스패닉, 흑인, 아시아계의 출생률이 증가하면서 미국 내에서 인종이 교체되고 있는 점이다. 2023년 1월 개원한 118대 미국 의회는 약 4분의 1이 유색인종으로 채워졌다. 미국 전체 인구에서 각각 13%와 1%를 점유하고 있는 흑인과 아메리카 인디언·알래스카 원주민은 동일한 비율로 의석 수를 차지했지만, 아시아계와 히스패닉 의원 수는 실제 인구 구성비를 충족시키지 못했다. 아시아계는 미국 인구에서 6%를 차지하고 히스패닉은 19%에 달하지만 의석수 점유율은 각각 4%와 11%에 그쳤다. 향후 선거에서 정치권은 이민자와 유색인종에 손을 내밀 수밖에 없다. 이럴 경우 백인들의 불만은 더 커질 것이다. 백인 경찰이 흑인 범죄자 혹은 무고한 이민자를 학대하는 사건이 계속되는 것은 시작일지도 모른다. 인종 간의 적대감이 빠르게 확산될 때 미국의 정체성은 더 약화될 것이다.

늙어가는 거인

고령화도 미국이 처한 큰 문제다. 코로나 영향이 크긴 했지만 2020년에는 출생자와 사망자가 엇비슷했다. 현재 3억4천만명인 미국 인구 가운데 2차대전 이후 출생한 백인 베이비부머가 은퇴기를 맞고 있다. 코로나를 계기로 미국의 베이비부머와 과거 전통산업에 종사했던 사람들이 대거 은퇴하면서 일시적으로 임금이 상승하고 있다. 고령화가 이제 서서히 표면화되고 있는 것인데, 고령자가 떠난 일자리는 기계로 대체되고 있다. 다른 나라들과 마찬가지로 연금, 의료보험 등 미국의 고령자 복지 수요는 빠르게 증가할 것이다. 미국의 절대인구 감소와 고령화는 장기적으로 미국의 파워를 약하게 만들 위험요인이다.

출생률 감소로 젊은 군인을 모으기도 점점 어려워지고 있다. 인구 구조의 변화와 군대 지원자 감소로 군인 중 이민자 비중도 높아지고 있다. 미국 브라운대 왓슨연구소는 9.11 사태 이후 20년간 이어진 대(對) 테러 전쟁에 참전한 미군 장병들 중 자살자가 전사자의 4배에 이르렀다고 밝혔다. 보고서에 따르면 이 시기 스스로 목숨을 끊은 장병은 30,177명으로 추산됐다. 같은 기간 전장에서 목숨을 잃은 장병은 7,057명으로 집계됐다. 전장의 위험에 노출된 후 심각한 트라우마로 고통받은 결과로 분석된다.[7] 세계의 경찰 역할을 수행하기가 점점 어려워지고 있는 것이다. 첨단 과학기술로 군인을 대체하려면 더 많은 돈이 필요하다. 그런데 국가 부채는 계속 증가하고 있다.

신께서 살펴주시옵소서!

미국은 정치적으로도 완전히 양분되고 있다. 주로 백인인 보수층은 공화당 지지, 이민 반대, 기후위기에 대해 덜 걱정하고 종교 활동 참여 비율이 높은 것으로 나타났다. 반면 민주당 지지자들은 유색인종의 비율이 높은 편이며, 기후위기 등에 깊은 관심을 보이고, 이민 정책에 있어서도 적극적이다.[8] 가장 최근에는 낙태권 문제로 미국의 정치권이 크게 갈라졌다. 미국 대법원은 2022년 6월 낙태를 실질적으로 금지하는 판결을 내렸다. 종교적 성향이 강한 공화당은 당연히 낙태를 불법으로 보지만 민주당과 여성단체들은 크게 반발하고 있다. 프랑스, 캐나다 등에서 미국의 판결에 반대하는 의견이 나오기도 했다. 이런 판결은 미국 대법관 중 보수 계열이 9명 중 6명이나 차지했기 때문에 가능했다. 향후 동성애나 피임 등 다양한 영역에서 정치적 갈등이 예상된다.

미국은 기독교를 바탕으로 세워진 국가다. 사회적 갈등과 부적응이 늘어가면서 종교적 성향도 강해지고 있다. 예배에 참석하는 인원 비중은 줄고 있지만, 영적으로 몰입하는 비중은 높은 수준을 유지하고 있다. 크리스천포스트(CP)에 따르면, 2022년 10월 미국 성인 2천명을 대상으로 실시한 설문조사에서 응답자의 약 80%는 세상에 영적이거나 초자연적인 차원이 있다고 확신하거나 생각한다고 했다. 2018년 발표된 퓨리서치의 조사에서도 미국인의 80%가 신을 믿는다고 응답했다(물론, 그중 극소수만이 성경에 설명된 그대로 신을 믿는 것으로 나타났다)[9].

미국은 진화론 대신 창조론을 믿는 비율이 높은 국가였다. 빅뱅 이후 우주의 역사가 밝혀지는 지금, 미국인들은 전통적 기독교에서 벗어나 초자연적인 절대자를 추구할 만큼 정서적으로 메말라 가고 있다. 2장에서 살펴보았듯이 인간성의 변화는 미국도 예외가 아니다. 경제성장의 한계, 불평등의 고착에 따른 계급사회화, 중산층 붕괴, 고령화와 인종 갈등 등으로 부적응자가 증가하고 있다. 그렇다면 제로섬게임의 입장에서 나 이외의 사람들을 제거해야 한다. 총기 보유가 허가된 미국은 개인이 직접 자신의 적을 응징할 수 있는 유일한 국가라고 할 수 있다.

미국은 지금 내전 중

총기사건이 이어지자 트럼프 전 대통령은 2022년 5월 27일 전미총기협회(NRA) 연례 총회에서 학교에 입구를 하나만 설치하고, 화재 탈출용 전용 출구만 추가해 외부인의 출입을 막고, 무장 경비원을 상주시키자고 했다. 또한 일부 교사의 학교 내 총기 소지를 허용해야 한다고 주장했다.[10] 미국의 크리스 머피 상원의원은 "아이들이 학교에 갈 때 총 맞을 걱정을 하는 지구상 유일한 나라"로 미국을 지목하면서 총기 규제가 풀기 힘든 고차방정식이 됐다고 탄식했다.[11]

2020년 11월 대선을 앞두고 미국에서는 총기와 총알 수요가 급증했다. 호신용 권총에 쓰이는 지름 9㎜짜리 총알 가격은 2020년 3월 초 개당 20센트 정도였지만 연말에는 60센트까지 올랐다. '총알 사재기' 때문에 총알을 사고 싶어도 제때 못 사는 경우까지 생길 정도였다.

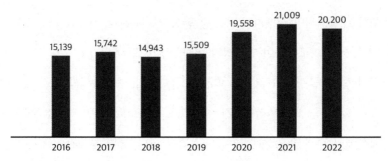

[그림 2-2] 미국 연도별 총격 사망자 수

단위: 명

2016	2017	2018	2019	2020	2021	2022
15,139	15,742	14,943	15,509	19,558	21,009	20,200

*총격 사망자 수에서 총기에 의한 자살은 집계에 포함하지 않았다.
자료: 미국 총기폭력아카이브

총기는 원칙적으로 미국 시민권자와 영주권자만 살 수 있으며 범죄 전과나 정신병력이 있으면 구매가 제한된다. 2020년 총기 판매가 급증한 원인 중 주목할 부분은 처음으로 총기를 사는 '최초 구매자'가 많았다는 점이다. 총기 제작사 스미스&웨슨에 따르면 2020년 총기 판매의 약 40%는 총기 초보자들의 구매로 추정된다고 한다.

총기 범죄자는 대부분 정신질환을 겪는 사람들이다. 이들이 공격하는 증오의 대상은 이민자와 유색인종에 집중된다. 사회가 양분되면서 불특정 다수가 언제든지 참전하는 실질적인 내전 상태라고 봐야 하지 않나? 영화 〈배트맨〉의 고담시는 현재의 뉴욕일지 모른다. 언제 어디에서 총알이 날아올지 모르는 상황이 펼쳐지고 있는데 배트맨은 없다. 미국인들은 자신이 배트맨이 되어 악당 조커를 없애야 한다는 착각만 만연해 있다.

결국 미국은 참전해야 한다

미국은 독점시스템에 기반한 패권으로 유지되는 국가다. 패권을 상실하게 되면 미국은 그 어떤 국가보다 혼란에 빠질 가능성이 높다. 오바마 대통령은 8년이나 머뭇거렸다. 상황이 더욱 나빠진 후 당선된 트럼프는 패권전쟁 참전을 공식화했지만 실질적으로는 미국만의 고립을 택했다. 반면 바이든은 정교하게 전선을 만들면서 동맹과 함께 연합군을 만들고 있다. 중국과의 패권전쟁이 일어난 핵심 원인이 미국 내 제조업과 첨단산업 생산 부족에 있다고 판단한 미국은 IRA 법안 등을 통해 직접적으로 중국을 압박하기 시작했다.

미국은 지금 민주주의와 자본주의의 원칙을 버리고 미국 이익을 극대화하는 생존 이념에 몰입하고 있다. '근린궁핍화정책'은 환율 절하나 국가의 보조금 지급 등을 통해 인근 경쟁국에서 부를 뺏어오는 정책이다. 그런데 미국은 인근(neighbor)이 아니라 세계 전체(global)를 대상으로 이 정책을 사용 중이다.

미국이 중국과의 패권전쟁에서 이기는 방법은 세 가지다.
① 중국과의 경쟁에서 미국의 힘으로 이기는 방법
② 중국이 스스로 무너지는 방법

③ 미국인에게 가장 어렵지만 확실한 방법은 100여 년 이상 패권에 취한 상황에서 깨어나서 미국 독점시스템을 현실에 맞게 고치는 것이다.

그러나 미국의 정치권과 주류사회는 미국 사회 깊숙이 뿌리내린 독점 패권을 고칠 만한 의지나 능력이 없다. 결국 동맹국을 압박해서 중국을 포위하고, 중국이 스스로 무너지게 하는 것이다. 미국 혼자 할 능력이 없으니 동맹국과 연합해서 간접적이고 입체적인 방법으로 전투에 나서는 것이다. 미국 스스로의 노력 없이 전투에 참여해서 이기고자 한다. 과연 성공할 수 있을까?

7장

중국, 내약외강(內弱外强)

세계의 공장이던 중국은 이제 미국에 대항해 맞서는 국가로 성장했다. 1978년 중국의 1인당 GDP는 156달러였다. 그러다 42년 만인 2020년에 1만달러를 넘었다. 역사상 그 어떤 국가도 이루지 못한 초유의 성장 신화다. 중국의 성장은 세계 전체에 영향을 주었다. 지구상 모든 국가는 중국과 관계를 맺고 있다. 무역, 원자재, 과학기술, 안보 등 어느 한 분야에서도 중국의 영향에서 자유로운 나라는 없다. 중국의 성장은 일본이나 한국의 초기 성장 국면과 매우 유사하다. 국가를 중심으로 모든 자원을 총동원하는 일종의 병영국가적 성장을 추구했다.

중국의 개혁개방은 1980년대에 시작되었지만 세계에 본격적으로 영향을 준 것은 21세기에 들어서였다. 중국이 등장하자 미국의 주류 계층은 중국을 견제해야 한다는 생각 혹은 의무감(미국 입장에서의)을 갖기 시작했다. 그러나 2001년 9.11테러와 이라크 침공, 2008년 글로벌 금융위기를 겪으면서 중국을 견제할 타이밍을 놓쳤다. 물론 당시 생각은 중국이 자체 모순으로 스스로 붕괴할 것이라는 판단도 한몫했다.

중국을 바라보는 2개의 시선

내가 읽고 공부했던 많은 학자들은 중국의 자체 몰락을 예고했다. 이들은 대부분 서구에서 공부하고 활동하는 영미계 출신 학자라는 공통 특성이 있다. 이 학자들은 산업혁명 이후 자본주의, 민주주의의 발전 과정에서 나타난 많은 갈등이 중국에서도 일어날 것으로 분석했다. 중국적 특수성보다는 사회 양극화와 인권 문제 등이 결합되어 성장의 한계에 도달하는 중진국 함정에 빠질 것으로 예상했다. 이 논리는 지금도 서구 세계에서 중국의 미래를 바라보는 보편적 생각으로 자리잡았다.

그러나 중국은 너무 조용하다. 간간이 시위가 발생하지만 전국적 상황은 아니다. 한국만 하더라도 1960년 4.19혁명부터 1980년 5.18 광주민주화운동, 1987년 6.10 민주항쟁, 2016년 촛불혁명 등 민주주의 침해와 양극화에 대한 저항이 오랜 기간 동안 수차례 발생했다. 중앙아시아의 색깔 혁명, 북아프리카와 중동의 재스민 혁명 등 수많은 저항 사례들도 마찬가지다. 중국이 통일을 추진하는 대만에서도 민주화 운동이 활발했다. 중국보다 저성장 국가인 미얀마나 필리핀에서도 나타나는 이 현상이 왜 중국 사회에서는 나타나지 않는 것일까? 오히려 중국은 계속 성장하고 있다. 2023년에도 세계 평균 성장률이 2.1%대인데 비해 중국만 5% 이상 성장이 예상되고 있다. 그런 만큼 중국의 지속 성장론을 주장하는 시각도 만만치 않다.

이 2개의 시선 중 서구의 시각을 가장 잘 정리한 것은 NEAR재단이 2021년에 발간한 《극중지계Ⅱ: 경제편》이다. 이 책에서는 앞으로 중국이 4개의 함정에 빠질 위험이 있다고 평가했다.

① 누구나 알고 있는 중진국의 함정(middle income trap)
② 국가가 강한 리더십을 갖추어도 국민의 신뢰를 잃게 되면 어떤 정책도 먹히지 않는 타키투스의 함정(Tacitus Trap)
③ 하드파워가 강하더라도 소프트파워가 부족하면 여타 국가로부터 신뢰를 상실하는 킨들버거의 함정(Kindleberger Trap)
④ 새로운 강대국이 부상하면 기존의 강대국이 이를 두려워하게 되고 이 과정에서 전쟁이 발발한다는 투키디데스의 함정(Thucydides Trap)

등이다.[12] 이 4개의 함정은 서구 특히 미국이 바라는 중국의 미래일지도 모른다. 중국은 과연 4개의 함정에서 성공적으로 탈출할 수 있을까?

이런 서구의 시각과 달리 중국에 유학한 학자나 중국인들은 중국이 구축한 독자적인 시스템(이하 중국시스템)이 상당 기간 유지될 것으로 보고 있다. 중국이 만든 이 시스템은 어떤 통치체제보다 견고하다고 신뢰한다. 중국시스템은 전혀 새로운 체제로 기존의 국가 시스템을 대체할 것으로 믿는다.

중국을 바라보는 상반된 시선 때문에 중국 관련 책을 읽거나 강의, 유튜브 등을 시청할 때 저자의 출신 성분을 파악한 후 읽어야 할 정도다. 이 책에서는 상반된 시각을 전하기보다는 통합적 시각으로 중국을 바라볼 것이다. 특히 이 책의 주제인 수축사회와 이에 따른 패권 전쟁 관점에서 중국을 살피고자 한다. 그러려면 서구 지식인과 정치인이 이해하지 못하는 중국시스템에 대해 먼저 살펴봐야 한다.

중국의 통치 체계(governing system)는 기존의 상식을 뛰어 넘는다. 소련의 마르크스-레닌주의와 시장경제가 혼합되어 있다. 우리가 알고 있는 전통적 이론으로 설명하기에 딱히 적합한 용어가 없다. 그래서 나는 중국만의 독자 모델인 중국시스템으로 부를 것이다. 먼저 중국인의 입장에서 독자적인 중국시스템을 살펴보자.

공산당 영도체제(領導體制)

중국은 공산당 영도 하에 경영되는 국가다. 사회 전체는 공산당이 실질적으로 지배한다. 일반적으로 다른 국가들은 지배체제라는 용어를 쓰지만 중국은 영도체제라는 용어를 쓴다. 공산당의 강력한 지배가 있지만 국민들이 그 지배를 자발적으로 받아들인다는 의미가 함축되어 있다. 민주주의 국가의 경우 3권 분립으로 견제와 균형을 추구한다. 그러나 중국은 공산당이 입법, 사법, 행정 전체 권력을 장악하고, 경제와 사회 모든 분야에 관여하는 일사불란한 체제를 갖추고 있다.

물론 독재국가들도 중국과 마찬가지로 3권을 독재자가 독점한다. 그러나 국민들이 이러한 독점체제를 자발적으로 따르거나, 따르고 있다고 주장하는 국가는 중국과 북한이 유일하다. 중국과 북한이 이런 주장을 할 수 있는 이유는 경제나 사회뿐 아니라 지속적인 사상교육 혹은 세뇌를 통해 국민들의 의식까지 지배하고 있기 때문이다. 쿠데타로 집권한 보통의 독재국가와 가장 큰 차이가 바로 여기에 있다. '사회주의 혁명 완수'라는 공산당의 궁극적인 이념적 지향점이 영도체제의 심리적 기반을 형성한다. 공산당이 권력을 쟁취해서 독재하겠다는 것이 아니다. 사회주의 혁명 완수라는 근본적 목표를 달성하려 하기 때문에 영도체제가 정당화된다.

중국이 영도체제로 통치한 기간은 길게 보면 1921년 공산당 창건부터 약 100년, 국공내전을 거쳐 중국을 통일한 1949년부터로 보면 74년의 기간이다. 그러나 실질적인 개혁개방의 역사를 감안하면 1978년부터 2023년까지 약 45년 정도로 보는 것이 합리적이다. 개혁개방 이전의 중국은 독립투쟁, 국민당과의 내전, 대약진운동, 문화혁명 등 권력투쟁 혹은 사상투쟁을 통해 공산당의 권력을 공고히 하는 기간이었다.

영도체제가 안정적으로 가동되면 국가 전체의 효율성이 높아진다. 그 결과는 지난 약 45년 동안 중국의 고성장이 잘 보여준다. 단지 국민소득 증가뿐 아니라 모든 영역에서 250년 역사의 미국을 추월할 기세라고 본다면 영도체제를 성공적이라고 봐야 한다. 넓은 영토와 14억 인민이 자발적으로 공산당 영도에 따르는 것을 무시해서는 안 된다. 45년 동안 독재정부 아래에서 경제성장을 유지했다는 것은 기존의 국가론이나 경제발전론을 뛰어 넘는다. 바로 이런 점이 중국이 미국에 대항하고 패권을 차지할 수 있다는 자신감의 원천이기도 하다.

영도체제를 유지하는 핵심은 공산당이다. 14억명의 인구 중 공산당원은 2021년 7월 기준 9,500만명이나 된다. 청소년과 고령자를 제외하면 거의 10명에 1명이 공산당원인 셈이다. 가족이나 친족 내에는 누군가 분명히 공산당원이 있고, 그만큼 공산당의 감시 체제가 촘촘하게 작동된다는 의미이기도 하다.

중국은 학교, 사회단체, 기업까지 공산당이 실질적으로 지배한다. 또 공산당은 사회 여러 층위의 조직을 엄격히 감시하고 평가한다. 중국 공산당과 독재국가의 쿠데타 세력을 같이 비교할 수 없는 중요한 차이다. 우리에게 익숙한 재벌급 회사와 비교하면 차이가 더 뚜렷이 보일 것이다. 자본주의 국가 기업의 경영자는 주주총회를 통해 임명된다. 실제 업무는 이사회에서 위임받은 CEO가 담당한다. 그러나 중국의 모든 조직에서 주주총회와 이사회 역할은 공산당이 실질적으로 수행한다. 임직원을 감시하는 감사실과 준법감시인도 공산당원이 대다수다. 여기에 종업원들도 상당수는 공산당원이고, 노조는 공산당 조직으로 보면 된다. 사업상 거래처도 유사한 구조로 공산당 영도체제이다. 공산당이 확실하게 사회 관계망을 통제하고 있는 것이다. 최근에는 알리바바와 같은 세계적 대기업에도 공산당 조직이 만들어졌다. 공산당이 모든 것을 결정하는 구조다.

정교한 통치체계: 민주집중제(Democratic centralism)

모든 권력을 가진 공산당이 늘 정의롭고, 유능하고, 그러면서도 부패하지 않는다면 중국시스템은 최고의 체제가 된다. 중국시스템은 정치적 용어로 해석하면 민주집중제라는 용어로 바꿀 수 있다. 민주집중제는 민주주의적 중앙집권제의 줄임말로 공산주의에 의해 조직된 공산

수축사회 2.0: 닫힌 세계와 생존 게임

당이 민주주의의 원칙을 살리면서 강력하게 조직을 구성하는 것을 뜻한다. 통합의 주체인 공산당은 상호간 의견 토론을 활발하게 하고, 결정된 사항은 무조건 따라야 한다. 소수가 다수의 결정에 따른다는 민주적 원칙을 바탕으로 일사불란하게 실천하는 것을 원칙으로 한다. 따라서 민주집중제는 영도자(領導者) 개인의 영도를 기반으로 집단적 지도 하에서 중지(衆志)를 집약해 활력 있는 통일체로서의 활동을 전개한다.

중국은 민주집중제를 중국시스템으로 발전시켰다. 상부 즉 공산당 지도부의 합리적 의사결정을 기반으로 하층의 많은 조직들은 민주적 절차에 따라 운영된다. 민주적 절차란 공산당의 하부구조에서 상호 토론과 책임지는 문화를 기반으로 한다. 초등학교 운영을 사례로 살펴보자. 마을의 초등학교 운영 전반에 있어서 공산당은 한국의 학부모회와 비슷한 조직이지만 권한은 교육감보다 크다. 교장과 선생님이 공산당 원칙으로 학생들을 교육하는지, AI 관련 교육에 최선을 다하는지, 친환경 교육은 어떠한지 등 사상 교육과 구체적인 학습 내용에 대해서 관리 감독한다. 때로는 교장이나 선생님을 탄핵시킬 수도 있다. 이만하면 어디에도 없는 시스템이라 할 만하다. 국영기업의 수장도 공산당과 MOU를 맺어 매년 경영 목표를 정하고 성과가 부진하면 퇴임시키고, 성과가 뛰어나면 보상한다.

중국의 모든 조직은 가장 최하단의 조직부터 상층부 조직까지 이런 철학과 운영방침으로 경영된다. 바로 중국식 민주집중제다. 지금까지 중국이 고성장하면서 공산당 독재통치를 유지하는 비결이기도 하다.

5가지 중국시스템

중국 시스템 특히 정치, 사회 분야를 중심으로 중국시스템을 연구한 서울대 국제대학원 조영남 교수의 《중국의 통치체제》는 가장 정교하고 깊이 있게 중국을 분석한 저술이다.[13] 이 책과 나의 재해석을 기반으로 중국시스템을 살펴보면, 먼저 중국 공산당의 통치체계는 사상 통제, 인사 통제, 조직 통제, 경제 통제, 무력 통제 등 5가지 핵심 통제 수단을 기반으로 한다. 이 5가지 중국시스템이 바로 모순적 정책인 '사회주의적 시장경제'를 안정적으로 유지하는 핵심 기반이기도 하다.

사상 통제: 영혼을 지배하라

가장 중요한 것이 사상 통제다. 사상 통제는 모든 통제의 기반이 된다. 공산당 영도체제를 받아들여야 하기 때문이다. 공산주의를 받아들이고 실천하기 위해서는 유년기 아이부터 고령자까지 개인의 생각을 지배해야 한다. 진심으로 공산주의 사상과 공산당 영도체제를 받아들이는 것이 목표다. 사상 통제는 교육을 기반으로 한다. 그러나 모든 국민들을 동시에 교육하거나 통제할 방법은 없다. 본인이 처한 위치에 맞게 촘촘한 사상 통제 교육이 이루어진다. 교육과 통제 강도는 역삼각형 형태로 진행된다. 공산당 간부에 해당하는 상층부일수록 더 많은 교육과 사상 통제가 이뤄진다. 공산당원뿐 아니라 일반 국민들도 다양한 형태의 교육을 통해 중국을 하나로 묶는다. 그러려면 늘 공부를 해야 한다. 사회주의 이론뿐 아니라 IT혁명 등 새로운 과학기술을 습득해야 국민들을 영도할 수 있다. 나는 바로 이 점이 중국시스템의 성공 중 가장 중요한 요인으로 평가한다.

공산당은 교육 시스템을 체계적으로 관리해서 우수한 인재를 발굴, 육성하는 시스템을 구축했다. 덩샤오핑은 집권 후 대학 졸업생 약 50만명을 집중 교육해서 핵심 분야를 책임지게 했다. 이후에도 지속적인 교육 통제를 통해 실력을 향상시키는 동시에 공산당에 충성하도록 일종의 세뇌 교육을 시킨다. 강력한 교육 정책은 경제 발전과 공산당에 대한 자발적인(?) 충성을 유도하는 두 가지 목표를 동시에 달성할 수 있게 했다. 중국은 핵심인재들에 대해 국내 연수뿐 아니라 다양한 해외 연수를 의무화하고 있다. 코로나 이전까지는 한국에도 연수를 왔다. 이런 교육 체계로 중국은 개발 엘리트 계층을 단기간에 육성할 수 있었다.

중국과 유사한 개혁개방을 추진하려 했던 북한의 실패는 개발 엘리트 계층의 부재도 중요한 요인이다. 북한은 2002년 7.1조치를 통해서 과감한 자본주의형 개혁개방을 추진하려 했지만 결국 참담하게 실패하고 말았다. 실패 이유는 여러 가지가 있겠지만 중국과 달리 시장경제를 주도할 능력 혹은 주도세력(인력)이 없었다. 북한의 엘리트 그룹은 사상적으로 김일성/김정일에 대한 유일사상에만 경도된 인력이었다. 아무리 충성심이 강해도 능력 없고 교육 받지 못하면 개혁개방을 추진할 수 없다. 오히려 자신들의 기득권을 빼앗길 수 있다는 우려와 자신이 '우물 안 개구리'라는 열등감이 개혁개방을 방해했을 수도 있다.

인사/조직 통제: 입체적인 그물망 사회

국민들의 마음이 통제되면 기존 시스템에 대한 저항이 발생하지 않는다. 웬만한 문제는 사전에 조율되거나 통제되어 문제될 여지가 없다. 공산당은 조직과 인사를 공산당 의지대로 통제한다. 공산당 핵심 간부에 대한 인사권은 가장 중요한 통치 수단이다. 당 조직이 아닌 경우에도 중요한 보직은 공산당원 중에서 선발한다. 임명 후 철저한 인사 평가와 공정한 관리감독은 중국시스템의 안정성을 높인다. 사상과 업무 능력에 따른 신상필벌이 체계적이고 합리적으로 운영된다. 공산당의 조직체제는 피라미드 판매 조직이나 사이비 종교집단과 유사할 정도로 강력하고 촘촘하며 일사불란하다. 행정조직과 같은 일반 조직과 별개로 공산당 조직은 모든 사회에 존재한다. 3명 이상만 있으면 공산당 하부 조직이 구성된다고 한다.

공산당 독재는 부패에 취약하다. "호랑이와 파리를 모두 때려잡는다."란 말이 나올 정도로 시진핑 정권 출범 후 거의 병적인 수준으로 부패 척결을 위해 노력했다. 특히 고위직 인사 통제는 가혹할 정도로 신상필벌과 내부 경쟁이 벌어진다. 이 결과 공산당은 효율적이고 성과중심적 조직으로 유지된다.《중국은 어떻게 실패하는가(DANGER ZONE)》를 펴낸 중국 전략가인 마이클 베클리(Michael Beckley)와 할 브랜즈(Hal Brands)는 2012년 말 이래 중국 공안당국이 거의 300만명에 이르는 관료들을 조사해, 이 가운데 10여 명의 정치국원급 고위 지도자와 20여 명의 군 장성을 포함해 150만명 이상을 처벌했다고 한다. 이는 중국 공산당 고위층의 한 세대를 완전히 숙청한 것이나 마찬가지

로 중국의 부패에 대한 편집증을 꼬집었다.[14]

경제/무력 통제: 중국 정부는 슈퍼컴퓨터다

사회주의는 경제적 평등을 지향한다. 그러나 중국은 한국, 일본 등 자본주의 국가의 발전 모델을 기본으로 삼고 있다. 자본주의와 평등의 조합은 엇박자가 나기 마련이다. 자본주의는 필연적으로 불평등을 야기하고 사회주의의 존립 자체를 불가능하게 한다. 덩샤오핑의 선부론(先富論)은 일부가 먼저 부유해진 뒤 이를 확산한다는 이론으로 경제적 불평등을 일정 부분 감내하겠다는 의지가 포함되어 있다. 후진타오 주석 시절의 정책 목표였던 조화사회(調和社會), 시진핑 주석의 공동부유(共同富裕) 등은 자본주의와 선부론의 피해를 막기 위해 정부가 적극적으로 시장에 개입하려는 정책이다. 이때 핵심은 정부가 유능해야 한다는 점이다.

중국의 기초 인프라는 모두 국유기업으로 보면 된다. 정부가 가진 자산도 227조위안, 약 30조달러로 평가된다(2019년 기준). 국가는 경제의 모든 것을 관리한다. 금리, 투자 등 경제 정책은 오직 정부만 제시한다. 2008년 글로벌 금융위기 당시 중국은 GDP의 21%에 해당하는 강력한 경기부양책을 실시했다. 민주주의 국가에서는 상상하기 어려운 규모였다. 입으로는 시장경제를 외치지만 실제 경제는 정부가 거의 주무르고 있다.

무력 통제는 굳이 설명이 필요 없을 것이다. 모든 무력은 공산당만 독점하고 강력하게 사용한다. 공포정치가 굳어진 것이다. 최근에는 디지털 기술을 이용한 감시가 활발하다. 중국은 애플, 아마존, 페이스북, 구글, 트위터 등이 갖고 있는 데이터 수집 능력과 메시지 전달 능력을 가지고 있다. 중국 정부는 AI와 빅데이터, 사이버·생체·음성·안면 인식 기술을 결합해서 국민에 관해 모든 것을 알 수 있게 하는 시스템을 개발했고 계속 업데이트 중이다. 말할 필요도 없이 이러한 기술은 독재자의 꿈이다. 이런 수요를 간파한 중국 기업들은 현재 80개 이상의 국가에 감시 시스템을 판매해 운영하고 있다.(2020년 기준) 스마트시티가 집단 수용소 옆에 나란히 세워져 있는 신장자치구를 한번 보라.[15] 마치 조지 오웰의 《1984》와 유사한 디지털 지배가 이루어지고 있다. 공산당 영도에 반기를 들면 바로 죽음이다.

서구가 바라보는 중국의 한계

5가지 중국시스템은 중국을 지탱하는 기둥이다. 중국의 놀라운 성공은 바로 5가지 통치체제가 잘 가동되었기 때문이다. 서구의 시각은 자신들의 성장 과정과 비교하면서 중국의 자체붕괴론을 주장한다. 그러나 이런 분석은 한국과 서구에서 중국시스템에 대한 인식과 연구가 부족한 측면이 있음을 감안해야 한다.

중국의 붕괴는 경제성장률 하락이나 미국과의 패권전쟁도 중요하지만 오히려 중국 내부에서 중국시스템의 가동이 중단되거나 변형될 때 나타날 가능성이 높아 보인다. 물론 구조적 경기침체와 패권전쟁이 동시에 발생하면서 중국시스템이 손상되는 것은 가장 중요한 위협이다. 그러나 중국이 중진국 함정에 빠지거나 미국의 제재로 경제성장률이 낮아지면 중국은 오히려 사회 통제를 강화하는 공포정치로 위기를 돌파하려 시도하는 등 기존의 5가지 중국시스템을 더욱 강화할 것이다.

중국 위기의 본질

중국은 견고한 통치 구조를 가지고 있지만 서구의 시각에서 우려하는 점을 무시해서는 안 된다. 사람의 본성과 사회 발전은 어느 시대, 어느 국가에서나 유사한 궤적을 보인다. 중국은 너무 크고 너무 빨리 성장했기 때문에 그만큼 위기의 가능성이 높다. 서구의 보편적인 시각으로 중국의 실상을 정리해보자.

시진핑 1인 통치의 위험

장쩌민과 후진타오 체제에서는 권력 집중이 상대적으로 느슨한 집단지도체제에 가까웠다. 중국인들의 존경을 받고 절대적인 권력을 가졌던 덩샤오핑이 1997년 사망한 후 장쩌민과 후진타오의 파워는 상대적으로 미흡했다. 통상 2인자를 용납하지 않는 공산국가에서 후진타오가 야심가인 시진핑을 기용해서 후계자로 양성한 것은 그만큼 합리적인 집단지도체제가 가동되었음을 보여주는 증거다. 중국의 집단지도체제는 중국공산당 설립 초기부터 중요한 전통이었다. 문화혁명(1966~1976년)의 혼란기를 덩샤오핑이 수습하고, 1990년 중반기부터 시진핑 1기(2012-2017년)까지 약 20여 년 이상 집단지도체가 가동되었다. 이 시기는 중국이 도약의 발판을 마련하고 전 세계로 국력을 확장하던 시기였다.

시진핑은 2017년 10월, 제19차 중국공산당 대표회의에서 '시진핑 사상'을 헌법에 명기하고 잠재적 후계자를 배제하기 시작했다. 마오쩌둥 이래 중국의 가장 지배적인 지도자로 자신을 격상시켰다. 2022년 시진핑 3기부터는 거의 종신 최고지도자에 오르며 자신을 우상화하기 시작한다. 시진핑이 모든 권력을 독점하자 **집단지도체제의 통치체계인 '견제와 균형'이 사라졌다.** 그동안 중국의 집단지도체제를 구성하던 상하이방, 공청단, 태자당 등 세력 간 경쟁과 균형의 정치 유산이 더 이상 작동하지 않는다는 것을 의미한다.[16] 향후 정치영역뿐 아니라 사회 여러 분야에서 불만이 높아질 것이다. 14억 인구의 거대한 중국을 단 한 사람이 통치하기 시작한 것이다.

중국시스템을 가동한다는 것은 거의 슈퍼컴퓨터의 영역이다. 이런 상황에 대해 '닥터 둠'으로 불리는 경제학자 누리엘 루비니(Nouriel Roubini)는 시진핑이 정상적으로 중국의 위기를 극복할 수 없다면 그는 인민을 결집할 다른 대안을 찾으려 들 것으로 예상했다. 루비니는 "외국인 혐오와 민족주의를 부추기고 새로운 영토, 특히 대만을 복속시킨다면 시진핑은 중국에 화려한 유산을 남길 수 있을 것이다. 따라서 중국은 지금보다 더 약해지더라도 대만에 대해서만큼은 더욱 공격적으로 변할 수 있다."고 예상했다.[17] 다행히(?) **시진핑은 운이 아주 좋았다. 때맞춰 코로나 위기가 발생하자 중국 전체를 봉쇄하고 영구집권을 낚**

<u>아챈 것이다.</u> 시진핑은 종신 집권 초기의 혼란을 아주 쉽게 해소했다.

물론 영구집권 1년 만에 시진핑이 모든 권력을 지배하고 있는지는 아직 확인할 수 없다. 다만 공산당의 대안 세력이 없는 상태에서 중국 인민 대다수가 공산당 통치에 대해 반대의 목소리를 높이기는 쉽지 않을 것이다.[18] 공산당 내부에서의 권력투쟁 가능성은 지금은 아니지만 시진핑이 노쇠해질 경우 점점 높아질 것으로 예상된다. 시진핑은 최근 뚜렷한 이유도 밝히지 않은 채 외교부장, 인민은행장, 로켓군 사령관 등을 교체했다. 이들은 금세 정치무대에서 종적을 감췄다. 이런 현상은 시진핑 스스로 체제 유지에 부담을 느끼고 있다는 의미로 해석된다. 참고로 중국 최고 통치기구인 중앙정치국 상무위원회의 현재 구성원은 2027년에 모두 은퇴 시점을 지난다.

다른 독재 국가와 마찬가지로 시진핑 체제 역시 내부 갈등을 잠재하고 있다. 중국의 국내 공안 예산은 2008년부터 2014년 사이 두 배로 늘었는데, 2010년에 이미 국방비 지출을 추월했다. 이후에도 전체 정부 지출액보다 3% 이상 빠르게 증가해왔다.[19] 미국의 심리학자 시어도어 밀런(Theodore Millon)은 여덟 가지 속성 영역을 기초로 시진핑의 성격 패턴을 분석했다. 시진핑 주석은 지배적이고(dominant)/통제적인(controlling) 패턴이 가장 큰 비중을 차지하고, 다음으로 성실하고(conscientious)/공손하고-순종적인(respectful-dutiful) 패턴, 마지막으로 야심차고(ambitious)/자신감 있고(confident) 자기중심적인(self-serving) 패턴이 나타난다고 설명하고 있다.[20] 과거 대제국의 지도자와 유사한 성격 패턴이다.

지난 세기 동안 권좌에서 물러난 독재자의 41퍼센트는 퇴임 후 1년 안에 국외로 추방되거나 투옥 혹은 사망했다. 또 중국의 역대 49개 왕조에서 황제 자리에 오른 총 282명 가운데 절반이 제대로 자리를 지키지 못했음을 시진핑은 잘 알고 있을 것이다. 많은 황제들이 살해되거나 강제로 퇴위당하거나 또는 강요에 따라 자살하고 말았다. 중국의 위기가 본격화된다면 시진핑은 중국시스템을 더욱 폭력적으로 운영하면서 '중국형 푸틴'으로 변화할 가능성도 배제할 수 없다.[21]

중국시스템은 인민의 마음부터 시작해 그들의 사회·경제 생활을 통제하고, 그 과정에서 폭력까지 동원하는 복합적 통치 구조로 개혁개방 초기에는 효율적인 통치 체계였다. 대다수 중국 인민들이 절대 빈곤에서 벗어났지만, 후진국 수준인 농촌 지역, 중진국 수준의 대도시, 선진국 수준인 상해, 북경 등 발전 단계가 상이한 지역이 동시에 공존하고 있다. 이런 모순적 체제가 언제까지 유지될 수 있을까? 대도시 이상 지역에 거주하는 이들은 민주주의나 인권 등 선진국 시민이 누리는 기본권에 대해서도 잘 알고 있다. 사회 양극화와 고령화로 복지가 부족해지면서 중장년층의 불안도 커지고 있다. 세계적 대기업들은 공산당의 통제와 간섭을 거부한다. 이런 상태에서 경제성장률이 추락할 때 9천 5백만명의 청렴했던 공산당원들은 부패의 유혹에서 벗어나기 어려울 것이다. 효율적이었던 중국시스템은 중국의 불균형 성장으로 조금씩 균열이 갈지도 모른다.

결국 중국의 몰락이나 패권 쟁취는 중국 내부 시스템을 얼마나 잘 통제할지 여부에 달려 있다. 나름 합리적이고 강력했던 중국시스템이 1인 지배로 변화하면서 중진국 시민에 맞는, 즉 인간의 본성에 충실한 정치 시스템을 유지할 수 있을까? 그래서 선진국이 될 수 있을까? 지금부터는 중국이 아니라 시진핑에게 달려 있다.

중진국 함정

중진국 함정은 개도국에서 중진국으로 도약하는 기간 중 경제성장에 비해 정치, 사회, 문화적으로 성장이 더딘 국가들에서 나타난다. 물론 함정에 빠지는 시점은 경제성장률이 낮아질 때다. <u>인권이나 민주주의를 희생하고 경제적 보상(소득)을 대가로 받았던 고성장기의 사회적 거래가 유지되지 못할 때 위기가 발생한다.</u> 중진국 함정이 표면화될 때 가장 큰 이슈는 고성장기에 용인되었던 사회적 불평등이 중심 이슈로 떠오르는 것이다. 정치, 사회, 경제 등 모든 분야에서 불안정과 갈등이 심화되면서 일종의 아노미 현상이 발생한다.

이때부터 중진국 함정에 빠진 국가는 경제성장이 정체되고 고성장기에 가졌던 미래에 대한 희망이 약화되거나 혹은 상실된다. 흔히 아르헨티나를 중진국 함정에 빠져 무너진 대표적인 국가로 보지만, 서구 이외 지역에서 중진국 함정을 돌파한 나라는 한국, 대만, 이스라엘 정도에 불과하다. 그만큼 중진국 함정에서 탈출하기 어렵다는 실증 결과다. 또한 경제개발 초기부터 민주주의, 사회 인프라 등 균형 성장이 필요하다는 역사적인 증거이기도 하다.

중국이 중진국 함정에 빠질 것이라는 연구와 전망은 차고 넘친다. 주로 서구의 시각이기는 하지만 체계적으로 살펴볼 필요가 있다.

중국은 여타 중진국 함정에 빠졌던 국가와는 달리 사회주의 체제로 중진국에 도달했기 때문에 서구의 시각만으로 판단해서는 안 된다. 중국 시스템은 중진국 함정의 갈등을 사전에 방지하는 기능을 해오고 있다. 사상 통제로 불만 자체가 형성되지 않게 할 수 있다. 인사와 조직 통제를 통해 당근과 채찍을 적절히 활용할 수 있고, 경기가 침체하면 아직 여유가 있는 국가 재정을 풀 수도 있다. 또한 강력한 통제가 가능한 국영기업이나 사유 기업을 압박해서 투자와 분배를 늘릴 수도 있다.

만약 반정부 활동이 발생하면 사전 감시시스템을 이용해서 적발하고, 더 큰 저항은 무력으로 제압하면 된다. 공산당 지도부는 '어딜 감히?' 아마 이런 생각을 하고 있을지도 모른다. 중국의 일사불란한 성공스토리는 무오류를 전제로 할 때만 성립될 수 있는 개념이다.[22] 그러나 이런 중국에 대한 희망적 시각은 경제가 성장을 유지할 때만 가능하다. 또 통치체제가 시진핑 1인 체제로 되면서 정책 오류가 발생할 가능성이 높아졌다. 과연 중국시스템이 중진국 함정을 막아낼 수 있을까?

인구 감소와 고령화

인구 감소에 앞서 나타나는 고령화 문제는 현재 중국이 직면한 큰 문제 중 하나다. 중국의 고령자 빈곤, 사회복지 문제는 중국의 혼란을 예고하는 중요한 요인이다. 중국에서 출생자가 가장 많았던 해는 대약진 운동 이후 1962년부터 1975년까지인데, 연평균 2천1백만~3천만명, 합계 약 3억7천만명이 태어났다. 이들이 2022년부터 60세를 넘기면서 국가의 돌봄이 필요해졌다.

2023년부터는 은퇴자가 엄청난 속도로 증가한다. 중국 사회과학원의 2019년 보고서는 2035년에 국가 연금이 고갈될 것이라고 한다.[23] 퓨리서치에 따르면 2016년 기준 중국인 10명 중 7명은 이미 공공 보건 시스템 이용이 어려워지고 있다고 한다. 2023년 2월 16일 우한(武漢)과 다롄(大連) 등에서는 의료보조금 삭감에 반대하는 중국 퇴직자들의 집회가 있었다.[24] 시위가 거의 없는 중국에서 그것도 퇴직자들의 시위가 있었다는 사실은 중국의 사회복지 시스템에 대한 불만이 커지고 있음을 시사한다.

고령자 대열에 속속 합류하는 중국의 베이비부머들은 사회주의와 자본주의를 동시에 맛본 세대다. 시장경제를 이해하고는 있지만 이들이 성장할 당시에는 국가가 모든 것을 책임지는 사회주의 체제였다. 자신의 삶이 어려워지면 과거 사회주의에 대한 향수가 커질 수 있다. 그런데 국가는 복지를 늘릴 여력이 없고, 개인들은 준비가 부족하다. 이는 중국의 안정성이 장기적으로 낮아질 것임을 시사한다. 사실 한국도 중국과 별반 다르지 않지만, 한국의 개인 소득은 중국의 3배 정도이고, 의료 시스템도 나름 잘 갖춰져 있다. 고령자를 위한 다양한 복지 시설과 제도가 부족해 보이지만 중국에 비하면 훨씬 낫다.[25]

일자리가 위험하다

1990년 중국의 GDP는 미국 GDP의 6%(명목 GDP 기준)에 불과했지만 2000년에는 12%, 2010년에는 41%, 그리고 2020년에는 70%까지 성장했다. 전 세계 국가의 절반 이상이 미국보다 중국과 더 많은 교역을 하고 있다. 최근에 중국은 세계 최대의 해외 차관 공여국이 되었다. 세계은행(World Bank)이나 국제통화기금(IMF) 또는 세계 주요 차관 공여국 모임인 파리클럽의 22개 회원국을 합친 것보다 더 많은 차관을 제공했다.[26]

그런데 중국의 경제성장률이 낮아지고 있다. **속도를 늦추면 쓰러지는 자전거와 같이 성장률이 하락하면 가려졌던 중국의 모든 문제가 표면으로 드러날 것이다.** 사회의 건강성을 파악하는 지표는 경제성장률과 일자리다. 최근 한국의 갈등구조 역시 경제성장률 하락과 일자리 감소에 기인한다. 그렇다면 중국은 어느 정도 성장해야 사회가 안정될까? 중국에서 경제가 1% 성장하면 일자리가 200만 개 생긴다는 분석이 있다. 중국의 한 해 대학 졸업자는 약 1천1백만명 이상이다. 그걸 기준으로 삼으면 최소한 5% 이상 경제가 성장해야 한다. 반면에 디지털 기술이 일자리를 빼앗아가면서 청년 실업률이 빠른 속도로 증가하고 있다. 청년 실업률이 높아지면 사회의 불안정이 높아지는 것은 동서고금 공통 현상이다. 중국 국가통계국에 따르면, 2023년 6월 청년 실업률은 무려 21.3%를 기록했다. 그런데 중국 위기에 대한 지적이 많아지자 중국 국가통계국은 청년 실업률 발표를 중단하겠다고 선언했다.

국제노동기구(ILO)는 주당 10시간, 미국과 프랑스는 각각 주당 15시간, 20시간을 근무해야 고용으로 인정한다. 그러나 중국은 주 1시간만 근무해도 고용으로 친다. 중국 기준은 국제 기준이나 서구 국가들의 기준에 훨씬 못 미친다. 또한 중국의 고용 통계에서는 2억4천만명으로 추산되는 농민공 관련 통계를 찾을 수 없다.

고학력 대졸 실업률이 일반 청년 실업률보다 훨씬 높은 것도 위험하다. 실업문제가 얼마나 심각했으면 시진핑 주석이 대학생들에게 농촌에 들어가 '고생'을 경험하도록 독려하기까지 했다. 광둥성 정부는 일자리를 찾지 못한 30만명의 젊은이를 농촌으로 보낼 것을 제안했다. 이는 마오쩌둥 때인 1950년대에 시작해 20년 이어진 '상산하향(上山下鄕)' 운동을 연상시킨다.[27] 21세기 세계 패권을 겨루는 나라에서 대학 졸업생에게 농촌에 가서 고생을 하라는 지시가 실행 가능할까?

환경과 자원의 역습

중국은 고성장 과정에서 미국 등 서방의 도움뿐 아니라 기술 탈취 등 수단과 방법을 가리지 않고 오직 개발에만 몰두했다. 그러나 환경 문제만큼은 기존 선진국과 궤를 같이해야만 한다. 중국은 이산화탄소(CO_2) 배출에 있어서 이미 2003년에 EU 27개국을 추월했고, 2006년에는 미국을 추월하여 세계 최대 배출국가가 되었다. 2019년 중국의 이산화탄소 배출량은 약 102억 톤으로 세계 전체 배출량의 28%나 차지한다. 2위인 미국(14.5%)의 두 배에 달하는 수치다. 중국 에너지 소비 중 석탄 에너지 비중은 2005년의 72.4%에서 2020년에는 56.8%로 낮아졌지만, 에너지 분야는 여전히 탄소 배출의 최대 근원이다. 중국은 에너지 소비에서 비화석 에너지 비중을 2025년에는 20%로, 2030년에는 25%로, 2060년에는 80%로 끌어올린다는 목표를 제시했다.[28]

향후 중국은 탄소 배출량을 줄이지 못할 경우 수출 시장에서 소외될 가능성도 있다. 위기감이 커지자 중국 정부는 태양광, 전기차 등에서 빠른 혁신을 추진하고 있다. 그러나 에너지 과소비형 경제 구조는 쉽게 고쳐지지 않는다. 환경에 대한 시민의식도 부족하다. 경제 구조를 빠르게 재생에너지 중심으로 만들어야만 제조업 중심의 수출을 성장시킬 수 있다. 환경 문제는 국내 정치에도 영향을 준다. 지하수 오염이 심각한 상황에서 기후변화로 농촌 경제의 어려움이 가중될 수 있다. 도시에 비해 성장이 더딘 농촌 지역에서 공산당에 대한 반감이 커질 수도 있다. 점점 환경문제가 국제정치에서 국내정치로 들어오고 있는 만큼 중국에 중요한 문제로 부각될 것이다.

에너지와 전략 광물의 공급에 대한 제약도 커지고 있다. 중국은 전 세계 에너지의 26.5%, 석탄의 53.8%, 석유의 16.9%, 천연가스의 9.4%, 니켈의 56%, 구리의 50%, 알루미늄의 47%를 소비하는 세계 최대 에너지 및 자원 소비 대국이다. 중국 내에서 소비되는 원유의 72%, LNG의 66%, 리튬의 80% 이상을 수입에 의존한다. 중국은 원유 수입 비용으로 매년 5천억달러 이상을 지불하고 있다.[29] 중국은 미국과 같이 자국 안에서 많은 원자재를 조달할 수 있지만 경제 규모에 비해서는 부족하다. 세계 최대 공장인 만큼 가장 많은 원자재가 필요하다. 반면 미국은 원자재 공급망과 직접 관련이 없는 세계 최대 소비시장이다. 최근에는 셰일혁명으로 에너지 자립을 넘어 수출 비중이 높아지고 있다. 패권전쟁이 가속화되어 글로벌 공급망이 붕괴되면 장기적으로 중국의 피해가 가장 클 수 있다.

중국이 극복해야 할 과제

중국이 선진국으로 도약하기 위해서는 어떤 과제를 해결해야 할까? 결론은 5개의 중국시스템을 새롭게 선진국 형태로 만들어야 한다. 모든 문제가 한꺼번에 터지기 전에 문제의 본질을 파악하고 대응해야 한다. 이는 미국과의 패권전쟁에서 중국이 승리하는 기초 요건인 동시에 공산당 영도체제를 지키는 방법이기도 하다.

사회주의적 시장경제의 모순

중국의 국가대표 반도체 기업인 SMIC는 아직도 수입의 40%를 보조금에 의존하고 있다.[30] 미국과 반도체 전쟁을 벌이는 중국은 국가 총동원 태세로 반도체 기업을 지원하고 있다. 최근 중국 국영 투자자 3곳이 경영난을 겪고 있는 낸드반도체 회사인 YMTC에 회사 자본금과 비슷한 490억위안(약 9조2,700억원)을 투자했다. 핵심투자가인 '반도체 대기금'은 중국 정부가 2014년 출범시킨 반도체 산업 육성 펀드다. 2014년 1기 1,387억위안, 2019년 2기 2,040억위안 규모로 조성됐다. 반도체 대기금은 YMTC 외에도 중국 최대 파운드리(반도체 위탁생산) 업체인 SMIC와 반도체 기업 100여 곳에도 대대적인 투자를 진행해왔다.[31] 정부 지원자금이 부족하면 사영 기업까지 투자하도록 유도한다. 세계적 온라인 쇼핑회사인 마윈의 알리바바는 또다른 반도체 회사인 칭화유니에 8조원의 자금을 투자하기도 했다.

이런 일이 가능한 건 경제는 시장경제 체제를 유지하지만 정치

구조는 사회주의를 기반으로 하는 중국만의 독특한 경제시스템 때문이다. 사영 기업은 정부의 요청이 있으면 무조건 따라야 한다. 기업의 사회적 책임은 자발적 참여가 아닌 '의무'가 되었다. 중국을 바라볼 때 잊어서는 안 되는 것은 중국은 인민의 나라가 아닌 공산당의 나라라는 사실이다. 중국에 있어서 시장경제는 사회주의를 달성하기 위한 수단에 불과하다는 공산당의 철학은 바뀌지 않을 것이다.

국가의 모든 자원을 총동원하는 개발독재는 경제 발전 초기에 효율성이 매우 높다. 한국, 대만, 싱가포르, 말레이시아 등에서 시행된 개발독재는 상당한 성과를 냈다. 이들의 개발독재 시기는 지금까지의 중국과 비슷하게 사회주의적 정치와 시장경제 체제를 유지했었다.

그러나 경제 규모가 커지고 글로벌 시장에 경제가 노출될수록 사회주의 성향의 개발독재는 효율성이 급속히 낮아진다. 민간 영역의 혁신 의지를 꺾기 때문이다. 경제적 자유는 혁신의 원동력이다. 자본주의와 민주주의는 함께 가야 한다. 영국의 시사 경제 주간지 〈이코노미스트〉의 계열사이자 경제분석기관인 EIU(Economist Intelligence Unit)의 분석에 따르면 민주화가 장기적으로 GDP를 20% 상승시키고 국민소득과 민주주의 수준은 높은 정(+)의 상관관계를 가진다고 한다. 그러나 중국은 사회주의 기반의 자본주의를 하기 때문에 그와 같은 전제가 작용하지 않는다.

국민소득 1만달러를 넘긴 중국에서 이제까지처럼 사회의 거의 모든 영역에 공산당이 개입하면 성장의 한계에 부딪칠 것이다. 사회주의적 시장경제는 중국 성공의 핵심이었지만 지금부터는 장애요인이 될 것이다. 중국은 사회주의에서 자본주의로 우회전해야 할 시점에 시진 핑의 영구 집권으로 오히려 좌회전하기 시작했다. 근본적인 이데올로 기의 전환이 필요한 시점에서 역주행하고 있는 것이다. 미국 진영의 대 중국 압박이 점차 확대되는 국면에서 이는 문제 해결을 더 어렵게 만 들고 있다.

공동부유는 가능한가?

세계에서 밸런타인데이를 보내는 데이트 비용이 가장 비싼 도시는 어 디일까? 뉴욕? 런던? 도쿄? 놀랍게도 상하이가 1위를 차지했다. 2위는 뉴욕이었다. 172개 도시를 대상으로 조사한 '2022 전 세계 생활비' 자 료에 근거한 것인데 상하이에서는 연인 한 쌍의 밸런타인데이 저녁 데 이트 비용으로 655달러가 소요된다고 한다. 고급 호텔에서의 저녁 식 사와 음료, 영화 관람, 그리고 택시로 귀가하며 와인 한 병을 사들고 오 는 비용 등이다.[32] 같은 날 중국 농촌 지역의 상황은 어떨까?

중국의 사회 불평등은 이제 시작이다. 지역 간, 계층 간 편중된 성장은 미국보다 더 무서운 내부의 적일 것이다. 약 2억4천만명 정도 로 추산되는 농민공은 중국 역사에서 가장 두려워했던 북방 유목민족 과 같은 위협 요인이 될 수도 있다. 이런 상황을 잘 알고 있는 시진핑 주석은 2021년 공동부유론을 통해 불평등을 해소하려 시도 중이다. 지금까지 중국은 시장경제 기반 하에서 성장해왔다. 모두가 함께 잘사 는 공동부유를 위해서는 '돈'이 필요하다. 그러기 위해서는 기업의 독 점적 이윤을 줄여야 한다. 고소득 상류층에 대한 누진세 도입도 필요하고, 국유기업의 방만한 경영도 손봐야 한다. 특히 세금제도 등 선진국에 필수적인 사회복지제도 도입을 서둘러야 한다.

그러나 계급이 고착화되고 있는 중국에서 정권에 충성해온 상류층에게 부담을 줄 수 있을까? 중국 상류층은 부정부패를 통해 쉽게 자본을 축적한 비중이 높다. 이들은 자본주의의 단맛을 너무도 잘 알고 있다. 중국 역시 다른 선진국과 같이 세금제도를 통해 불평등을 해소해야 한다. 그런데 9천5백만, 실제로 1억명에 가까운 공산당원에게 세금을 높일 수 있을까? 소득세, 재산세를 높이면 일부는 해외로 탈출하거나 사회적으로 불만이 높아질 것이다. 이런 상황이 제대로 통제되지 못하면 중국은 공산당원과 일반 국민으로 분열될 수 있다. 견고한 지배체제에 균열이 일어날 가능성이 높아진다.

이런 위협을 감지한 중국은 재정 지출을 빠르게 늘리면서 사회를 안정시키려고 한다. 2023년 들어서는 공동부유론에 대한 언급도 줄어들고 있다. '공동부유론'이라는 슬로건을 줄이고 각각의 정책을 개별적으로 추진하면서 홍보하고 있다. 또한 사회 통제도 강화하고 있다. 중국의 위기는 고속 성장에서 중속 성장을 거쳐 저성장이 고착화될 때 표면화될 것이다. 공동부유가 아니라 불평등 사회가 고착화되었을 때 시징핑의 공산당은 최대 위기를 맞을 수 있다.

그동안 중국은 내부의 많은 문제에도 불구하고 임금 상승에 따른 소득 증가로 버텨왔다. 배금주의 성향이 강한 중국인의 입장에서 공산당은 중국 인민들에게 '돈'을 주고 민주주의를 제한해온 것이다. 그러나 코로나 위기를 거치고 중진국 함정에 빠질 위험성이 높은 상태에서 향후 임금 상승률은 과거와 같이 높은 수준을 유지할 방법이 없을 것이다. 도시지역 가처분 소득이 제로(0) 혹은 마이너스(-) 상황이 2~3년 정도 이어지면 중국의 위기는 현실이 될 수 있다.

전환점에 도달한 중국의 제조업: 공급과잉, 중국 내 제로섬

중국의 성장 과정과 향후 예상되는 국면을 요약하면 다음과 같다.

수입대체 산업 육성→원자재·중간재 수입 증가→저렴한 인건비로 세계로 수출→무역수지 흑자/외자유치로 설비 투자→산업 경쟁력 가속화→인건비 상승→내륙지역 추가 과잉투자→모든 산업 공급과잉→산업 경쟁력 약화→기업 경영 악화/기업 부채 증가→아세안 등 저비용 국가로 생산시설 이전→금융기관 부실화→정부 투자/부동산 개발에 성장 의존→자체 혁신 역량 약화→사회 불안 증대의 과정을 거칠 것으로 예상된다. 현재 중국은 모든 산업이 공급과잉에 빠져가는 과도기로 볼 수 있다.

한 사람의 생애에서 평균 수입이 10~20배 증가했다는 것은 상상도 하기 힘든 정도의 진전이다.[33] 이 정도 성장이면 누구든지 미래에 대해 자신감을 가지게 된다. 어떤 식으로든지 투자만 하면 늘 고성장으로 보상이 돌아오니 역설적으로 경기침체까지 투자의 기회가 됐다. 동부해안에서 내륙으로, 완구 등 단순 소비재에서 반도체와 전기차까지 공장 짓기 경쟁이 40여 년 이어졌다. 문제는 이 공장이 빚으로 지어졌고, 너무 많이 투자해서 빠르게 공급과잉에 빠지고 있는 점이다. 수축사회의 산업적 특성인 공급과잉을 조절할 기회를 놓치고 있는 것이다.

[그림 2-3] 아시아 국가 시간당 제조업 임금 추이

단위: 달러

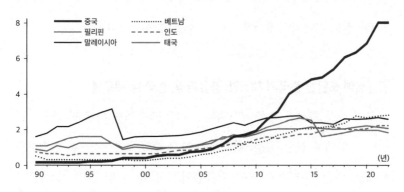

자료: Haver Analytics, 메리츠증권 리서치센터

<u>지금 중국 기업들은 빚을 내서 공급과잉을 막는 힘겨운 상황에 봉착해 있을 것이다.</u> 좀 더 시간이 흐르면 중국의 내륙과 해안, 서부와 동부, 남부와 동부 등으로 갈라져서 유사한 기업끼리 중국 안에서 제로섬게임을 벌일지도 모른다.

중국의 2022년 평균 제조업 임금은 2013년 대비 두 배가량 상승했다. 임금이 오르자 중국 내에서 사업을 영위하던 글로벌 기업의 탈출이 증가하고 있다. 반면 한국·일본·대만의 기술력과 동남아시아에서 인도에 이르는 지역의 낮은 임금을 결합한 알타시아(Altasia; Alternative Asia)라는 개념도 등장하고 있다. 미-중 패권 전쟁과 연계해서 중국의 경쟁력 약화를 가속화시키려는 시도다. 중국 제조업은 이제 거대한 전환점에 도달하고 있다.[34]

본격화되는 부채의 역습

2008년 글로벌 금융위기 이후 중국의 가계, 정부, 기업의 부채는 모두 크게 늘어났다. 특히 기업 부채의 증가가 우려를 낳고 있는데, 2022년 기준 중국의 기업 부채는 GDP 대비 220%로 세계에서 가장 많다. 대부분의 선진국들이 100%를 약간 넘는 수준임을 감안하면 공급과잉과 기업의 부채 문제는 향후 중국 경제의 뇌관이 될 수 있다. 특히 미국과의 패권전쟁으로 향후 중국 기업들의 자금 조달이 용이하지 않을 것이다. 수출은 베트남과 인도라는 경쟁자가 등장하면서 수익성이 낮아지고 있다.

이런 상황에서 부동산 부실 문제가 대두되고 있다. 중국의 21세기 고성장은 도시화와 부동산 개발이 큰 영향을 미쳤다. 경기가 나빠질 때마다 중국은 도시화를 촉진하는 정책으로 부동산 투자 붐을 조장해서 빠져나오곤 했다. 그러나 코로나 이후 부동산 공급 과잉과 내수 침체 등으로 부동산 관련 기업들의 도산이 이어지며 중국 경제의 큰 위험 요소가 되고 있다.

중국 최대의 부동산 개발업체인 비구이위안(碧桂園, Country Garden) 그룹 도산에 이어 채무불이행이 나타나자 중국의 부채 문제가 일거에 확산되고 있다. 최대 민영 부동산 신탁사인 중룽(中融) 신탁의 경우도 투자 실패로 3,500억위안(약 64조원)대의 지급 중단 상태에 빠졌다는 보도가 있었다. 중룽신탁에 300만위안(약 5억5,000만원) 이상 투자한 투자자가 10만명이 넘는 것으로 알려지면서 중국 부동산과 금융 시장에 큰 파장을 불러오고 있다.[35]

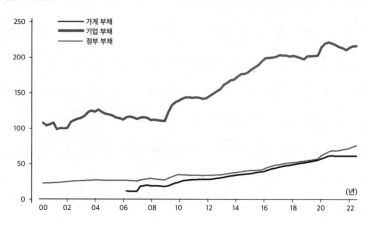

[그림 2-4] 중국의 부채 동향

단위: GDP 대비 %

- 가계 부채
- 기업 부채
- 정부 부채

자료: BIS

2023년 6월, 미국 리서치 업체인 로듐 그룹이 최근 중국 205개 도시가 제출한 연간 보고서와 지방정부자금조달기구(LGFV)의 약 3천 건의 연간 보고서를 분석한 결과에 따르면, 중국 도시의 절반이 재정 수입의 10% 이상을 이자 비용으로 부담하고 있다. 이자 비용 10%는 사실상 지방정부가 부담할 수 있는 한계점일 것이다. 코로나 봉쇄와 부동산 침체로 세금과 토지 판매 수익이 감소했기 때문이다. 특히 중국 서부의 란저우(兰州)와 남부의 구이린(桂林) 두 도시는 2022년 재정수입 대비 이자 비용이 113%에 달했다. 후저우(湖州) 58%, 쿤밍(昆明) 55%, 청두(成都) 53%, 톈진(天津)은 43%에 달했다. 참고로 LGFV는 지방정부 자산을 담보로 자금을 조달해 인프라 투자를 수행하는 국영 특수법인

이다. 실체는 국유기업이지만 부채가 지방정부 계정으로 잡히지 않아 '숨겨진 부채'로 꼽힌다.[36]

　　그나마 중국 금융시장이 폐쇄적이기 때문에 중국 정부는 이번 부채 위기에 적극적으로 개입(재정 투하, 통화 방출, 금리 인하)해 서둘러 봉합하려 할 것이다. 중국은 현재 65% 수준인 도시화 비율을 지속적으로 높여야 부동산 시장이 안정된다. 그러나 그만큼 중앙정부와 지방정부의 부채는 빠른 속도로 늘어갈 것이다. 중국의 GDP 대비 재정적자는 중앙정부와 지방정부를 합쳐 50% 내외로 알려져 있다. 그러나 LGFV에 숨겨놓은 것을 정부 부채로 인정할 경우 무려 98%에 달한다. 시장 논리에 맞게 경제가 정상적으로 가동하게 둘 수 없는 중국식 사회주의적 시장경제의 한계다. 이 한계를 극복하기에는 많은 시간과 더 강한 통제 밖에 달리 대안이 없어 보인다.

교육 양극화: 맹모(孟母)의 자녀와 버려진 청소년

중국의 학력 인플레는 매우 심각하다. 2022년 기준 1년에 1,075만명이 대학을 졸업한다. 사상 최대다. 학부 졸업생에는 본과 이상 422만명, 전과(專科) 졸업생(기술분야 등 전문대 이상 고등교육 과정) 이상 654만명이 포함된다. 대학 졸업생 1,075만여 명에서 진학 수요 등을 제외하더라도 해외 유학생 100여 만명, 여기에 취업 재수생 등까지 더하면 2022년 일자리를 찾는 취준생 구직 노동자만 최소 약 1,600만명이 될 것으로 추정된다. 학력 인플레는 자녀의 출세를 바라는(望子成龙) 맹모(孟母)의 마음이 중국 전역에 확산된 결과다.

맹자 어머니의 후예답게 중국 부모들의 교육열은 매우 뜨겁다. 자녀가 1명이고 소득이 높아진 결과다. 대졸자의 실업이 급증하는 가장 큰 이유는 대학 졸업자가 너무 많기 때문이다. 또한 한국과 마찬가지로 대학 졸업생과 산업현장에서 요구하는 인재상의 차이가 크다. 이른바 인재의 '미스 매칭'이 발생하고 있는 것이다. 엄청난 수의 졸업생이 쏟아져 나오는데 정작 기업들은 인재 부족을 호소하고 있다. 또한 이들은 자신이 졸업한 대학이 있는 대도시에 머물려고 한다. 고학력자의 대도시 집중현상은 추후 크게 문제가 될 것이다.[37]

도시에 비해 농촌 지역의 교육 문제는 더 심각하다. 스콧 로젤과 내털리 헬은 중국의 농촌 교육에 집중해서 중국의 미래를 예측했다. 이들의 연구를 요약하면 현대 디지털 시대의 기본적인 교육에 최소 12년이 필요하다고 한다. 지금 시대에 필요한 노동자는 디지털 기기의 생산자인 동시에 소비자이기 때문에 고교 수준 이상의 교육이 필요하다. 로젤과 헬은 고교 취학률이 50%를 넘지 못하면 어떤 국가도 고소득 국가에 도달하지 못했다고 주장한다. 불편한 진실은 중국 노동력의 70%가 비숙련 상태이고 중학교 이하 교육을 받았다는 사실이다. 물론 고등학교 교육을 받은 30%, 대학 교육을 받은 12.5%는 문제없이 잘 살겠지만 중국에서 계층 이동의 사다리는 매우 허약해졌다.[37]

계층 이동 사다리가 사라지면 범죄율이 올라간다. 중국은 남녀 성비 불균형이 한국만큼이나 심각하다. 2000년 기준 여아 100명당 남자 아이가 120명 정도 태어났는데, 이들이 사회로 쏟아져 나오고 있다. 가장 인구가 많은 농촌 지역의 경우 영양 결핍으로 인해 아이들의 지적 수준이 도시 아이에 비해 낮다고 한다. 교육 차별화에 따른 사회의 이중 구조가 정착되고 있는 것이다. '소황제'로 편안하게 성장한 아이들도 있지만 과도한 경쟁에 지친 많은 중국 청년 세대는 '자포자기족' 세대로 변하고 있다. 2021년 중국 청년들 사이에서는 평평하게 드러누워 살자라는 의미의 '탕핑(躺平) 운동', 사회가 썩도록 내버려두겠다라는 의미의 '바이란(擺爛)'이라는 유행어가 등장하기도 했다. 일본의 극장화 현상, 한국의 냉소적인 청년세대와도 유사하다.[38]

소프트 파워를 키울 수 있을까?

소프트 파워(soft power)는 하드 파워(hard power)의 대응 개념으로 강제력보다는 자발적 동의에 의해 얻어지는 능력으로 교육·학문·예술·과학·기술 등 문화와 연관된 힘을 일컫는다. 소프트 파워는 다른 국가를 자발적으로 패권국 문화에 동화시킨다. 미국과 아무 관계없는 국가에서 미국의 예술, 음식, 생활 방식이 일반화되는 것은 미국 소프트 파워의 역할이다.

중국은 주로 하드 파워 중심의 대외정책을 고수해오고 있다. 나는 2023년 6월 중반 중국을 방문해서 외교부, 전인대(한국의 국회), 다양한 싱크탱크 관계자들과 면담을 나눴다. 이들은 중국은 다른 국가를 침략하지는 않겠지만, 자신들의 이해가 침해당했을 경우에는 강력히 응징하겠다는 얘기를 반복했다. 성장한 경제력과 군사력을 바탕으로 공세적인 외교를 지향하는 중국식 전랑(戰狼) 외교를 지속하겠다는 의미다. 전랑 외교는 전형적인 하드 파워다. 이 회동에서 나는 '당신들

은 하드 파워 기반의 외교로 일관해서 다른 국가의 반발을 사고 있다'
면서 소프트 파워 중심으로 외교 정책을 전환하면 좋을 것 같다고 조
언을 했다. 그러나 중국의 한계는 내세울 만한 소프트 파워가 거의 없
다는 점이다. <u>소프트 파워는 민주주의를 자양분으로 삼기 때문에 소
프트 파워를 내세우면 혹시 공산당 체제에 부담이 될지 모른다는 우
려를 읽을 수 있었다.</u>

오랜 기간 지속된 강력한 내부 통제의 후유증도 엿보였다. 해외
로부터 정보가 검열 혹은 차단되면서 글로벌 변화에 대한 이해도가 낮
은 편이다. 중국 스스로 창의적 생각을 억제하는 것이 아닐까 할 정도
로 폐쇄적 인상을 받았다. 소프트 파워가 자라날 수 없는 척박한 환경
이었다.

중국의 소프트 파워가 부족한 것은 역사적 단절도 중요한 이유
다. 중국은 대약진운동과 문화대혁명(1966~1976년) 기간에 모든 대학과
대부분의 인문계 고등학교가 문을 닫았었다.[39] 그 이후에도 중국 민족
주의와 공산주의 교육이 대부분 인문교육을 대체했다. 인문학적 교육
이 전무했던 계층이 지금의 중국을 끌고가는 리더 그룹이거나 부유층
이다. 사회 전체가 하드 파워를 선호할 수밖에 없는 구조다. 이들이 진
정 원하는 것은 소프트 파워가 아니라 아마도 '머니 파워'일 것이다.

선진국에 가까워질수록 소프트 파워에 대한 갈망이 커진다. 자
유롭게 해외여행에 나서거나 다양한 정보에 접근하고자 하는 욕망이
커진다. 특히 사회 상류층일수록 이런 경향이 강하다. 세계 경제 2위,
인구 2위 국가인 중국에서 백만장자들이 탈출하고 있다. 투자이민 전

문기업 헨리 앤 파트너스(Henley & Partners)에 따르면, 2023년 1만3천명 이상의 백만장자가 중국을 떠날 것으로 예상했다. 또한 이런 현상이 지난 10년 동안 계속되어온 것으로 분석되었다. 중국을 떠나는 부자들은 호주, UAE, 싱가포르, 미국, 스위스, 캐나다 등지로 향한다고 한다.[40]

진짜 패권은 소프트 파워로 얻는 것이다. 소프트 파워는 자발적으로 상대국을 굴복시키고, 국내적으로 단결을 유지하는 원동력이다. 그런데 중국은 하드 파워라는 단 한 가지 무기만 사용할 수밖에 없는 형편이다. 소프트 파워는 민주주의, 자본주의와 한 팀을 이뤄야만 효과를 발휘한다. 그러나 중국은 민주주의와 자본주의 이념을 동시에 사용할 수 없다. 만일 중국의 경제성장이 성장의 한계에 부딪치거나 혹은 대만과의 전쟁에서 큰 피해를 입을 경우 하드 파워 중심의 중국은 국제사회로부터 고립될 위험성이 높다.

홀로서기

경제성장이 멈추면 중국은 넘어진다. 안정적 경제성장을 위해서는 사회 안정이 우선이다. 흔히 중국을 야당, 언론, 노조가 없는 3무(3無) 국가라고 하는데, 이 3무 현상은 국가가 미성숙 단계에 있을 때 국가를 효율적으로 운영할 수 있게 한다. 일방통행으로 전진만 하면 되기 때문이다. 야당, 언론, 노조는 국가와 사회가 합리적으로 그리고 자율적으로 가동되도록 하는 윤활유와 같은 것이다. 윤활유 없이 가동되는 엔진은 조만간 폭발한다. 3무 상태가 지속된다는 것은 사회가 폭력에

의해 가동되고 있음을 보여주는 증거다.[41]

지금까지 중국의 성장은 미국 등 선진국 기술을 다양한(?) 방식으로 베끼거나 흡수한 것이다. 독자적으로 성장한 것이 아니라 해외 의존적으로 성장한 것이다. 지난 20여 년간 미국은 테러와의 전쟁이나 내부 문제로 중국의 과속 성장을 방조했다. 그러나 지금 미국 진영의 강한 견제가 거의 전쟁 수준으로 시도되고 있다. 이는 내부 역량이 부족하고 고속 성장의 후유증이 서서히 나타나고 있는 중국에게는 큰 도전이다. 중국 공산당은 중화인민공화국 출범 100주년이 되는 2049년에 세계 최고 국가를 지향한다. 물론 2049년에도 공산당이 정권을 유지해야 한다는 가장 중요한 전제조건을 충족해야 한다. 지금부터 중국 혼자의 힘으로 2049년에 세계 최고 국가가 될 수 있을까?

만일 홀로서기가 불가능하다면 미국이 보유한 패권을 가져오는 것이 유일한 방법일지도 모른다. 공산당 입장에서는 구조적인 내부 문제를 해결해서 선진국에 오르는 홀로서기는 위험하고 성공 가능성도 낮다. 차라리 미국의 패권적 이익을 탈취해서 중국식 독점시스템을 구축하는 것이 최고의 방법일지 모른다. 달리 대안도 없다. 결국 중국의 홀로서기 여부가 미-중 패권전쟁의 방아쇠를 잡고 있다.

8장

수축사회에 도착한 나라들 1: 일본

●

나는 2014년 《세계가 일본된다》란 책을 통해 일본의 침몰과 수축사회의 세계적 확산을 예고했었다. 일본은 지난 30년간 '잃어버린 10년', '20년'을 지나 지금은 '30년' 타이틀까지 넘겼다. 한 나라가 무려 33년간 국가 운영의 방향이 흔들린 경우는 근대 이후 역사에서 찾기 어렵다. 위기에서 탈출하거나 아예 무너지던가 어떤 결론에 도달하는 것이 상식적이다.

일본의 장기 침체는 일본이 수축사회에 완전히 진입했기 때문이다. 일본은 이 30년간 웬만한 정책은 모두 사용해봤지만 별 효과가 없었다. 물론 아베의 무리한 정책이 요즘 효과를 보는 듯하지만 단기적인 진통제 효과로 보인다.

이제 많은 국가들이 일본의 뒤를 따르고 있다. 유럽뿐 아니라 중국마저 일본형 수축사회를 점치는 기사가 많아졌다. 수축사회에 빠지면 어떤 현상이 벌어지는지, 탈출하기 위해서는 어떤 노력이 필요한지 일본을 통해 살펴보자.

일본은 한국의 미래일까?

일본이 수축사회에 도착했음을 알려주는 뉴스는 거의 매일 발견된다. 한국의 미래를 보여준다는 해설이 꼭 첨부되기도 한다. 2022년부터 언론 혹은 책에서 발견한 일본의 충격적 상황을 살펴보자. 1부에서 살펴본 수축사회의 특징이 고스란히 실제 상황으로 나타나고 있다. 기사 제목을 곱씹어보면서 한국의 미래가 지금의 일본일지 상상해보자.

- 일본 지자체 캐비닛에는 무연고 유골이 6만구나 있다고 한다. 인수할 상속인이나 친척이 없기 때문이다.[42]

- 1908년 형법 제정 이후 처음으로 형무소 수감자 중 노인 비중이 급속히 증가하자, 노역 대신 '기능향상 작업'이라는 일종의 재활훈련 형태로 수감자를 복역시킬 예정이다. 전체 수감자의 1/4이 65세 이상 고령자이기 때문이다.[43]

- 인공림 면적의 절반이 수령 50년을 넘었다. 나무는 수령 30~40년일 때 가장 왕성하게 광합성을 하면서 이산화탄소를 많이 흡수한다. 삼림의 고령화가 진행되면서 2019년 일본의 삼림이 이산화탄소를 흡수하는 양은 정점이었던 2014년보다 20%나 줄었다.[44]

- 전문가들은 인프라의 수명을 50년으로 본다. 2033년이면 일본 전역의 자동차용 교량 가운데 63%, 수문 등 하천 관리시설의 62%, 터널의 42%가 수명에 도달한다. 2018년 5조2천억엔이었던 인프라 보수비용이 2050년이면 2배 이상 늘어날 전망이다. 앞으로 30년간 보수공사에 280조엔이 필요할 것으로 예상된다. 일본 GDP의 절반이 넘는 액수다.[45]

- 대기업이 자본금을 줄여 중소기업으로 전환하는 경우가 많다고 한다. 일명 '벤자민 버튼 증후군'이라고 하는데, 자본금이 1억엔 미만

수축사회 2.0: 닫힌 세계와 생존 게임

이면 중소기업으로 분류되어 세금 등 각종 혜택이 많기 때문이다.[46]

- 인구 감소로 도쿄 주변의 신도시 지하철 라인인 오다큐선은 초등학생 요금을 90% 내렸다. 서울의 반값 수준이다.[47]

- 2022년 지방정부들은 800만 채가 넘는 빈집 해소를 위해 세제 혜택을 철회하거나 새로운 세금(빈집세)을 부과하려 한다.[48]

- 가족 내 주된 간병인은 딸이 20.4%, 아들이 17.8%, 또 며느리는 13.2%다. 며느리의 간병은 2001년 31%에서 빠르게 줄어들었다.[49]

- 일본 관공서에서 문서를 입력하는 방법은 전체 기초지자체 숫자와 같은 1,718개라는 비아냥이 있다.[50]

- 일본 외무성이 팩스를 없애자 외교가에서 축하 만찬을 열어줬다고 한다. 2022년 6월 23일 거의 모든 업무에서 팩스 대신 메일로 100% 업무가 이관되었다고 한다.[51]

- 일본 정부는 공무원 주 4일제 근무를 추진하면서 주 38시간 근무시간은 유지할 방침이다. 2023년 국가공무원종합직(한국의 행정고시) 응시자 수가 10년 새 30% 가량 줄어들었기 때문이다.[52]

역사상 최초로 수축사회에 진입한 일본

일본은 2번의 성공 이후 지금은 2번째 실패를 겪고 있는 국가다. 첫 번째 성공은 1868년 메이지유신부터 1920년대 말(대공황 이전)까지다. 당시 일본은 비서구 국가 중 유일하게 세계적인 강대국 진입에 성공했다. 청나라, 러시아와 싸워 이겼고, 1차 세계대전에도 참전해서 승전국 반열에 올랐다. 그러나 1930년대의 세계 대공황을 피할 수는 없었다. 일본은 경제가 어려워지자 침략국가로 변신했다. 1931년 만주사변, 1937년 중일전쟁 등을 통해 공황 탈출을 시도했지만 여의치 않았다. 결국 당시 최강국인 미국을 직접 공격했지만 패배했다. 패전 후 일본은 미국의 도움으로 한국전쟁 후 1955년부터 다시 2번째 성공가도를 달린다. 그러나 1990년 버블이 붕괴된 후 33년째 두 번째 실패를 겪고 있다.

2번의 성공과 2번의 실패

개항(1854년) 후부터 계산해 약 170년 동안 성공과 실패를 2회 반복한 국가는 일본이 유일하다. 독일도 비슷하지만 2차 세계대전 이후 지속적으로 성장했기 때문에 논외로 해야 한다.

개항으로 세계와 더 긴밀히 연결된 19세기 중반의 일본은 산업혁명이 태동한 시기의 유럽과 사회 여건이 비슷했다. 역사 발전 측면에서 보면 근대성을 어느 정도 확보한 상태에서 개항을 맞은 것이다. 막부시대에는 제한적이기는 하나 서구 문물을 받아들여 산업혁명의 기틀이 다져졌다. 도쿠가와 막부 초기에는 서양과의 교류를 엄격히 통제했지만 과학기술의 도입은 제한적으로 허용되었다. 뉴턴의 '만유인력의 법칙'이 전해졌고, 의학, 물리학, 화학과 같은 학문용어, 인력, 중력, 분차, 속력 등의 과학용어도 당시에 만들어져 지금은 한자문화권에서 공통적으로 사용되고 있다. 개항 이전 거의 300여 년에 걸쳐 화폐의 사용이 확산되면서 시장경제의 토양이 조성된 점도 특기할 만하다. 바로 이 점이 한국이나 여타 개도국들과 완전히 다른 일본만의 기초 여건이다.[53]

첫 번째 실패인 미국을 공격한 2차 세계대전은 투키디데스의 함정에 가깝다. 지배계층의 오판을 원인으로 볼 수 있는데, 만약 일본이 2차 세계대전에 참전하지 않고 미국에 굴복 혹은 협조했다면 어떤 결과가 만들어졌을까? 흥미로운 상상이다. 우여곡절을 겪기는 했겠지만 중국의 부상을 막고 확실하게 아시아의 패권국이 되었을 가능성도 있다. 리더 그룹의 판단은 이렇게 국가의 운명을 좌우한다.

반면 1990년 이후의 두 번째 실패는 리더 계층과 국민 모두의 집단적인 실패로 봐야 한다. 1985년 플라자합의로 엔화 가치가 급상승했다. 이후 자산 버블이 발생했을 때 제대로 대응하지 못한 것이 두 번째 실패 원인이다. 일본이 수축사회에 본격 진입한 것은 버블이 무너지고 4~5년이 지난 1990년대 중반부터다. 당시 일본은 투자가 줄고, 산업 전반에 공급과잉이 확산되었다. 출생률 감소와 고령화, 지방 소멸이 동시에 발생했다. 당시 일본은 단편적 대응만 반복했다. 금리를 내리고 돈을 풀고 열심히 일하자고 구호만 외쳤다.

리더의 실패

1990년 버블 붕괴 후 고이즈미 총리가 부임하는 2001년까지 일본의 총리는 11년간 8명이나 된다. 고이즈미 이후 2006년부터 아베가 재집권한 2012년까지도 6년 간 6명의 총리가 나왔다. 총리가 아무리 뛰어난 역량을 가졌더라도 도저히 능력을 발휘할 수 없는 시간이었다. 당연히 정책의 일관성도 유지될 수 없었다. 위기 수습의 골든타임에 리더십이 실종된 것이다.

'잃어버린 20년'째가 되는 2010년대부터는 아베가 등장하면서 군국주의화로 길로 들어선다. 일본 전문가 유민호는 《일본 내면 풍경》에서 일본의 우경화 현상을 단순히 아베 총리 등 몇몇 정치인의 정치 구호가 아니라, 일본어로 '쿠키'(공기, 空氣)라 부르는 사회 분위기 자체가 전체주의화하고 있다고 지적했다.[54] 고등학교 야구팀 선수 중 빡빡머리 학생 비율이 1998년 31%에서 2008년 69%로 늘었다고 한다. 초등학교 운동회에 2인 3각 경기가 부활하는 등 일본 사회 저변이 개인보다 전체를 우선하는 전체주의화를 강요했다.

버블이 붕괴된 1990년대에는 버블의 형성과 붕괴에 대한 인식이 부족했다. 일단 총리를 바꿔보고, 바뀐 총리는 추경 예산을 편성하는 등 몇 가지 경기 부양책을 내놓는 수준에 그쳤다. 일본은 사회의 근본적인 전환에 대한 인식이 없었다. 단지 돈을 풀기만 하면 경제와 사회가 고성장기로 회귀할 것으로 생각했다. 30여 년간 일본사회는 선도적인 혁신이 전혀 나타나지 않고 역사에 끌려갔다. 버블 붕괴에 따른 부실 채권 정리가 무려 11년 이상 지난 2001~2006년에 완료된 것을 보면 얼마나 안일하게 대응했는지를 보여준다. IMF 위기 당시 한국의 부실채권 정리가 2~3년 만에 어느 정도 마무리된 것과 비교된다.

오직 '돈'으로만 위기 탈출 시도

버블 붕괴 초반 국면인 1990년대 전반부에는 금리를 빠르게 내리면서 대응했다. 5~6%대였던 금리는 불과 5년 만에 제로(0) 수준까지 낮아진다. 저금리 약발이 먹히지 않자 당시부터 지금까지 약 25년 이상 재정 투자를 늘리는 경기 부양책이 진행된다. 이 기간중 이른바 '토건족'이 나타나서 불필요한 사회간접자본(SOC) 건설이 늘면서 재정을 악화시켰다. 일본 정부는 재정을 통한 경기 부양으로 1993년부터 매년 20~40 조엔 정도를 투하했다. 일본의 GDP가 400조엔대이니 매년 GDP의 5~10% 정도를 재정적자를 통해 경기 부양에 사용한 것이다. 국가를 새롭게 재편하려는 장기전략 없이 국가 재정만 탕진한 것이다. 물론 지

[그림 2-5] 30년간 지속된 일본의 경기 부양책

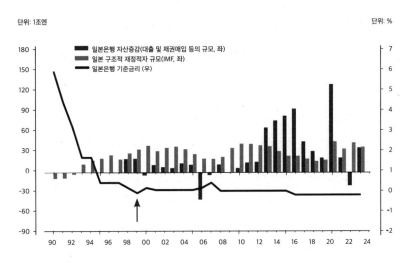

자료: 일본은행

금도 현재진행형이다.

일본의 자산 가격은 아직까지 1980년대 말 가격 수준을 회복하지 못하고 있다. 특히 부동산 가격 하락이 심각하다. 6대도시 주택가격지수로 보면 1990년 3분기 말부터 급락해서 2005년 상반기까지 75% 이상 하락했다. 15년에 걸쳐 반등 없이 계속 집값이 하락한 것이다. 그림 2-6에서 보듯이 이후에도 주택가격은 큰 변화가 없다. 예를 들어 1990년 10억원에 구입한 지방의 단독주택 부지 가격이 2005년에 2억 5천만원까지 내린 후 지금은 3억원 정도의 시세로 거래되고 있는 것과 비슷하다. 더군다나 전체 주택의 20% 이상이 빈집이다. 다만 지방 소멸과 지역 양극화로 도쿄 23구 등 중심지 가격만 올랐다.

주가 역시 비슷한 궤적을 그려왔다. 그러나 과감한 아베의 재정정책으로 2012년부터 반등세로 돌아선 후 1980년대 말 수준에 근접하고 있다. 여기서 한 가지 주목할 점이 있다. 1980년대 말 일본 증시를 주름잡던 기업들 중 많은 기업들이 도산했거나 유명무실해졌다. 반면 새로운 기술기업들이 상승세를 타면서 만들어낸 주가가 현재의 주가다. 1980년대 말~1990년대 초반에 투자했던 투자가들은 엄청난 손실이 발생했을 것이다. 부동산 부양은 고령화 등 구조적 요인이 커서 단기 정책의 약발이 먹히지 않는다. 따라서 일본은 주가 부양에 온갖 노력을 기울여왔다. 일본 정부를 비롯해 증권거래소 등은 도요타, 소프트뱅크 등 대기업에게 주가를 부양하라고 요청한다.[55] 일본 중앙은행 역시 지금도 엄청나게 주식을 사들이고 있다. 상식적으로 있을 수 없는 상황이 10여 년째 이어지고 있다.

[그림 2-6] 일본의 지가, 주가 추이

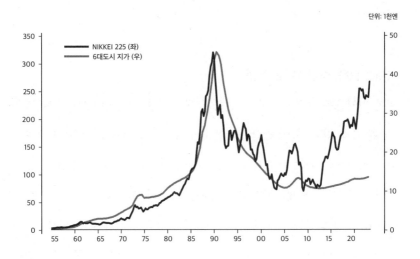

단위: 1천엔

*2000년=100
자료: 일본은행

　잃어버린 30년 동안 부동산과 주가는 폭락하고 월급도 오르지 않았다. 그렇다면 이 기간 중 일본 사람들은 불행했을까? 꼭 그렇지는 않았다. 그 이유는 물가가 거의 오르지 않았기 때문이다. 주택 소유자는 손실이 컸지만 신규로 집을 마련하는 사람은 오히려 값싸게 집을 마련할 수 있었다. 일본인들은 저축도 많았다. 풍부한 예금이 있었기 때문에 임금이 오르지 않더라도 소비만 약간 줄이면 된다. 흥분하거나 실망하지 않고 최소한의 소비만 하면 표면적으로 안정적인 것처럼 보인다. 국민 전체가 초식남(草食男) 혹은 식물인간이 된 것이다. 일본인의 삶의 패턴이 수축사회 형태로 바뀐 것을 상징적으로 보여준다. 중세시대 수도원 같다는 비유는 어떨까? 일본인들은 이렇게 30년을 살아왔다.

미래는 없다, 혁신보다는 생존

일본 기업들은 플라자합의 후 엔화 강세로 수출 채산성이 크게 낮아졌다. 엔-달러 환율이 1달러당 150엔 수준에서 80~90달러가 되니 수출이 어려워졌다. 미일 반도체 협정으로 반도체산업도 몰락했다. 소니, 도시바, 산요와 같은 세계적인 가전업체는 아무리 비용을 줄여도 생존이 어려웠다. 이 위기를 제대로 돌파한 기업은 자동차 기업인 도요타와 자동차 부품업계 그리고 일본이 글로벌 강점을 지닌 소재, 부품, 장비 업종만이 유일하다.

버블기에 일본 기업들은 버블에 동참한 원죄가 있다. 1980년대 일본 기업들은 풍부한 자금으로 부동산과 주식투자에 열을 올렸다. 그러나 주식은 1990년, 부동산은 1991년부터 장기 침체에 들어가면서 기업들은 큰 손실이 발생한다. 당시 상황을 노무라증권의 애널리스트였던 리차드 쿠(Richard Koo)는 대차대조표 불황(balance sheet recession)이라고 표현했다.[56] 대차대조표 불황이란 차변과 대변이 항상 일치해야 하는 재무제표에서 부채(대변)는 변함이 없지만 차변에 있는 자산(주식, 부동산)의 가격이 장부 가치보다 하락한 것을 말한다. 2023년 미국 실리콘밸리은행(SVB)의 파산과 유사하다고 보면 된다. 부채(예금)는 변함이 없는데 투자한 채권(자산) 가격이 폭락하자 투자자들이 대규모로 예금을 인출한 것이다. 1990년대 일본 기업에서는 일반적 현상이었다.

기업이 부실해지니 자금 조달이 쉽지 않아졌다. 당연히 미래를 위한 투자보다는 소위 '개선'(改善, 가이젠)이라고 하는 작은 수준의 비용 축소에 매달렸다. 사회 전체적으로 근본적인 혁신이 부족해진 것이다. 또한 금융기관이 주요 대기업의 최대 주주인 소위 '금융자본주의' 국가인 일본의 특성 때문에 한계사업을 과감히 청산하거나 신사업을 M&A 하기도 여의치 않았다. 1990년대부터 21세기 초반까지 일본의 금융기관 역시 존폐의 위기에 쌓여 있었기 때문에 <u>더 많은 미래의 수익보다는 현재의 안전을 선호했다.</u> 투자 혹은 대출을 해준 기업들의 적극적인 경영도 달가워하지 않았다.

그렇다면 당시 기업 경영자가 취할 수 있는 정책은 뭘까? 한마디로 혁신보다는 구조조정이다. 성장보다는 생존이었다. 방법은 투자를 줄이고 종업원을 줄이는 것이었다. 때맞춰 기업 경영의 자유를 강조하는 미국식 신자유주의가 확산되면서 일본이 자랑하던 종신고용제를 계약직제로 바꾸기 시작했다. 이런 분위기는 대기업만의 문제가 아니라 사회 전반으로 확산된다. 물론 관료 계층도 마찬가지다. 2023년 6월말 코로나 이후 초단기 일자리 아르바이트로 생겨난 일명 '스팟 워커'(Spot Worker)가 1천만명을 넘어섰다는 보도가 있었다. 디지털 시대에 일본이 적응한다고 볼 수도 있지만 종신고용제를 기반으로 나름 안정적이었던 일본 사회가 본격적으로 유동화되고 있다는 해석도 가능하다.[57]

일본도 대기업에 근무하는 사람들은 고학력 엘리트 비중이 높다. 이들의 삶도 빠르게 바뀌고 있다. 회사가 언제 도산할지 모르니 임금이 정체되어도 불만이 없고, 대신 개인 씀씀이를 줄인다. 마치 요즘 한국의 관료사회와 비슷하게 혁신보다는 생존, 성장보다는 오래 근무하는 것을 선호한다. 회사의 성장이 느려지면 승진도 늦어진다. '별다른 자기계발을 하고 있지 않다'라는 일본의 직장인 비율은 46%로 주요국 가운데 가장 높았다. 한국은 약 15%, 베트남은 2%에 불과했다.[58]

이런 과정을 거치면서 일본 사회는 스스로 침몰했다. 버블 붕괴 후 1990년~2008년까지 잃어버린 20년이 진행되는 동안 일본이 진짜로 잃어버린 단어는 '미래'다. 미래가 안보이면 의욕이 상실된다. 2008년 글로벌 금융위기 이후 아베를 비롯한 일본의 리더 그룹들이 일본을 되살리려는 많은 대안을 마련했지만 모두 실패했다. 그들이 만든 대안은 팽창사회식 해법이었고 현재중심적으로 생존에만 집착한 정책이었기 때문이다. 잃어버린 33년째를 지나 이제 '잃어버린 40년'으로 향하고 있다. 수축사회에 한번 빠지면 '잃어버린 ○○년'으로 진행되어 탈출이 거의 불가능하다. 유일한 해법은 수축사회에 들어서지 않는 것이다.

아베의 수축사회 돌파 작전

아베는 이런 모든 상황을 바꾸려는 전방위적 시도를 한 유일한 총리다. 일본인의 입장에서 좋아할 만하다. 나는 아베 이후 10여 년 이어진 일본의 정책을 수축사회 돌파를 위한 정책 실험으로 평가한다.

3개의 화살은 지금도 비행 중

2012년 2차 집권한 아베는 3개의 화살을 쏜다. 첫 번째 화살은 대담한 금융정책이다. 거의 무제한적으로 자금을 풀어서 디플레이션 탈출을 시도한 것이다. 두 번째 화살은 과감한 재정정책이고, 세 번째 화살은 경제에 활력을 높이려는 투자 촉진책이다. 재미있는 것은 아베가 날린 세 개의 화살과 코로나 국면에서 실시된 각국의 경기 부양책이 거의 유사하다는 점이다. 우스운 얘기지만 아베가 세계에 끼친 가장 큰 업적은 코로나 대응방안을 미리 마련하고 실험한 것이 아닐까? 아베가 날린 3개의 화살은 10년 이상 표적을 향해 지금도 비행중이다. 표적과의 거리는 잘 좁혀지지 않는다. 2014년 나는 결국 아베가 날린 화살이 실패할 것으로 예상했다.[59] 당시 일본 침체의 원인을 디플레이션, 이 책의 용어로 바꾸면 수축사회로 봤기 때문이다.

디플레이션이 발생하면 물가, 금리, 경제성장률 등 거의 모든 경제 지표가 장기간 하락한다. 유일하게 오르는 경제지표는 실업률이다. 1990년대 수축사회에 대한 대응이 실패로 끝난 후 21세기에 들어서자 일본은 더 다양한 정책을 시도한다. 가장 중요한 것은 <u>먼저 일본 사람들의 도전 의식을 고취하는 것이었다.</u> 때맞춰 출범한 미국의 신보수주의 정권과 일본 우파가 연합했다. 핵심은 헌법 개정을 통한 '정상국가화' 추진이었다. 군사 재무장을 추진하고 미국과 동맹을 강화하면서 동아시아를 넘어서려는 야욕을 내비치기 시작했다. 현재의 무기력한 삶을 저항 없이 받아들이고 있던 일본인들에게 과거 군국주의 이념의 부활은 심리적인 자극제가 되었다. 오바마 정부 때부터 일본은 중국 견제라는 현실적 과제와 더불어 국내 정치용으로도 군국주의가 필요해졌다. 최근 중국 견제의 핵심 전략인 인도-태평양 전략은 일본이 만든 관점을 10여 년에 걸쳐 미국에 주입한 것이다.[60]

일본은 우선 저물가·저금리·저성장에서 탈출해야만 했다. 3개의 화살이 목표로 삼은 것은 물가와 금리를 올리는 것이다. 역사상 그 어떤 나라도 물가와 금리를 올리는 것이 정책 목표였던 나라는 없었다. 암암리에 이 정책을 시행하던 일본은 아베 정권부터 강력하게 정책 드라이브를 걸었다. 금리나 물가가 적정 수준이 되어야 창업과 투자가 활성화된다고 판단했기 때문이다. 30년간 임금, 금리, 물가가 제자리에 있게 되면 투자해서 수익을 내기 어렵다. 어떤 방식이든지 가격이 올라야만 경제가 재가동될 것으로 판단했다.

1990년대 중반부터 미국, 독일, 프랑스의 임금은 2배 이상 올랐다. 반면 일본은 거의 20년간 제자리걸음이었다. 아베는 기회가 있을 때마다 기업인을 만나서 임금을 올리라고 주문했다. 일부 기업인들은 수상이 만나자고 하면 해외 출장을 핑계로 도망치는(?) 사례도 있었다고 한다. 한술 더 떠 2023년 초 기시다 총리는 임금 인상에 정권의 명운이 달렸다면서 임금 투쟁을 장려하는 관제 춘투(임금 인상 투쟁)를 지원하기도 했다. 일본 최대 경제단체인 게이단렌(経団連)도 물가상승에 뒤처지지 않는 임금 인상을 요청했다. 한국의 전경련이나 경영자 총연합회와 같은 단체가 임금 인상을 요구하는 황당한 상황이 일본에서 벌어지고 있다.[61]

국가 부채의 덫에 걸려 있는 나라

아베가 시도한 정책들은 2023년에도 현재진행형이다. 물론 일정 부분 성공한 정책도 있다. 무제한의 돈풀기 정책은 물가 상승과 엔화 약세로 어느 정도 목표를 달성했다. 1990년대 초반 1달러당 80엔대였던 엔화 환율은 2012년까지 별 변화가 없었다. 그러나 지금은 140엔대를 돌파해서 일본 중앙은행이 외환시장에 개입하기도 했다. 주가가 오르면서 물가도 상승 중이다. 3개의 화살이 과녁을 맞힌 것일까? 나는 아직 동의할 수 없다.

일본의 정부 부채는 세계 최고 수준이지만 초저금리로 잘 버텨 왔다. 또한 정부 채권을 일본 투자가들이 거의 보유하고 있기 때문에 외환위기 가능성도 낮았다. 그러나 상황이 바뀌고 있다. 코로나 이후 글로벌 금리가 높은 수준으로 상승했다. 2022년 9월말 기준 단기채권을 제외한 일본의 국채 발행 잔액은 1,065조엔이다. 국가채무 잔액은 2022년 말 기준 일본 GDP의 약 230% 정도다. 지구상 어떤 국가도 이렇게 나라 빚이 많은 나라는 없다. 한국은 50% 정도인데도 국가 부채를 걱정하는 모습을 일본인이 보면 참 한가하다고 할 것이다.

국가채무인 1,065조엔의 이자 부담은 얼마나 될까? 일본의 금리는 30여 년간 거의 제로(0) 수준이었기 때문에 이자는 큰 부담이 되지 않았다. 채권을 발행한 일본 정부는 현재의 금리와 무관하게 발행 당시 금리로 이자를 지급하기 때문이다. 과거에 0.1%로 발행된 국채는 현재 금리가 아무리 올라도 0.1% 이자만 주면 된다. 2023년 기준 국채 원금 상환과 이자 지급으로 전체 세출의 20% 수준인 24조엔 정도를 부담하고 있다. 1998년에는 16조엔, 2008년에는 20조엔, 2020년에는 22조엔에서 소폭 늘어났다.

그러나 시간이 흘러 과거 초저금리로 발행된 국채가 모두 만기 상환된 이후를 가정해보자. 그렇다면 당시 금리가 중요하다. 예를 들어 10년 후인 2033년까지 연평균 국채가 2%씩 늘어나면 당시 국채는 1,344조엔이 된다. 여기에 자연이자률에 해당하는 2% 금리 수준이 된다면 국채이자로만 연간 27조엔 정도가 된다. 물론 만기가 긴 채권이 있기 때문에 실제 이자 지급은 그렇게 많지는 않을 것이다. **만일 3개의 화살 정책이 성공해서 일본 경제가 정상화되어 정상국가화 된다면 일본의 금리는 지금보다 크게 상승할 것이다.** 이때 국채 이자 부담을 어찌 감내할까?

일본 내각부는 2025년말 국채와 지방채 규모가 1,250조엔에 달해서 2026년 전체 예산의 30%를 국채의 원금과 이자 지급에 사용할 것이라고 예상했다. 이중 순수 국채 이자만 11조5천억엔으로 추정했다. 그러나 이 예산은 명목 국내총생산(GDP)이 매년 3% 증가하고, 물가상승률(CPI)이 2%를 유지한다는 예상에 근거한 것이다. 이 예상이 맞는다면 현재 사회보장비와 지자체 지원금 등 고정비가 전체 예산의 70% 이상 들어가는데 재정 유지가 가능할까? 경제성장은 어떻게 추진하고 방위비는 어떻게 조달할 것인가?[62]

3개 화살의 모순

일본 중앙은행은 전체 국채의 약 절반인 535조엔을 보유하고 있다. 중앙은행의 국채 보유 비율은 미국이 20% 내외, 유럽중앙은행(ECB)은 30% 수준이다. 일본은행은 주식도 사들이고 있다. 2023년 6월말 기준 일본은행은 전체 주식 시가총액의 4.5%, 38조엔을 보유하고 있다. 주식 매입은 주로 장 종료 직전 주가가 하락세일 때만 이루어진다. 이 결과 일본 주가는 버블 붕괴 후 최고 수준에 도달하고 있다. 물론 주가 상승이 전적으로 중앙은행의 주식 매수 때문만은 아니다. 민간도 자의반 타의반으로 자사주 매입에 열을 올리고 있다. 〈월스트리트저널〉에 따르면 일본 기업들의 자사주 매입과 배당금 합계는 2022년 23.6조엔으로 사상 최대를 기록했다. 2015년 15조엔, 2010년 6.8조엔에 불과했지만 매년 꾸준히 늘었다. 정부와 민간이 합동으로 자산을 매입해서 주가를 억지로 부양하고 있는 것이다. 그런데 정도가 너무 심하다. 이게 과연 정상적인 자본주의 국가의 모습일까?

이제 일본의 세출을 살펴보자. 어느 나라나 세출은 꾸준히 증가한다. 그러나 일본의 세출은 코로나 국면을 제외하고 거의 변화가 없었다. 표 2-2에서 보듯이 고령화 사회의 특성으로 사회보장비용과 지방교부금은 꾸준히 늘어났다. 반면 미래 성장을 위한 교육, 과학, 공공사업 등은 줄어들고 있다. 원인은 국채 비용에 있다. 다른 국가보다 국채의 원금 상환과 이자 비용이 과도하기 때문이다. 금리가 올라서 국채 비용이 급증하면 복지를 줄이든지 아니면 공공사업, 교육비용, 과학기술 투자를 줄여야 한다. 최근 일본은 패권전쟁에 참여하면서 적극적으로 방위비를 늘리려고 한다. 그러나 금리가 오르면 방위비 역시 늘리기 어렵다. 유일한 방법은 경제가 3~4%씩 빠르게 성장하는 것과 세금을 올리

[표 2-2] 일본의 세출 추이

단위: 조엔

	세출	국채비용	사회보장	지방교부금	공공사업	교육/과학	방위비
1998	78.5	16.3	15.5	15.5	10.5	6.3	5.0
2000	89.0	20.3	19.1	12.9	12.2	6.8	4.9
2005	86.9	18.3	20.4	16.6	8.9	6.3	5.0
2010	102.6	19.3	28.8	16.1	8.8	6.3	4.8
2015	99.0	22.5	30.5	17.0	6.4	5.6	5.1
2020	104.7	22.5	34.1	15.6	8.5	6.3	5.7
2021	175.7	23.0	44.2	16.0	9.3	9.4	5.7
2022	142.6	24.7	47.0	19.1	8.1	8.1	6.1
2023	110.3	24.3	36.3	15.7	6.1	5.4	5.4

*연도는 지면관계상 변화가 컸던 연도만 표기(표시가 안 된 년도는 이전 수치와 비슷)
자료: 일본은행

는 것이다. 일본은 30년간 이런 식으로 장기적인 전략 없이 예산을 방만하게 사용해왔다.

이미 일본은 세금을 올리기 시작했다. 1990년만 해도 10.6%이던 일본의 사회보장부담률은 2023년 18.7%로 늘어나서 G7 국가 가운데 프랑스(24.9%) 독일(23.7%)에 이어 세 번째로 높다. 세금, 연금, 의료보험 등을 합친 국민부담률은 46.8%까지 상승할 전망이다. 이미 소득의 절반을 세금 등 사회복지비용으로 부담하고 있는 것이다. 참고로 한국은 41.7%이다.[63]

수축사회 탈출의 기로

일본의 현재 상황을 쉽게 설명하면 중앙은행이 돈을 찍어내서 시중 곳곳에 풀어대고 있는 것이다. 금리를 낮게 유지하면서 대출해서 소비하라고 권하는 식이다. 비상식적인 경제정책을 쓰는 건 일본만이 아니다. 튀르키예도 일본과 비슷하게 비상식적인 정책을 도입했다. 튀르키예는 물가가 너무 올라서 서민 경제가 어렵다고 금리를 낮췄다. 그러자 물가가 더 오르고 환율이 폭락했다. 달러 사재기와 귀금속 등 현물 자산을 매수하거나 해외로 자금이 탈출하고 있다. 두 나라 간의 차이는 튀르키예는 아직 정상국가이고 일본은 수축사회라는 근본적인 차이가 있다고 봐야 한다.

버블이 붕괴된 1990년부터 일본에서는 일반적인 경제 이론이 전혀 먹히지 않는다. 돈을 뿌리면 물가가 올라가고, 부동산과 주식 등 자산가격이 오른다. 그러면 당연히 금리도 오르고 임금도 올라야 한다. 그러나 금리는 여전히 제로(0) 수준이다. 엔화 가치가 하락하면 수입 물가는 오르고 수출이 늘어나야 하지만 별 반응이 없다. 우리도 비슷한 경험을 했다. 코로나 기간인 2020~2022년 초반까지 세계는 어떤 경제 정책도 효과가 없었다. 그러나 코로나가 물러가자 다른 나라들은 물가가 오르면서 바로 정상화되었다. 대부분의 나라들이 2년 반 정도 걸렸는데 일본은 33년째 지속 중이다. 지금도 약발이 전혀 먹히지 않는 것으로 봐서 잃어버린 40년 아니 그 이상으로 진행될 듯하다.

짧게 보면 2023년 이후 일본 경제는 회복세를 보이고 있다. 드디어 물가와 금리가 오르고 있는 것이다. 일본 국내 분위기도 오랜만에 흥분하는 분위기다. 세계적 투자가인 워런 버핏은 일본의 종합상사인 미쓰비시상사 주식을 매입하기도 했다. 버핏은 일본의 부활을 신뢰하는 것일까? 한국의 주식 투자자들도 2023년 6월 기준 4조원 이상 일본 주식에 투자하고 있다. 일본 주식 투자가 늘어난 다른 이유는 배당금 증가 등 주주환원정책에 대한 기대가 크고, 반도체 장비 등 패권전쟁의 핵심기술을 가진 '소부장' 기업이 많기 때문이기도 하다. 아직 일본이라는 나라를 보고 투자했다고는 생각하지 않는다.

그런데 대가도 만만치 않다. 경상수지는 엄청난 적자이고 환율이 위험 수준이다. 중국에 이어 가장 많은 외환보유고를 기록하고 있는 일본이지만 최근에는 환율 안정을 위해 종종 달러를 팔기도 한다. 수축사회 탈출 가능성이 보이던 일본은 2023년 7월말 물가 상승 부담으로 장기 금리를 0.5%로 강제적으로 유지하는 완화 정책을 철회할 가능성을 시사했다. 고물가와 환율절하로 초저금리를 유지하기 어려워진 것이다. 수축사회에 진입한 <u>일본이 3개의 화살이라는 정책으로 수축사회 탈출의 해법을 제시할지 아니면 다시 주저앉을지 매우 흥미로운 시간이 다가오고 있다.</u> 나는 이런 상황이 2~3년 안에 결판날 것으로 예상하는데 결론은 실패로 귀결될 것이라고 조심스레 예측한다.

일본이 참전하는 이유

일본의 미래와 미-중 패권전쟁은 밀접한 관계가 있다. 나는 세 가지 시나리오를 예상한다.

먼저 최근의 회복세가 이어지면서 일본이 부활할 경우를 생각해보자. 그러나 일본이 부활한다는 것은 정상화로 가는 것이지 고성장 국가로 간다는 것은 아니다. 다만 국가가 지속가능한 정도가 되는 것인데, 그때도 미국과의 동맹이 필요하다. 여전히 일본 홀로 중국을 막아내기는 어렵다. 일본의 파워가 증대되면서 중국에게는 가장 큰 위협이 될 것이다. 패권전쟁에서 중국의 경솔한 행동을 제한하고 미국의 부담을 줄일 수 있다. 중국에는 최악, 미국에는 최상의 시나리오다.

두 번째는 반대로 회복세가 지지부진하지만 결정적인 위기 역시 발생하지 않는 교착상태가 장기간 이어지는 경우다. 지난 20여 년과 비슷한 상황이다. 방위비를 늘리거나 패권전쟁에 적극적으로 참여할 수도 없다. 이런 상황에서도 일본은 미국과 더 밀착할 수밖에 없다. 중국 입장에서는 중립적이지만 나쁘지 않은 시나리오다. 이때 미국은 일본의 부담을 줄여주기 위해 한국에 방위비 등 더 큰 부담을 요구할 것이다. 때로는 한국-북한-일본의 삼각관계를 복원하려는 시도도 나올 수 있다. 일본으로서는 북한의 원자재와 노동력을 이용하는 새로운 차원의 성장을 추구할 수 있다. 이런 상황이 되면 북한에 강경대응 일변도인 한국 보수정권과 보수 지지층은 어떤 태도를 보일까?

마지막은 일본이 더 심한 침체로 들어가는 상황이다. 이럴 경우 미국과 한국의 안보 부담이 더 커질 것이고, 미국의 고민 역시 깊어질 것이다. 미국은 오래 전부터 일본이 중국 진영으로 가는 상황을 우려해왔다. 일본이 최악의 상황이 되어 중국에 굴복할 경우 미국의 패권이 흔들릴 수 있다. 한국의 안보 상황도 어려워진다. 미국 입장에서는 일본을 계속 지원하는 것이 오히려 비용이 적게 든다.

국제질서 측면에서만 보면 현재는 두 번째와 세 번째 시나리오 중간 어디쯤 있는 것으로 판단된다. 단순한 세 가지 시나리오지만 확실한 결론은 패권전쟁이 지속되는 한 미국은 일본을 지원할 것이라는 점이다. 일본이 중국 진영으로 이탈하는 순간 미국의 독점시스템이 무너진다. 달러 패권 유지도 어려워진다. 일본 역시 미국 이외에는 대안이 없다.

9장

수축사회에 도착한 나라들 2:
유럽 대륙

───────────────── ● ─────────────────

대부분의 유럽 국가들은 정도의 차이만 있을 뿐 일본과 유사한 사회구조로 바뀌고 있다. 주목할 점은 과거 세계적 차원에서 패권을 가졌던 국가들 대부분이 일본을 닮아간다는 사실이다. 고대 문명의 창시 국가인 그리스, 최초의 세계 제국인 로마제국을 건설했던 이탈리아, 일찍이 세계 곳곳을 침략해 식민주의를 창시한 스페인과 포르투갈, 산업혁명과 영연방으로 역사상 최초로 전 지구를 지배했던 영국 등은 약간의 과정과 방식의 차이만 있을 뿐 일본의 뒤를 따르고 있다.

이 국가들은 과거의 영광, 즉 팽창사회에서의 강렬한 성취 경험이 수축사회에 필요한 적절한 대응을 지연시키는 것으로 판단된다. 역사학자 아놀드 토인비의 "대제국은 타살로 죽는 것이 아니라 자살로 죽는다. 외부에 의해 무너진다 해도 이미 내부적으로 무너져 있기에 그렇게 된다."[64] 라는 말을 되새겨야 한다. 이 장에서는 지금 수축사회에 진입했거나 진입중인 유럽 여러 나라의 모습을 살펴본다.

1. 영국

오래도록 영국은 세계의 패권국가였다. 그러나 일본과 아주 유사한 사회 변화를 겪고 있다. 물론 경제 구조는 아직 일본형이 아니다. 최근 2년 연속 영국 물가가 약 10%나 오르는 것을 보면 영국에서 수축사회를 논하는 것은 조금 이른 감이 있다. 다만 시간의 문제이지 일본과 매우 유사한 상황으로 가고 있다는 점에서 주목해야 한다.

영국병은 성인병인가?

영국 경제의 회복탄력성이 급속히 저하되고 있다. 2020년 코로나 위기 이후 미국은 1년 반 만에 코로나 이전으로 복귀했다. 반면 영국은 거의 3년이나 걸리고 있다. 과거의 경제위기 때보다 회복 속도가 느리다. 금리는 급등락을 보이고, 환율도 불안하다.

1970년대 영국은 구조적인 사회불안과 경제침체를 비하하는 용어인 '영국병'에 걸린 유럽의 환자로 묘사되었다. '영국병'은 수축사회와 비슷한 상태를 선제적으로 경험한 시기의 영국을 부르는 말이라고도 할 수 있다. 영국병은 번영기 대영제국의 중산계급의 쇠퇴와 영국인의 강점이었던 적극성·자기희생·이타주의의 미덕이 사라진 것, 혹은 2차세계대전 후 고복지·고부담 정책과 평등주의가 일반화된 것에서 원인을 찾는다.

영국병이 한창 증세를 키워갈 때 이를 해소할 수 있는 3개의 사건이 순차적으로 발생했다. 먼저 1979년 2차 오일쇼크가 발생했을 때 북해 유전이 개발되면서 영국은 산유국이 되었다. 동시에 대처 총리의 신자유주의형 개혁으로 '결과의 평등'에서 '기회의 평등'으로 영국병

치유가 시작되었다. 마지막으로 기술과 금융시장에서 우위를 유지하고 있던 영국은 21세기 EU 출범으로 유럽 대륙과 함께 동반 성장할 수 있었다. 당시 유럽 금융시장의 중심에 있던 영국은 자연스럽게 큰 수혜를 받았다.

산유국이면서 세계의 금융시장을 선도하고, 대영제국의 후예로서 52개국과 연방을 형성하는 영국이 왜 허약해졌을까? 영국 정도의 여건 이면 한국은 진작에 세계 최강국이 되었을 텐데…. 전체 국민소득 3조 1,329억달러, 1인당 국민소득 46,565달러(2021년 명목 GDP 기준)인 영국 에서 무슨 일이 벌어지는 걸까? 영국의 구조적 전환을 수축사회 3가지 요인으로 분석해보자.

수축사회의 다른 형태

먼저 영국은 나름 기후위기에 선제적으로 대응한 국가다. 중후장대형 산업 비중이 낮아서 에너지 문제에 있어서 다소 여유롭다. 영국은 석 탄에서 천연가스 발전 비중을 늘리고 해상풍력 등 재생에너지에 빠르 게 투자했다. 모범적으로 기후위기에 대응했지만 2021년 이후 물가 상 승 국면에서 노출되었듯이 수입하는 에너지 가격이 폭등하자 거의 시 스템 위기 수준에 빠졌다. 2004년부터 에너지 순수입국으로 전환되 었지만, 대안인 완벽한 재생에너지 국가로의 전환 역시 지연되고 있다. 상당 기간 지속될 에너지 전환의 과도기 극복 여부는 향후 영국의 핵 심 과제가 될 것이다. 다만 영국이 기후위기에 적극 대응해왔고 향후에 도 그럴 의지가 크다는 점은 일본이나 유럽의 다른 국가에 비해 대응을 잘하고 있는 것으로 인정해야 한다.

인구 감소 문제에 대해서도 영국은 잘 대응하고 있다. 영국 인구는 해외에 거주하는 영국계 이주민까지 포함하면 2억명을 넘는 것으로 추산된다. 출생률도 안정적이다. 1970년대 이후 합계 출생률은 1.6~1.9명 수준을 꾸준히 유지하고 있다. 특이한 점은 1947년을 제외하고는 베이비부머가 뚜렷이 관찰되지 않는 점이다. 아마 1, 2차 세계대전 당시 전사자가 많아서 출산 적령기 인구가 부족했기 때문으로 추정된다. 안정적으로 인구가 유지된다는 점에서는 한국, 일본 등과 비교된다.

현재 영국의 인구는 6,700만명 정도로 잉글랜드에 5,300만명이 주거한다. 다른 유럽 대륙 국가와 비슷하게 이민자 비중이 높은 편이다. 과거 영국의 식민지였던 인도와 파키스탄, 방글라데시 출신이 200만명을 넘는다. 영국계 흑인 역시 200만명 이상인 것으로 추산된다. 이민자 증가로 영국의 극우파들은 파키스탄계를 비롯한 이민자를 공격하기도 한다. 인종차별과 함께 인종 간 소득 격차에 따른 갈등이 사회의 불안정성을 높이고 있다. 이 문제는 일본, 한국과 다른 유럽 공통의 문제다.

최근 이민자들은 사회 동화가 어렵다. SNS 등을 통해 본국의 가족 혹은 영국의 동일 인종 동료들과 소통하면서 사회적 차별에 대한 반감이 커지고 있다. 물론 이민자를 적극 수용한다는 측면에서 인도계 출신의 수낙 총리가 등장했지만 그는 사회적으로 상층부 출신의 인물이다. 설문조사에 따르면 경찰을 신뢰할 수 있다고 생각하는 런던 시민의 비율은 2014년 77%에서 2022년 3월 기준 57%로 떨어졌다고 한

수축사회 2.0: 닫힌 세계와 생존 게임

다. 경찰이 모든 사람을 공정하게 대하지 않는다고 여기고 있는 것이다. 미국과 비슷한 인종갈등 국가로 가고 있는 모습이다.[65]

더 큰 문제는 영국 내부의 지역 갈등이다. 스코틀랜드계는 꾸준히 독립을 주장하고 있다. 스코틀랜드 자치정부는 2023년 10월에 독립을 두고 두 번째 국민투표를 감행할 계획을 세우고 있다. 2014년 열린 첫 번째 국민투표에서 스코틀랜드인들은 55%대 45%로 영국 연방에 남아 있기를 희망했다. 결과적으론 남게 되었지만 그래도 45%에 달하는 분리 욕구는 매우 높은 비중이다. 향후 경제 침체가 가속화될 수록 분리 독립에 대한 욕구가 늘어날 전망이다. 영연방 국가들도 이제는 영국과의 관계를 정리하려고 한다. 영국 내부의 갈등과 영연방의 분열 가능성은 영국의 성장이 정체될 때마다 영국을 흔들 것이다.

거의 한계 상황

영국 경제는 소비가 지탱한다. 전통적인 제조업은 수명을 다한 지 꽤 오래 되었다. 경제가 어려울 때마다 영국 정부는 소비 부양으로 위기를 넘겼다. GDP에서 가계 소비가 차지하는 비중은 1977년 오일쇼크 당시부터 추세적으로 높아졌다. 유럽 재정위기와 코로나 기간을 제외하고 2001년 이후 영국 경제 내 가계의 소비지출 비중은 60%를 유지하고 있다. 소비를 늘리는 방법은 정부의 적극 재정뿐이다. 2022년 말 기준 영국의 국가부채는 GDP의 94%에 달한다. 최근에는 에너지 보조금을 GDP의 3.5%나 지급했다(21년 9월~22년 11월). 향후 경제가 어려워질 경우 추가적인 재정 투입이 어려운 상황이다.

2022년 9월 토러스 총리는 경기부양을 위해 450억 파운드의 규모의 조세 감면, 법인세 인상 철회 등의 조세정책과 1천억 파운드 규모의 에너지 지원정책을 핵심으로 한 'The Growth Plan 2022'를 발표했다. 이 조치가 나오자마자 파운드화 가치가 추락하고, 금리도 급등했다. 이어서 토러스 총리가 퇴임하는 극단적 상황이 연출되었다. 글로벌 투자가들은 영국의 재정 상황이 한계에 다다른 것으로 평가하는 분위기였다. 소비 부양이라는 가장 손쉬운 경기 부양 방법을 더 이상 쓰기 어려워진 것이다.

과연 서비스 산업이 유지될 수 있을까?

영국의 경제 구조는 홍콩, 싱가포르, 네덜란드와 유사하다. 자체 생산보다는 외국에서 생산된 재화의 교역을 중개하는 과정에서 금융산업이 발전했다. 다른 측면에서 보면 도시국가형 경제 구조로도 볼 수 있다. 중개형 산업구조를 가진 국가가 체제를 유지하는 비결은 안정적으로 환율을 관리하는 것이다. 홍콩은 미국 달러와 페그제(peg)를 시행해서 환율이 안정적이다. 싱가포르도 아세안, 중동의 자금과 홍콩에서 이탈한 자금이 유입되면서 환율이 안정되어 있다. 반면 영국의 파운드화는 변동성이 매우 크다. 토러스 전 총리의 헛발질 당시 파운드화는 일거에 30%나 가치가 하락하기도 했다. 잘 알려진 사실이지만 1992년 조지 소로스의 환율 공격에 백기를 들었던 경험에서 영국은 아무것도 배우지 못했다.

영국은 유럽 전체를 아우르는 오랜 금융시장 역사를 가지고 있다. 그러나 영국이 EU에서 탈퇴한 브렉시트(Brexit) 이후 영국에서 글로벌 금융기관들은 서서히 철수하고 있다. 유럽 금융 중심지가 프랑스 등 유럽 본토로 넘어가면서 영국의 위상이 추락하고 있다.

금융 등 서비스업을 제외할 경우 영국의 산업은 내세울만한 것이 별로 없다. 영국 주식시장에는 미국 대비 정보기술, 커뮤니케이션 업종의 상장 비중이 매우 낮다. 물론 다른 유럽 국가도 비슷하다. 미국은 정보기술 업종이 21%, 커뮤니케이션 업종이 11%나 된다. 그러나 영국이나 유럽에서는 디지털 등 미래 기술기업이 주식시장에 거의 상장되어 있지 않다. 미래 산업에 있어서 미국이나 한국, 중국 등 아시아에 확실히 밀리고 있다.

두 번째 영국 금융시장의 특징은 자국 주식이나 채권의 증권시장 상장 비중이 아주 낮다는 점이다. 최근 인기가 많은 상장형 지수펀드(ETF) 중 영국 기업은 2.9%, 채권은 1.2%에 불과하다. 영국 금융시장은 판만 벌여놓고 막대한 이익을 챙기고 있는 것이다. 그러나 브렉시트와 유럽의 자국 우선주의가 결합되면서 영국이 금융시장에서 누리는 지위는 점차 낮아질 것이다.

영국병은 치유되었는가?

앞서 영국병이 치유된 세 가지 원인으로 북해 유전 개발, 신자유주의형 체제로의 변경, EU 출범에 따른 반사 이익을 꼽았다. 그런데 북해 유전은 말라가고 있다. 추가로 채굴 가능한 매장량이 별로 없다. EU 출범 시 가장 강력한 국가였던 영국은 이제 EU에서 탈퇴했다. 그동안 EU와의 활발한 경제 교류로 성장을 이어갔지만 이제 유럽 대륙과의 사이에 관세라는 장벽이 들어서고 있다. 신자유주의 체제는 이미 물 건너가면서 국가의 적극적인 역할을 요구하지만, 정작 국가는 돈이 부족하고 노동과 정치 위기만 확산되고 있다. <u>영국병을 치유했던 묘약이 모두 상실되고 있는 것이다.</u>

코로나 이후 물가 상승에 가장 시달리는 국가는 영국과 튀르키예다. 영국이 물가를 잡지 못하고 있는 것은 그만큼 경제 구조가 허약함을 보여준다. 2023년 6월 23일 영국과 튀르키예는 동시에 금리를 올렸다. 영국은 0.5%, 튀르키예는 무려 6.5%를 올렸다. 브렉시트로 영국의 우수인력은 유럽 대륙으로 떠나고 있다. 노조의 입김이 강해서 임금도 급등하고 있다. 영국은 G7 국가 중 유일하게 고용률이 코로나 이전 수준을 밑돌고 있다.

물가가 급등하면 금리가 오른다. 영국의 주택담보대출은 여타 국가 특히 미국과 매우 다르다. 통상 2~5년 동안만 고정금리를 적용받고 이후에는 변동금리로 재설정된다. 〈UK Finance〉에 따르면 2022년 하반기부터 2023년까지 전체 840만 건의 모기지 중, 약 240만 건이 고정금리 대출 기간이 종료될 예정이다. 이 대출의 대부분은 2.5% 이하의 저금리로 대출되었다. 반면 2023년 1분기 모기지 금리는 무려 6~7%까지 상승했고, 물가 안정을 위해 영국은행(BOE)은 기준금리 인상을 지속하고 있다. 구조적 문제를 떠나 가까운 장래에 영국이 추구하는 위험한 외줄타기는 위기에 노출될 것이다. 향후 고물가가 지속된다면 어떤 일이 발생할까?[66]

영국은 미래 성장산업인 디지털 정보기술도 취약하고, 우위를 가진 금융산업에서도 성장의 한계에 부딪치고 있다. 군사비도 늘려야 한다. 브렉시트로 EU 국가 내 저임금 노동자 유입이 감소하면서 임금 상승이 예상된다. 불법 시위가 격화되자 경찰은 보안 CCTV를 활용해 수천 명의 시위자를 체포하고 법원은 그들에게 무거운 징역형을 선고한다. 민주주의가 태동한 국가에서 민주주의가 약화되고 있다. 의료체계도 매우 취약하다. 의사와 간호사가 절대적으로 부족하다. 치료를 받기위해 18주 이상을 대기하는 환자 수가 7백만명을 돌파했다. 영국은 너무 오랜 기간 패권을 누렸기 때문에 장기적인 국가 비전을 상실한 것같다. 오직 눈앞의 생존에만 집착하는 국가로 향하고 있는 것은 아닐까?

영국은 여타 국가와 약간 다른 이유로 수축사회로 진입 중이다. 팽창국가였던 대영제국이 100여 년에 걸쳐 서서히 수축사회로 진입하고 있는 것으로 판단된다. 영국은 대영제국의 유산을 거의 다 탕진한것으로 봐야 한다. 수축사회의 요인인 기후위기, 인구 감소에는 적극대처하고 있지만, 과학기술에 대한 대응은 미흡하다. 영국의 수축사회진입 속도가 느린 것은 <u>일본은 버블 붕괴라는 중요한 모멘텀이 있었지만, 영국은 버블이 없었다는 차이만 있다.</u> 영국은 수축사회 진입을 거부할 능력이 없다. 다만 위기 시 적극적으로 대응하는 영미계 문화의특성으로 진입 속도는 다소 느릴 것으로 보인다.

2. 각자도생(各自圖生)의 유럽 대륙

중세시대 이후 유럽 대륙은 기독교라는 공통분모가 있었다. 그러나 르네상스, 종교개혁, 산업혁명 등 사회의 급변동기를 거칠 때마다 전쟁에 휩싸이곤 했다. 큰 그림에서 보면 지금도 마찬가지다. EU 공동체와 유로화를 함께 사용하고 있지만 서로 다른 길을 가고 있다. 유럽 대륙이 혼란기에 돌입하는 이유는 대륙 전체가 수축사회에 진입하고 있기 때문이다. 공통적으로 고령화에 시달리고 있다. 기후위기에 엄청난 자금을 투여하고 있으나 과학기술 발전은 미국, 중국, 동아시아에 밀리고 있다. 21세기 초반 1유로당 달러는 1.4달러 정도로 거래되었다. 그러나 지금은 거의 1:1 수준이다. 유럽 대륙 경제와 유로화가 위기에 처한 것이다. 이런 상황에서 패권전쟁이 발생하자 유럽 대륙 국가들은 안보는 미국 의존도를 높이지만 생존 전략은 각국이 처한 상황에 따라 다양화하고 있다.

위기에 서서히 진입중인 나라들

독일은 유럽 대륙의 최강자다. 독일은 유럽에서 제조업이 가장 강한 나라다. 유로화 출범 후 21세기 독일의 약진에는 유로화 약세와 강한 제조업이 큰 역할을 했다. 유럽 경제가 약화되면서 유로화는 약세를 보여왔다. 다른 지역에서 유럽에 수출하려면 수입 가격이 오른다.

반면 품질이 좋고 가격도 적당한 독일 제품의 경쟁력이 올라갔다. EU 출범으로 독일 상품에 대한 정서적 친근함이 더 높아졌다. EU와 유로화 출범의 모든 혜택은 독일에 집중되었다.

그러나 독일도 상황이 악화되고 있다. 러시아에 의존한 가스 공급망을 대체해야 하고 안보를 위한 군사비 지출도 늘려야 한다. 유럽 내 제조업 생산은 미국, 아시아의 자본과 기술이 융합된 동유럽이 부상하고 있다. 산업 구조가 서비스업, 무형자산, 소프트웨어로 전환되는 국면에서 독일의 산업은 여전히 제조업 중심이다. BMW, 벤츠가 전기차 분야에서 테슬라를 이길 수 있을지 여부가 독일의 미래를 보여주는 상징이 될 것이다.

프랑스는 영국의 브렉시트로 상당한 수혜를 보고 있다. 금융 등 영국에서 강점을 보였던 산업 일부가 프랑스로 이동하고 있다. 나름 경제개발을 위해 노력하면서 국제정치적으로는 독자 노선을 추구하고 있다. 그러나 노란조끼운동, 연금개혁, 2023년 인종차별 폭동 등에서 보여주듯이 여전히 사회 통합은 낮은 편이다. 영국과 마찬가지로 이민자 문제에 관해 제대로 관리하지 못하는 국가라고 할 수있다. 다양성을 존중하고 문화와 예술에 대한 관심이 높은 프랑스는 정글형 수축사회에 대한 적응력이 떨어질 것이다.

동유럽 국가들은 안보는 NATO, 통화는 유로화, 자본과 기술은 해외기업에 의존하면서 유럽의 생산기지로 부상하고 있다. 러시아의 안보 위협으로 군사비 부담이 늘고 있지만, 미국 진영은 러시아 견제를 위해 동유럽에 적극적으로 지원하고 있다. 특히 한국은 유럽 진출의 교두보로 동유럽을 활용하고 있다. 폴란드와 헝가리를 중심으로 방위산업뿐 아니라 자동차, 배터리 생산시설을 대규모로 설립하고 있다. 이 지역의 성장 가능성은 매우 높지만 리스크 역시 높다. 구공산권 지역이기 때문에 늘 정치적 불안정성에 시달린다. 민주주의와 자본주의가 사회 내부에 얼마나 접목되었는지도 관심사다. 내륙국가라는 한계도 있고, 미국과 러시아 간의 양다리 정책에 대한 유혹도 높다.

장기적으로는 현재 동유럽권역의 성장에서 소외되고 있는 루마니아, 불가리아, 세르비아 등 구 오스만투르크-합스부르크제국의 영토였던 나라들의 동참 여부가 중요하다. 이 지역이 개발되면 흑해와 동지중해가 튀르키예와 연결되면서 새로운 성장 지역으로 부상할 수 있다. 현재로서는 러-우 전쟁이 어떤 양상으로 전개되는지가 핵심 변수다. 물론 러-우 전쟁이 휴전에 이를 경우 미국 진영은 우크라이나를 개발해서 러시아 남부를 압박할 것이다. 이들 지역이 자체 성장 동력을 확보하게 되면 러시아의 영향력은 극적으로 약화될 것으로 예상된다. 장기적으로 중앙아시아나 중동에도 긍정적 영향을 줄 수 있기 때문에 한국 입장에서는 지금부터 깊은 연구와 교류가 필요해 보인다.

북유럽의 최근 가장 중요한 관심은 안보다. 중립적 성향이던 핀란드가 NATO에 가입했고, 스웨덴도 미국 진영에 밀착하고 있다. 이 지역은 러시아 해군의 대서양 출구이기 때문에 패권전쟁 기간 중 전략적 가치가 높아졌다. 잠깐 노르웨이를 살펴보자. 노르웨이는 국민소득 세계 1위 국가다. 북해 유전을 비롯해 풍부한 천연자원이 많다. 주목할 점은 전체 차량 판매의 80% 이상이 전기차 등 신에너지를 이용한 차량이라는 점이다. 또한 전력 생산의 90% 이상이 수력발전이다. 'RE100'을 넘어 우리가 꿈꾸는 지속가능한 지구의 모델이 아닐까? 서유럽의 베네룩스 3국과 덴마크도 노르웨이와 비슷하게 기후위기와 경제위기에 잘 대응하고 있다. 향후 수축사회의 성공적 극복 가능성은 유일하게 이 지역에서 나타날 것으로 예상된다. 그러나 이 지역은 인구가 적고 국민소득은 세계 최고 수준이다. 한국과의 비교는 아무 의미가 없다.

유럽의 일본, PIGS

일본과 아주 유사하게 수축사회에 진입하는 국가는 <u>이탈리아</u>다. 이탈리아는 기후위기 대응이 유럽에서 가장 느린 데 비해 고령화는 가장 빠르다. 정치는 포퓰리즘 성향이 강하다. 관광업을 제외하고 특별히 내세울 만한 산업이 없고, 디지털 전환도 지체되고 있다. 흔히 PIGS(포르투갈, 이탈리아, 그리스, 스페인)라고 하는 지중해 연안 국가들 역시 이탈리아와 대동소이하다. 2010년경부터 발생한 재정위기에서 PIGS 국가들은 제대로 탈출하지 못한 채 글로벌 경제에서 잊혀지고 있다.

이들 국가의 위기는 훨씬 이전에 시작되었다. 20세기 후반부에 각국마다 경제가 어려운 상황이었다. 그러나 21세기 들어 EU 체제에 편입되고 유로화를 사용하게 되었다. 나라의 실제 체급 이상으로 신용 등급을 받으니 금리가 하락했다. 각국은 무분별하게 국채를 발행해서 포퓰리즘 정책을 남발했다. 그러나 이런 호황은 10년 만에 종료되고 다시 10여년 이상 침체 상태를 이어오고 있다. PIGS 국가들은 유럽의 도움이 없었으면 지금쯤 국가 부도 상태에 처해 있을 가능성이 매우 높다.

이들 국가들은 지금 10년째 조용히 빚을 갚고 있다. 스페인, 포르투갈, 그리스의 정부 부채는 천천히 줄어들고 있다. 국가 규모가 남유럽에서 가장 큰 이탈리아는 여전히 개혁 속도가 느리다. 나는 멜로니 신임 총리의 개혁 정책이 실패할 것으로 본다. 포퓰리즘에 장기간 중독된 이탈리아에서 개혁이 성공한 사례는 없었다.

한 국가가 10년 이상 빚만 갚고 있다면 과연 성장이 가능할까? 지중해 물은 썩어가고 있는 것이 아닐까? 수축사회에 대한 이해와 대응이 국가의 운명을 결정한다.

3. 마지막 제국 러시아

유럽에서 마지막으로 살펴볼 나라는 러시아다. 수축사회의 3가지 요인 중 인구 감소는 러시아에 있어 꽤 심각한 문제다. 러시아는 유럽 내에서 평균 수명이 가장 짧은 국가이기도 하다(2020년 기준 남성 68세, 여성 78세). 경제 구조는 원유 등 원자재를 수출하고 소비재를 수입한다. 독점적 정치 구조 때문에 중동의 왕족 국가와 유사한 정치사회 구조를 가지고 있다. 기후위기는 아예 관심도 없지만 지구온난화로 광활한 시베리아 동토(凍土)가 녹거나 북극해가 완전히 녹게 되면 새로운 기

[그림 2-7] 러시아의 지식재산권 수출과 수입, 무역수지

단위: 10억달러

단위: 10억달러

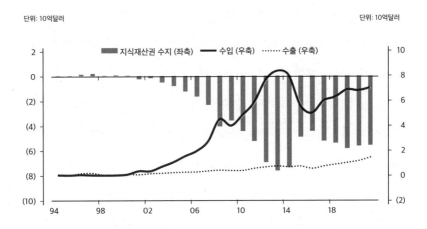

자료: 신한투자증권, 〈공급망 재편의 기회와 위협〉, 2023년 5월.

회가 열릴 수도 있다. 보다 큰 문제는 과학기술에 있다. 러시아는 군사기술 이외에 특별한 과학기술이 존재하지 않는다.

소련 시절 영토였던 광활한 중앙아시아는 중국과 양다리를 걸치고 있다. 러시아의 영향권 아래에 있던 동유럽은 벨로루시를 제외하고는 거의 미국 진영으로 넘어갔다. 핀란드와 스웨덴 등 중립적 위치에 있던 국가들도 NATO에 가입해서 러시아를 초승달 모양으로 포위하고 있다. 보다 중요한 것은 러시아 역시 수축사회가 깊어지고 있는 점이다. 기후위기를 제외할 경우 인구 문제와 과학기술 분야에서 러시아는 심각하게 뒤처지고 있다.

러시아는 특히 과학기술 전쟁에서 완전히 뒤처지고 있다. 러시아의 과학기술은 외부 수입에 의존하고 있다. 디지털 경쟁이 본격화된 21세기 초반부터 러시아는 지적재산권 무역에서 큰 폭의 적자를 보이고 있다. 공산주의 시대부터 이어지고 있는 경직된 교육, 외부 세계와의 차단, 창의성을 제한하는 독재 정부가 러시아의 과학기술 발전을 가로막고 있다. 낙후한 과학기술 수준을 인지한 러시아 지도부는 지금 우크라이나를 공격하지 못하면 미국 진영의 첨단 무기를 감당할 수 없을 것이라는 절망감도 있었을 것이다. 더 늦어지면 기회가 영영 사라질 것으로 본 것이다. 실제로 전쟁 과정에서 러시아 과학기술(특히 군사기술)의 형편없음이 거의 매일 전 세계에 그대로 중계되고 있다.

러-우 전쟁은 러시아 해체의 신호탄

러-우 전쟁은 러시아가 얼마나 후진적인지 전 세계에 보여준 사건이다. 러시아와 같은 권위주의 국가들은 미래 준비가 전혀 되어 있지 않다는 점을 확인시켰다. 드론 몇 기에 수도인 모스크바가 공격당했다. 상비군이 부족하자 자신의 요리사 출신이 지휘하는 용병을 투입했다. 용병 중에는 심각한 성범죄나 연쇄살인 등을 저지른 중범죄자들도 다수 포함되어 있었다. 용병업체인 와그너 그룹은 러시아 정규군과 갈등을 빚자 모스크바 근처 200km까지 접근해서 무력시위를 벌이기도 했다. 마치 영화에서나 볼 수 있을 법한 장면이 연출된 것이다.

　　돌이켜 생각해보면 시리아 등 국제 분쟁지역에 파견된 러시아 군은 바로 와그너 그룹의 용병이었다. 이미 러시아 군대는 20여 년 전부터 정상적인 작전이 어려울 정도였던 것이다. 이면에는 러시아의 재정적자가 숨겨져 있다. 러시아는 러-우 전쟁 기간 중 경상수지는 원자재 수출로 흑자를 기록했다. 반면 과도한 전쟁비용으로 재정수지는 큰 폭의 적자를 기록했다. 와그너 그룹에게 전달될 용병 비용 지불이 지연되었을 가능성이 높아 보인다. 와그너 그룹의 반란은 러시아를 뿌리부터 흔드는 사건으로 향후 러시아가 해체되는 중요한 촉매 역할을 할 것으로 판단된다.

러-우 전쟁에서 병력이 부족해지자 러시아는 청년들을 대규모로 징집했다. 그러자 상류층을 중심으로 러시아를 탈출하는 러시가 발생했다. 50만명 이상의 탈출자가 있었던 것으로 추정하는데, 이중 절반이 고학력 IT기술자라고 한다. 또한 1천 개 이상의 글로벌 기업이 러시아에서 이탈했는데 해당 기업들의 러시아 내 투자액은 약 6천억달러로 GDP의 40% 수준이었다. 이 기업들은 500만 개 이상의 일자리를 제공했었다.

세계 최강 군대라 불렸던 러시아 지상군은 무장이 부족했던 우크라이나 군대에 밀리고, 용병들에게 창피를 당했다. 이런 상태에서 과연 러시아가 전쟁을 지속할 수 있을지 여부도 불투명하다. 또한 러-우 전쟁이 지속될수록 인력, 기술 등 러시아의 핵심 인프라가 해외로 유출될 것이다.

다급해진 러시아는 2023년 5월, 러시아 동쪽 끝에 위치한 부동항 블라디보스토크를 중국에 개방했다. 시베리아 전체에는 러시아인 1,700만명이 거주하고 있다. 이중 극동 인구는 5백만명에 불과한데, 중국의 동북 3성 인구는 무려 1억1천만명이다. 러시아는 동북아시아 영토를 중국에 빼앗길지 모른다는 우려를 늘 해왔다. 향후 수십 년 안에 14억 중국인 중 일부는 기후 변화로 따뜻해진 시베리아로 이주하고 싶어할지도 모른다.[67] 지금의 러시아가 얼마나 다급했으면 청나라 말기 이후 160여 년 만에 자발적으로 시베리아의 길목을 중국에 개방했을까?[68] 대가는 아마 러-우 전쟁에 필요한 전쟁 물자나 장기간 경제 봉쇄로 부족해진 핵심 소비재를 중국이 공급하는 조건이었을 것이다.

러-우 전쟁은 승패와 상관없이 러시아의 붕괴를 촉진할 것이다. 그렇다고 러시아가 바로 무너지지는 않을 전망이다. 러시아는 여전히 중요한 원자재 수출국이다. 주변국 대비 강한 군사력을 가지고 있다. 특히 핵무기와 우주 기술은 러시아 본토를 지켜줄 것이다. 여전히 푸틴은 러시아의 모든 폭력을 독점하고 있다. 철저한 감시 체제를 갖추고 푸틴이 폭력을 독점하고 있기 때문에 시민혁명과 같은 민주화 운동은 기대하기 어렵다.

러시아형 수축사회 = 《1984》+《동물농장》

시간이 흐를수록 서구 경제와의 격차 확대로 러시아 파워는 줄어들 것이다. 고령화에 대한 사회적 부담도 증가할 것이다. 과학기술의 격차가 더 벌어지면 국민들은 더 많이 러시아를 탈출할 것이다. 주변 약소국들은 러시아의 속박에서 벗어날 기회만 노리고 있다. 러시아가 수명을 다하게 되면 장기적으로 동유럽-러시아-흑해-중동-중앙아시아 지역에 새로운 변화가 나타날 것이다. 물론 그 변화는 평화의 파괴부터 시작될지도 모른다.

러시아는 또 다른 형태의 수축사회가 될 것이다. 기후위기, 인구 감소, 과학기술 발전에서 소외된 무질서의 나라가 될 가능성이 높다. 조지 오웰의 소설 《1984》의 빅 브라더는 푸틴 혹은 또 다른 독재자가 될 것이다. 정치사회 질서는 오웰의 또 다른 저작인 《동물농장》에 묘사된 포퓰리즘 사회와 같아질 것이다.

　무기력한 일본형, 환상에서 깨어나지 못하는 영국형, 현실에 안주하는 남유럽형, 폭력이 난무하는 러시아형 등 수축사회는 각 나라가 처한 조건과 환경에 따라 다양한 형태로 나타날 것이다.

10장

베트남과 인도, 떠오를 나라?

●

후발 개도국이 선진국으로 부상하는 것은 한국이 마지막일지도 모른다. 전작 《수축사회》에서 떠오르는 시장이라는 의미의 이머징 마켓(emerging market)이란 용어는 글로벌 IB의 사기일 가능성이 높아 보인다고 지적했다. 이머징 국가들은 성장하려는 노력이나 능력도 없고 디지털 경제의 기초 여건도 갖추지 못했다. 기후위기의 가장 큰 피해를 보는 지역이기도 하다. 개도국이 가지고 있던 천연자원은 희소성이 낮아졌다. 최근에는 코로나로 직격탄을 맞기도 했다.

국가 기반이 약화되면서 2023년 이후 금리 급등으로 국가 존립기반이 흔들리는 이머징 국가가 늘고 있다. 세계은행에 따르면 코로나로 아프리카, 중남미, 아시아 최빈국들의 국가채무가 급증했다고 한다. 또 최근의 금리 상승으로 국가부도 위기에 처한 나라도 무려 74개국이나 된다고 한다. 이중 40% 이상이 중국으로부터 자금을 빌렸는데 변동금리로 대출을 받아 이자 부담이 크게 늘어났기 때문이다.[69] 이 장에서는 성장 가능성이 높다고 여겨지는 베트남과 인도, 또 멕시코를 다뤄본다. 이들 세 나라는 과연 수축사회의 위기에서 안전할까?

성장 가도에 올라탄 베트남

한국과 베트남 관계는 남다르다. 과거 전쟁을 했지만 수교 30년을 넘기면서 가장 가까운 나라가 되었다. 베트남 수출의 20% 정도를 한국 기업이 담당하고, 한국의 최대 무역 흑자국이기도 하다. 2022년 외국인과의 결혼 중 베트남 여성과의 결혼은 전체의 27.6%, 베트남 남성은 12.6%에 이른다. 결혼 대상으로 베트남인이 중국인을 추월한 것은 2015년부터다.[70]

베트남의 정치체제는 중국과 매우 유사하다. 집단 지도체제 사회주의국가지만 중국은 시진핑 주석 취임 이후 1인 통치체제로 후퇴한 반면 베트남은 여전히 집단지도체제가 유지되고 있다. 소수민족 차별이나 종교 탄압도 없다. 서로 인정하고 받아들인다. 중국과 국경을 맞대고 있지만 화교의 영향력이 낮다. 여성의 정치나 사회참여 역시 활발하다. 중견급 이상 기업에서 여성의 고위직 임원 비율이 39%나 되고, CFO(재무책임자), CHO(인사책임자)는 여성의 비율이 거의 60%대에 이른다. 동성애를 인정하는 사회주의국가라서 큰 맥락에서 다양성을 인정하는 유연한 사회로 볼 수 있다. 베트남은 아세안 국가 중 IT 강국이기도 하다. 스마트폰 보급률이 높고, 도시 전체가 와이파이존인 얼리어답터 국가다. 국민 개인이 성공하고자 하는 욕망도 크고, 사회 전체가 입신양명을 슬로건으로 삼는 높은 학구열을 보인다.[71]

국민소득 1만달러의 조건

베트남은 모든 면에서 신흥시장 국가 중 가장 선두에 있다. 2022년 기준 1인당 국민소득은 4,200달러지만 현재의 고속 성장세가 이어지면 1만달러까지 성장은 무난할 것으로 보인다. 그러나 그 이후의 성장에 대해서는 자신이 없다. 중국이 '중진국의 함정'에 빠질 것이라는 전망과 이유는 동일하다.

① 상대적으로 허약한 정치 구조

국가 발전을 이룬 많은 국가들은 개발 초기에 강력한 리더십이 필요한데, 베트남은 기본적으로 집단지도체제다. 주석이나 최고 지도자가 있지만 권한은 어느 정도 분산되어 있다. 국가의 발전단계상 효율적이고 강력한 리더십이 필요한 시기에 베트남의 리더십은 느슨한 편이다. 자체 권력투쟁이나 부패 문제도 지속적으로 나온다. 관료주의가 팽배하고 누구 하나 책임을 지지 않으려는 문화적 속성이 강하다. 베트남은 한국과 대만의 성장 과정을 따르려고 하지만 국가 운영과 리더십에서 상대적으로 취약하다. 사회 전반에 부정부패가 만연한 점도 중요한 정치적 리스크다.

　　나는 베트남에 갈 때마다 많은 오토바이를 보면서 베트남 민주주의를 생각하곤 한다. 만일 시위 도중 오토바이를 타고 화염병을 던지는 상황이 발생한다면? 개도국에서 개인의 이동성이 가장 높은 국가가 베트남이다. 이동의 자유를 넘어 개인주의와 민주주의에 대한 인식이 매우 높을 것이다. 지금은 고성장에 가려져 있지만, 만일 중진국 함정이나 수축사회에 빠질 때 현재의 정치 리더십으로 수습이 가능할까? 베트남이 가장 젊은 국가라는 점은 분명한 강점이지만, 반대로 경기가 침체되어 젊은이들의 일자리가 부족해지면 어떤 일이 발생할까? 지금 베트남에서 가장 중요한 것은 국민소득 1만달러 이후를 준비하기 위해 합리적이고 민주적인 사회 구조를 서둘러 준비하는 것이다.

② 자생적 경제 발전 능력 부족

베트남에서 경제 세미나에 참석한 적이 있다. 이때 한 경제 관료가 나와서 "올해(2022년) 외국인 직접투자가 전체 GDP의 20%를 넘겼다."고 자랑했다. 지금 베트남과 비슷한 수준이었던 1960년대 일본, 1980년대 한국에서 외자기업이 차지하는 비중은 얼마였을까? 기억조차 없을 정도로 미미한 수준이었다. 당시 한국에는 삼성, 현대, 대우, 럭키금성 등 자생적 한국 기업들이 있었고 서구에도 잘 알려진 거대 기업이었다.

현재 베트남 1위 기업은 빈 그룹이다. 과거 LG 그룹의 핸드폰 생산 라인을 인수하려던 바로 그 기업이다. 이 회사의 주요 사업 대상은 부동산이다. 하노이 등 주요 지역에 가면 빈 그룹 소유의 빌딩 등을 많이 목격할 수 있다. 소유 지배 구조도 여전히 불투명하다고 한다. 최근에는 현대차 그룹과 합작해서 자동차를 조립생산하고 있다. 그러나 자동차 생태계를 구축한 것이 아니라 해외 기업으로부터 부품을 들여와 단순 조립가공 하는 수준에 머물고 있다. 1980년대 한국의 현대차는 자동차를 직접 설계하고 수출했었다. 지금 베트남은 국내 기업과 자체 자본을 육성하려는 노력이 매우 부족하다.

③ 사회주의적 시장경제의 역효과

베트남은 중국과 유사하게 사회주의적 시장경제를 추구한다. 중국이 중진국 함정에 빠질 핵심 요인으로 대두되는 사회주의적 시장경제의 모순이 베트남에서도 나타날 것으로 예상된다. 정치적 사회주의와 경제적 자본주의는 결합이 어렵다. 경제성장 초기에는 효율성을 높이기도 하지만 국민소득 1만달러에 근접하면 오히려 비효율적으로 바뀐다. 결국 베트남의 장기 과제는 사회주의와 시장경제를 어떤 식으로 관리하고 발전시키는지 문제다. 당연히 민주주의적 시장경제를 추구하면서 사회 시스템을 지금부터 관리해가야 하지만 쉽지 않을 것 같다.

④ 지정학과 국제질서에 대한 대응

베트남은 남중국해 핵심 국가로 중국 견제에 유리하다. 제조업의 발전 수준도 높기 때문에 미국 진영은 우방으로 만들고 싶어 한다. 베트남은 미-중 양측 모두로부터 실리를 얻는 중립적 경제 발전을 추구할 것이다. 그러나 미-중 패권전쟁이 더 격렬해지면 결국 베트남도 진영의 선택이 불가피해지기 마련이다. 미국은 베트남의 최대 수출대상국으로 2021년 기준 전체 수출의 약 30%를 차지한다. 그러나 국경을 맞대고 있는 중국의 안보 위협, 한층 깊어진 중국-베트남 경제 관계 등으로 곤란한 지경에 빠질 가능성도 있다. 등거리 외교로 연명하고 있는 북한과 유사한 상황이기 때문에 그 어느 국가보다 유능한 리더십이 필요하다. 베트남은 외교의 달인이지만 지금부터는 쉽지 않을 것이다.

성장통이 시작되는 시기

베트남은 2022년 가을에 금리를 1%P씩 두 차례나 급속히 올렸다. 글로벌 금리 인상 추세에 맞추려는 의도였지만 너무 늦게 시작해 무리한 금리 인상이 됐다. 미국 등 세계 많은 국가가 금리를 인상할 때 베트남은 침묵했었다. 금리가 급등하자 호치민 증시는 2022년 초반 최고가 대비 43%나 급락했다. 규모가 작은 하노이 증시는 66%나 하락했다. 물론 2021년까지 사상 최고치를 갱신하면서 투기적 상승이 있었던 것도 급락의 요인이었다. 시장경제를 운영하기에 아직 미숙함을 노출시켰다.

베트남은 한국과 유사하게 개방경제 국가라서 대외 충격에 약하다. 베트남은 2022년 상품 수출액이 GDP의 102%, 상품 수입액도 GDP의 97%나 된다. 무역 의존도가 지나치게 높다. 또한 2021년 기준 상품 수출의 1/3이 전자제품에 집중되어 있다. 결국 글로벌 경기, 원자재 가격, 환율변동 등 경제 변수와 미-중 패권전쟁 등 대외변수에 취약하다. 편중된 산업 구조를 확산시키려는 총체적 노력이 필요하다.

종합적인 사회적 능력이 아직 부족한만큼 향후 베트남은 몇 번의 성장통이 필요해 보인다. 베트남의 리더들이 나라가 성장할수록 복잡해지는 사회적 과제를 해결할 수 있을지 궁금하다.

인도는 인도를 극복할까?

그동안 세계의 제조업은 일본→한국/대만→중국→베트남 순서로 이동해왔다. 그렇다면 베트남이 충분히 성장한 이후에는 어떤 국가가 새로운 성장 국가로 등장할까? 최근에는 인도나 인도네시아 등이 많이 거론된다. 특히 패권전쟁이 발발하면서 각광받는 국가가 인도다. 인도는 미국과 중국 양측으로부터 러브콜을 받고 있다. 2023년 7월, 세계적 투자은행인 골드만삭스는 2075년 국가별 국내총생산(GDP) 순위에서 중국이 57조달러로 1위, 인도가 52조5천억달러로 2위, 미국이 51조5천억달러로 3위가 될 것으로 예상했다.[72]

인도는 표면적으로는 미국 진영에 속한다. 그러나 실제 행동은 중립적이다. 원유 수출 금지 조치에 묶인 러시아로부터 원유를 싸게 매입해서 판매하는 등 인도는 자국의 실익을 추구하면서 독자 노선을 걷고 있다. 글로벌 기업 중에는 핵심 생산기지를 중국에서 인도로 옮기는 기업이 늘어나고 있다. 애플이 인도에서 스마트폰을 생산하기 시작한 것은 그런 추세를 상징적으로 드러낸 큰 사건이다. 세계 최대 인구 국가인 인도가 드디어 세계 제조업의 성장 동력으로 부상하는 것일까?

글로벌 비(非)상식 국가

그러나 나는 그런 분석에 동의할 수 없다. 왜냐하면 인도는 우리가 생각하는 정상적인 국가가 아니라 세계적인 상식과는 다른 특이한 사회 구조를 가지고 있기 때문이다. 인도는 여전히 신분제 국가로 계급이 존재한다. 고착화된 신분제에 대해 국민 역시 별다른 저항이 없다. 지역 간의 차이와 인종 간의 갈등도 심각하다. 현실 순응적인 힌두교와 소승불교가 인도인들의 마음을 지배하면서 사회적 효율성이 낮다. 다양한 왕국으로 오랜 기간 분리되어 생활했기 때문에 국민 통합도 어렵다. 개인주의 성향이 강해서 국가에 대한 인식 수준도 낮다. 종교적 갈등은 늘 인도 사회를 불안하게 한다. 문맹률은 여전히 25%로 중국의 1%에 비해 매우 높다.

국가 전체를 끌고 나갈 리더십의 부재 문제도 크다. 식민지 시절 인도는 영국으로부터 영국식 관료주의만 배웠다는 비아냥이 있을 정도다. 관료가 국가 발전을 이끌기는커녕 발목을 잡고 있는 꼴이다. 또 국가 통합이 안 되어 있어서 지역별로 다양한 규제의 장벽이 있다. 지방정부와 중앙정부는 늘 엇박자가 난다. 인도가 지속 성장을 위해서는 다른 개발도상국에서 나타났던 개발독재가 필요할지도 모른다. 그러나 오랜 기간 민주주의를 추구했던 인도에서는 개발독재가 인종, 종교, 계층 갈등을 유발할 수도 있다.

사회 인프라도 비슷한 수준의 국가에 비해 형편없다. 인도에서 전국적 선거는 거의 1달 이상 시간이 소요된다. 인구가 많기도 하지만 그만큼 국가 인프라와 국민 인식이 후진적임을 보여주는 상징적 장면이다. 선거를 앞두고 보조금을 지급하는 것은 일반적 현상이다. 모디 총리는 2024년 4월 총선을 겨냥해 매년 모든 농민에게 5만루피(약 80만 원)의 혜택을 주겠다고 공약했다. 최근 실시한 두 차례의 주의회 선거에서 제1야당 인도국민회의(INC)가 각종 금전적 지원의 공약을 내세워 압승한 데 대한 '맞대응' 정책이었다.[73] 개발도상국 중에서 민주주의를 가장 오랜 기간 실시했다는 인도지만 여전히 정치 문화는 후진적이다.

불균형 성장이 예상되는 인도

인도에 우수 인력, 특히 이공계 인력이 풍부하다는 것은 잘 알려진 사실이다. 핵폭탄을 자체 개발하고, 전 세계에서 우주선을 가장 싸게 만들 수 있을 정도로 인도의 과학기술 수준은 높은 편이다. 그러나 인도의 우수 인력은 언제든지 인도를 떠날 준비가 되어 있다. 단순히 임금이 낮고 영어가 가능한 우수 인력에만 집중해서 인도를 보면 안 된다. 사회와 국가에 대한 책임감 있는 인식의 결여로 우수한 인력일수록 세계 어디든 더 좋은 조건을 찾아 다양한 국가로 이민을 떠난다.

21세기 초반 브릭스(BRICs)가 대두되었지만 러시아와 브라질은 성장 가도에 올라타지 못했다. 중국은 미국과 견주는 국가로 성장했다. 인도는 미-중 패권전쟁을 기회로 도약을 꿈꾸고 있지만 국가 리더십에 있어 중국이나 베트남에 비해 턱없이 낮은 수준이다. 세계 최대 국가 인도를 하나로 엮는 문화적·사회적 기반을 마련할 방법이 없어 보인다.

물론 인도는 낮은 인건비와 세계 최대 인구를 무기로 당분간 성장을 이어갈 것이다. 그러나 인도의 성장은 사회 상류 계층에게만 집중될 것이 분명하다. 그 때문에 중국과 달리 경제성장의 '확산'이 어려운 불균형 성장일 것으로 예상된다. 또한 현재 글로벌 자본이 인도에 투자하는 것은 인도가 매력적이어서가 아니라 중국을 견제하기 위한 불가피한 대안이라는 성격도 강하다. 향후 인도가 세계를 주도할 효율성을 확보하고 통합된 국력으로 세계적 국가로 성장하기 위해서는 너무 많은 난관이 있다.

마냐나 멕시코?

인도와 비슷하게 인식되는 국가가 멕시코다. 최근 미국의 최대 수입국이 멕시코로 바뀌었다. 미국에 인접한(Near-Shoring) 멕시코는 저임금과 정부의 다양한 지원책으로 미국 수출의 우회로로 활용되고 있다. 특히 미국 시장에서 밀려나고 있는 중국 기업들의 투자가 활발하다.

1970년대 후반에서 1980년대 초반, 멕시코는 시간당 1달러였던 저임금을 무기로 고성장했다. 당시 저렴한 노동력을 이용한 멕시코식 노동집약적 수출산업단지인 '마킬라도라(maquiladora)'를 중심으로 세계적으로 투자가 몰렸다. 당시 멕시코는 미래의 나라라는 뜻의 '마냐나(Manana, 내일)의 나라'라고 불리기도 했었다. 그러나 성장도 잠시, 1990년대부터 21세기 초반을 거치며 멕시코보다 임금이 더 낮은 중국으로 세계의 공장이 이동하면서 다시 저성장 국가로 추락한다.

멕시코는 여전히 교육 수준이 낮다. 중국으로 세계의 공장이 이동하던 21세기 초반, 멕시코의 노동력 가운데 30%만이 고등학교 교육 이상을 받은 상태였다. 우수한 인력들은 더 큰 기회의 땅인 미국으로 이동했다. 지속적인 성장이 어려워지면서 멕시코 경제에서 비공식 분야(지하 경제)가 차지하는 비중은 계속 증가하고 있다. 살인사건 비율은 미국보다 3~4배 더 높아서 치안도 매우 불안하다.[74]

멕시코는 세계의 패권국가인 미국 바로 옆에 있으면서도 그 조건을 제대로 이용하지 못한 채 여전히 후진적이다. 가령 동남아시아의 말레이시아는 싱가포르의 생산기지를 맡으며 안정적인 성장 국가가 되었지만, 멕시코는 초강대국 미국의 이웃이면서도 경제 침체와 저성장을 반복하는 길을 걸어왔다. 1994년 미국·캐나다와 함께 북미자유무역협정(NAFTA, 2021년 USMCA로 개정)을 체결해서 미국의 생산기지로 육성하려 했지만, 내부 인프라 부족으로 늘 성장의 한계에 부딪히곤 했다.

지리적으로 살피면 멕시코는 미국 북쪽에 있는 캐나다와 완벽하게 반대의 상황이다. 복잡한 인종, 사회 인프라, 시민 의식, 인구 등에서 캐나다는 미국보다 작지만(물론 영토는 훨씬 더 크다) 사회 갈등 수준이 낮고 잘 관리되는 선진적인 국가라고 할 수 있다. 반면 미국 남쪽의 멕시코는 미국이나 캐나다보다 자신들 국경의 남쪽에 위치한 중남미 국가와 더 유사하다. 마치 인도가 가진 한계와 흡사하다. 과연 멕시코가 이번 기회에 국내적 한계를 극복할 수 있을지 궁금하지만 신뢰는 높지 않다.

그래서 미래에 떠오를 국가는?

20여 년 전 어느 대기업의 전략 담당 고위 임원과 중국 투자를 어떻게 해야 하는지에 대해 논의한 적이 있다. 당시 나는 중국이 언젠가 성장의 한계에 부딪히면 수습하기 어려운 상황이 될 수 있다고 경고했다. 그래도 투자하려면 중국 정부가 권유하는 중서부 지역보다 비용이 좀 더 들더라도 동남부 해안 지역에 투자하라고 했다. 상대적으로 중국 동남부는 시장경제의 인프라와 소프트파워가 강한 지역이었기 때문이다. 내 조언에도 그 기업은 중서부에 대규모 투자를 했다가 최근 큰 어려움을 겪고 있다.

세계적 차원의 인구 감소 추세에 따라 우리는 미래의 성장 국가를 선정할 때 인구 규모를 중요하게 보는 경향이 있다. 과거 튀르키예, 인도, 브라질, 인도네시아 등은 많은 인구와 풍부한 천연자원 때문에 늘 주목받았다. 그러나 이들 국가는 여전히 후진적이다. 인구보다 해당 국가의 시민의식 등 사회적 수준, 교육 수준, 인프라 등 문화적 측면이 실제로는 더 중요하다. 국가 내부가 합리적으로 경영될 때만 장기 성장이 가능하기 때문이다. 특히 수축사회를 규정하는 3가지 잣대로 평가하는 것도 좋은 방법이다.

기업의 투자는 적어도 20~30년 앞을 내다보고 진행해야 한다. 저렴한 인건비와 보조금만으로 성급히 투자를 결정해서는 안 된다. 새로 도약하는 국가들에 투자할 때 해당 국가의 미래를 총체적으로 검토하고 결정해야 한다. 러시아에 투자한 유럽 기업들이 1천억유로의 손실을 보고, 한국 기업들은 철수조차 하지 못하고 있는 상황을 반면교사로 삼아야 한다.

주식투자자들은 경제성장률 등 몇몇 경제지표로만 판단하지 말고 해당 국가의 총체적 상황을 판단하고 투자에 나서야 한다. 특히 이머징 국가에 대한 투자는 장기투자보다는 단기 모멘텀 투자를 권한다. 국가 경영 능력 미숙으로 경제와 사회의 변동성이 매우 높기 때문이다.

지금까지 수축사회가 변화시킨 세계와 각국 상황에 대해 살펴보았다. 3부에서는 이런 전환이 갈등을 넘어 왜 전쟁으로 비화되고 있는지, 어떤 형태의 전쟁이 벌어지고 있는지 살펴볼 것이다. 초점을 좁혀서 이야기하면 3부의 핵심은 미국과 중국의 패권전쟁이다. 현재 진행형인 미-중 패권전쟁은 향후 세계의 모든 것을 규정할 것이다. '작은 연못'이 아니라 '큰 바다'에서 싸우는 것이다. 모든 국가, 모든 사람이 참전하면서 이제 연못물이 썩어 들어가고 있다. 안전띠를 확실히 매고 균형을 잡아야 한다.

3부

지금은
패권전쟁 중

11장

패권전쟁의 서막, 세계화의 종말

●

1990년대 초반 마침내 냉전이 종식된 후 펼쳐진 세계화는 지구촌 전체가 고성장하는 계기가 되었다. 세계가 하나의 경제권으로 통합되었고, 과학기술이 눈부시게 발전했다. 때맞춰 IT 산업이 태동하면서 세계화를 가능케 하는 기술적 수단을 갖추게 되었다. 인터넷과 핸드폰의 확산이 결정적인 요인이었다. 세계화가 본격적으로 확산되고 경제적 이익을 선사한 것은 2002년경이다. 2001년 9.11테러와 미국의 이라크 침공 등으로 미국은 장기 전략보다는 테러와의 전쟁에 몰두했다. 군사력과 과학기술에서 절대 우위에 있던 미국은 세계화의 확산이 침체된 미국 경제를 살리는 데 도움이 된다고 믿었다. 세계화는 민주주의를 확산시키기 때문에 권위주의 국가를 약화시키는 부수적 효과도 있었다. 한국에서 월드컵 열기가 고조되던 시기에 서구 선진국의 자본은 당시 성장 잠재력이 가장 높았던 중국으로 향했다.

세계화와 중국의 등장

세계화가 본격화되던 당시의 분위기를 가장 잘 분석한 사람은 〈뉴욕타임스〉의 칼럼니스트였던 토마스 프리드먼(Thomas Friedman)이다. 그는 2005년 발간한《세계는 평평하다(The World is Flat)》를 통해 세계화의 긍정적 효과를 설파하고, 중국, 인도 등이 세계화의 가장 큰 혜택을 볼 것으로 예상했다.

세계화는 누구나 동일한 조건에서 세계적 차원에서 경쟁하는 것이다. 무역과 사람들의 이동이 폭발적으로 증가하면서 새로운 성장 시대를 맞게 되었다. 세계화는 국가 혹은 기업 간에 공정한 경쟁을 전제조건으로 한다. 공정하다는 것은 국가의 규제 없이 경쟁하는 것이다. 따라서 세계화는 신자유주의의 세계적 확산을 의미하기도 한다. 전 세계가 규제 없이 완전경쟁을 하면 힘을 비축한 국가나 자산이 많은 개인에게 유리하다. 특히 중국은 세계화 확산이라는 천재일우(千載一遇)의 기회를 잘 이용했다. 세계의 자본과 기술이 중국으로 몰리면서 미국의 패권에 도전할 수 있는 중요한 조건이 마련되었다.

세계는 평평하지 않다

세계화의 긍정적인 효과는 그리 오래 가지 않았다. 국가 간 담장을 없앤 상태에서 정부가 시장에 개입하지 않으면 자본주의의 필연적 약점인 빈익빈 부익부 현상이 발생한다. 사회는 약육강식의 정글이 불가피하다. 불평등 문제는 세계화를 만든 미국에서부터 심각성이 인지되기 시작했다. 2008년 금융위기의 원인을 자본의 세계화에서 찾은 데이비드 스믹은 "오늘날 미국은 500만명 이상의 사람들이 해외에 본사를 두고 있는 기업에서 일하고 있다. 미국 재무부에 따르면 이 일자리는 미국 근로자의 4퍼센트를 차지할 뿐이지만 다른 부분, 즉 자본 투자의

10%, 연간 연구개발(R&D)의 15%, 미국 수출의 20%를 차지하고 있다."면서 미국 경제가 다른 국가에 밀리는 상황을 지적했다.[1]

경제학자인 마크 레빈슨(Marc Levinson) 역시 중국 중심의 성장으로 2001년부터 2008년까지 7년 동안 공산품의 세계 무역이 120퍼센트 증가했지만, 같은 기간 미국과 캐나다의 제조업 일자리는 8개 가운데 1개, 영국의 경우 4개 가운데 1개가 사라졌다고 주장했다. 아이폰은 세계화 경제의 복잡한 현상을 잘 보여준다. 아이폰은 최종 제조를 맡는 중국의 수출품으로 통계에 잡히지만 부품과 지적재산권 비용 등으로 일본을 비롯해 여러 국가에 비용을 지불한다. 레빈슨은 아이폰 판매에서 발생하는 대부분의 수익이 미국 기업인 애플의 금고로 흘러가지만, 정작 아이폰과 관련해 미국의 무역적자가 꾸준히 늘고, 미국 내 노동자에게는 일자리를 제공하지 않았다면서 세계화를 비판한다.[2]

두 학자는 미국 경제와 일자리 창출에 있어 세계화가 미국 경제에 독(毒)이 되었다고 주장한다. 분명 세계화는 지구적 차원에서 효율성을 높인다. 그러나 세계화는 국가 간에 제로섬 게임의 상황을 만든다. 경쟁력이 강한 국가는 시장을 독식할 수 있지만 그렇지 못한 상황에 있는 국가는 일자리가 줄어들고 경기가 침체된다. 퓨리서치의 분석에 따르면 50년 전에 비해 생활이 악화되었다는 미국인의 응답은 58%나 되었다. 특히 공화당 지지자들의 경우 부정적인 응답이 많아서 72%나 된다(민주당 지지자는 43%). 또한 향후 미국 경제에 대한 확신도 전체의 60%가 긍정적으로 보는데, 공화당 지지자는 56%, 민주당 지지자는 66%로 상반된 시각을 보여준다.[3] 이는 세계화에 반감을 가

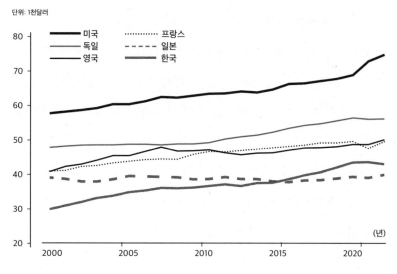

[그림 3-1] 주요 국가 평균 임금 추이(연간)

단위: 1천달러

범례:
미국, 프랑스, 독일, 일본, 영국, 한국

80
70
60
50
40
30
20

(년)
2000   2005   2010   2015   2020

자료: 미래에셋증권

진 미국인이 급증한다는 통계로 볼 수 있다. 트럼프 전 대통령을 지지
한 소위 러스트벨트의 유권자들은 세계화에서 밀려난 제조업 노동자
들로, 중국 노동자와의 경쟁에서 패배한 사람들로 볼 수 있다.

　그림 3-1은 세계화가 선진국 노동자에게 끼친 결과를 보여준다.
21세기 들어 주요 선진국의 평균임금 상승률은 매우 낮았다. 독일, 프
랑스, 영국 등 서구 선진국들은 21년간 임금이 평균 20% 내외 밖에
오르지 않았다. 특히 수축사회의 가장 대표적인 나라인 일본은 불과
2.3% 오르는 데 그쳤다. 미국은 30% 정도 상승했는데 특이한 점은
2017년부터 상승률이 높아진 점이다. 빅테크와 디지털 기술의 확산으

로 고소득층이 증가한 것과 고령화에 따른 노동공급 감소가 영향을 준 것으로 추정할 수 있다. 한국은 꾸준하게 임금이 상승한 나라로 주요 선진국 중 가장 높은 45% 가량 올랐다. 임금 상승으로는 일본을 멀리 추월해버린 셈이다. 결론적으로 세계화는 선진국 제조기업의 해외 아웃소싱을 촉진해서 선진국 중산층이 큰 피해를 본 것으로 요약할 수 있다.

2010년대 이후 세계화는 디지털 기술과 접목된다. 대부분의 제품이 단일 국가에서 생산되는 것이 아니라 비교우위를 지닌 여러 국가에서 나눠서 제조된다. 애플 스마트폰과 마찬가지로 미래산업의 핵심인 반도체 역시 글로벌 분업 구조 속에서 생산된다. 설계는 미국, 소재는 일본, 장비는 일본·미국·네덜란드가 담당한다. 최종 생산은 한국과 대만에서 이루어진다. 전기차에 사용되는 2차전지도 비슷하다. 핵심 소재는 호주와 남미 등에서 채굴한다. 공해가 발생하는 제련은 주로 중국에서 담당한다. 한국과 중국은 소재를 가공해서 전 세계에 배터리를 수출한다. 미래산업의 글로벌 분업이 확산되자 공급망에서 미국이 차지하는 비중은 더욱 줄어들었다. 미국이 자랑하는 테슬라, 구글, 애플, 아마존, 메타 등 빅테크 기업들은 한국, 대만, 일본, 중국의 도움 없이는 경영이 불가능해졌다. 이대로라면 미국은 2류국가가 될지도 모른다.

그렇다면 세계화 속도를 늦추든가 혹은 중단해야 한다. 국제정치학자인 문정인은 코로나 이후 세계를 이른바 성곽 도시(Walled City), 즉 요새화된 도시(Fortified City)와 같은 국가가 출현하면서 신 중세시대(New Medieval Ages)를 예상한다. 자급자족적 자국중심주의로 나가면서 국내 정치적으로는 국수주의적 포퓰리즘을, 국제질서는 1930년대 유럽을 휩쓸었던 '근린궁핍화정책', 바로 이웃국가를 가난하게 만드는 정책을 전망했다.[4]

세계화에 부적응한 미국

트럼프 전 대통령은 세계화의 피해를 국내 정치에 활용했다. 세계화로 미국에서 일자리가 줄어들었고, 세계의 경찰 비용으로 너무 많은 국방비를 쓰니, 세계화 대신 고립을 택하면 미국이 더 잘살 수 있다는 논리다. 미국의 지정학 전략가인 피터 자이한(Peter Zeihan)은 이런 트럼프의 정책에 논리적 기반을 제공했다. 그는 미국이 미국인만을 위하는 정책으로 회귀하면 세계는 암흑세계가 되지만, 미국은 더 잘살 수 있다고 주장한다. 미국이 이런 생각을 하게 된 배경에는 6장에서 살펴본 미국의 독점시스템에 도전할 국가가 나타난 것에 대한 두려움도 영향이 있었을 것이다. 미국이 뿌린 세계화가 미국을 공격하는 아이러니한 상황이 된 것이다.

미국의 유일한 해결책은 미국으로 공장을 이전하는 것뿐이다. 다행히 미국에서도 생산비용을 낮출 수 있는 방법을 찾았다. 제조원가는 공장부지 매입 비용, 세금, 원자재 비용, 인건비, R&D 비용, 운송비 등으로 구성된다. 미국 기업이 중국에서 제품을 생산해서 미국으로 들여오는 경우를 가정해보자. 설비투자에 들어가는 기계장치는 선진국에서 생산되기 때문에 미국과 중국의 가격차는 없다. 세금, 공장부지 비용 등은 법률을 바꿔서 중국과 동일하게 하면 된다. 인건비 차이는 로봇 등 기계 사용을 늘리면 절감이 가능하다. 이런 종합적 정책을 리쇼 어링(reshoring)이라고 한다. 각종 지원과 규제 완화 등을 동원해서 해외에 나가 있는 자국 기업이나 해외 기업을 불러들이는 정책이다.[5] 각국마다 이미 10여 년 전부터 활발하게 리쇼어링 정책을 진행하고 있다.

한편 세계화 추세에 중요한 변화가 나타나고 있다. 먼저 공산품 교역이 구조적으로 줄어들고 있다. 고령화에 따른 소비 감소, 소비 패턴이 공산품에서 서비스로 전환된 점, 기술 발전으로 규모의 경제 효과가 사라지면서 더 작은 규모로 생산이 가능해진 점 등을 원인으로 들 수 있다. 굳이 대량으로 생산해서 판매할 필요성이 줄어든 것이다. 마치 한국에서 대형마트가 사라지고 동네의 소규모 마트나 기업형 슈퍼마켓(SSM)이 유행인 것과 본질적인 이유는 비슷하다. 외국인 직접투자(FDI)는 세계화의 전성기였던 2007년에 세계 경제 생산량의 5.4퍼센트로 정점을 찍고 2018년에는 2007년의 3분의 1 이하로 줄어들었다. 이런 감소 흐름의 추세는 바뀌지 않을 것이다.[6] 수축사회로의 전환이 세계화를 후퇴시키는 요인으로 등장하고 있는 것이다.

중국은 세계화의 혜택을 가장 많이 누린 국가다. 세계화가 없었다면 중국은 세계의 공장 역할도, 높은 고성장도 불가능했을 것이다. 그러나 지금부터가 문제다. 중국이 중진국 함정에 다가서는 시점에 시진핑 주석은 영구집권을 추구하고 있다. 사회적 불만이 팽배한 상태에서 독재정부가 들어서면 사회 불안이 불가피하다. 세계화는 민주주의와 함께 국경을 넘기도 한다. 2016년 한국의 촛불혁명 당시 중국은 비공식적으로 한국을 방문하는 단체 관광객을 제한했다. 한국의 반정부 시위가 중국으로 확산될 것을 우려했기 때문이다. 세계화로 엄청난 고성장을 이룬 중국이 지금 취할 수 있는 정책은 세계화를 후퇴시켜 민주주의 확산을 차단하거나 독자적인 중국식 세계화에 나서는 것뿐이다.

중국 공산당의 궁극적 목표는 중국이 선진국이 되는 것이 아니라 공산주의 사회를 건설하는 것에 있다. 세계화가 더 진행될 경우 공산당의 독점 권력 유지가 가능할지 의문시 될 것이다. 중국의 정치 구호가 '중국식 현대화'로 바뀌고 있는 것은 중국 공산당이 세계화에 대해 상당히 우려하고 있다는 증거로도 볼 수 있다. 미국 역시 세계화에 따른 국내 산업 공동화로 위기에 처할 수 있다. 결국 미국은 경제적 이유로, 중국은 국내 정치적 이유로 각각 세계화의 후퇴 혹은 제한적 세계화에 묵시적으로 동의했을 수도 있다.

헤어질 준비: 2개의 세계화

미국과 중국 모두 새로운 형태의 세계화가 필요해졌다. 중국의 일대일로(一帶一路) 정책은 바로 중국식 세계화를 의미한다. 중국이 중심에 선 독자적인 공급망을 구축하려는 시도다. 반면 트럼프는 미국이 세계화에서 탈퇴하면 세계화 현상이 자연적으로 붕괴할 것으로 판단했다. 바이든은 세계화에 다소 제한을 가하는 중립적 시각을 유지하고 있다. 바이든은 미국만의 홀로서기는 불가능하기 때문에 동맹을 공고히 하면서 중국을 배제한 세계화를 추구하고 있다. 결국 자의반 타의

반으로 미국과 중국은 2개의 세계로 갈라서고 있다. 서로 다른 2개의 세계화 시대로 가고 있는 것이다.

중국은 러시아와 함께 오랜 기간 자유민주진영과 헤어질 준비를 해왔다. 미국의 제재에 견디기 위한 준비를 해온 것이다. 중국은 러시아에서의 원유수입 비중을 빠르게 높여왔다. 2010년경 중국의 원유 수입 중 러시아 비중은 7~8%에 불과했다. 그러나 2023년 상반기에는 18%대까지 상승했다. 전체 수입도 원자재와 식량을 중심으로 라틴아메리카와 러시아 비중이 높아졌다. 반면 유럽과 미국으로부터의 수입은 줄어들었다. 특이한 점은 아세안 국가와의 교역 비중이 높아진 것인데 향후 아세안이 중국 진영과 미국 진영의 각축장이 될 것임을 암시한다.

에너지뿐 아니라 중국이 2차전지 등 미래 산업에 다양한 형태로 보조금을 지급하자, 미국은 2018년 7월 중국에서 수입하는 제품에 대해 25%의 관세를 부과했다. 미국의 IRA 법안에 앞서 중국이 먼저 선방을 날렸고 이에 미국이 맞대응하면서 패권전쟁의 서막이 오른 것이다.

중국이 독자적인 세계화를 추진하자 중국에 진출한 해외 기업과 사람들의 탈출이 이어지고 있다. 중국에 장기 거주하는 미국인은 2010년 7만1천명에서 2020년 5만5천명으로 23% 감소했다. 프랑스인은 1만5천명에서 9천명으로 40%나 줄어들었다. 베이징 왕징(望京) 거리의 한국인은 10년 전만해도 10만명이 거주했는데, 지금은 2만명도 채 안 될 정도라고 한다.[7] 2020년부터 중국 정부는 미국 반도체 기업인 마이크론에 대한 구매를 급격히 줄였다. 중국도 헤어질 준비를 철저히 해온 것이다.

두 개의 진영이 완성되다

그렇다면 주변 국가들의 입장은 어떨까? 지구상 거의 모든 국가들이 어느 한쪽 편에 서야 하는 선택을 강요받고 있다. 2023년 5월 19~21일 히로시마 G7 회담은 편가르기가 끝났음을 알리는 신호였다. G7뿐 아니라 한국, 인도, 브라질, 호주, 인도네시아, 베트남도 초청국으로 참석했다. EU 상임의장과 집행위원장도 참석했다. G7은 경제적 공동체이지만 히로시마 G7 회담은 미국 진영의 완성과 출범을 알리는 신호탄이었다. 또한 젤렌스키 우크라이나 대통령까지 참여하면서 중국, 러시아와의 전선을 분명히 했다. 브라질, 호주, 인도네시아는 글로벌 원자재 생산국이다. 베트남은 중국을 대체하는 중요한 공급망으로 등장하는 국가다. 곧이어 공급망 관리를 위한 '인도·태평양경제프레임워크'(IPEF)는 2023년 5월 27일 공급망 협정을 처음으로 타결했다. 한·미·일 3국을 비롯해 호주·인도·싱가포르·인도네시아 등 아시아·태평양 지역 14개 회원국이 세계적인 공급망 위기에 공동 대응하기로 전격 합의했다.

이후 미국 진영의 결속을 보여주는 신호가 다양하게 나타나기 시작했다. 중국산 수입 비율이 13%에 달하는 독일은 2023년 7월 〈대(對)중국 전략(China-Strategie)〉 문서를 공개했다. "인도·태평양 지역의 문제는 유럽과 대서양 지역 안보에 직접적 영향을 미치므로, 이 지역 파트너들과 안보·군사 협력을 확대하겠다."면서 "대만해협의 군사적 긴장

고조는 독일과 유럽의 이익에도 영향을 미친다."고 발표했다. 영국 의회 정보·안보위원회(ISC)도 "중국의 도전이 단순히 경제적 차원을 넘어서 자유민주주의 체제에 대한 실존적 위협이 될 수 있다."는 내용의 보고서를 내기도 했다.[8] G7 국가 중 유일한 일대일로 참여국가였던 이탈리아도 일대일로에서 탈퇴를 검토하고 있다. 이런 과정을 거쳐 NATO, G7, IPEF 등 핵심적인 미국 진영 시스템이 구축되었다.

히로시마 G7 정상회담이 열리는 시기에 중국은 중앙아시아 5개국(카자흐스탄, 키르기스스탄, 타지키스탄, 투르크메니스탄, 우즈베키스탄) 정상들을 당나라 시대 실크로드의 출발점인 시안으로 초대했다. 시진핑 주석은 '좋은 이웃'에서 '전략적 동반자'이자 '미래를 공유하는 공동체'로 도약하자고 제안했다. 동시에 미국 진영의 도발에 대해 "14억여 중국 인민의 반대편에 서지 말아야 하며, 불장난을 하는 자는 반드시 스스로 불에 타 죽을 것"이라고 경고했다. 미국과 핵협상을 재개한 이란도 중국이 주도하는 반미 동맹인 상하이협력기구(SCO)에 정식 가입했다. 이란 대통령은 SCO에 가입하는 자리에서 SCO가 달러 패권을 허무는 '위대한 가족'을 상징한다고 표현했다. 이제 세계화 시대에 종말을 고하고 본격적인 대립의 시대를 선포한 것이다.

탈세계화, 한국의 미래는?

IMF는 미국 진영과 중국 진영이 생길 경우 전 세계적으로 생산량(output)이 5년간 1% 감소할 수 있다고 분석했다. 장기적으론 2%대의 감소를 예상했다. 이는 인도, 인도네시아, 라틴아메리카 등이 경제동맹에 참여하지 않는 시나리오를 가정한 경우다. 진영이 완성될 때 미국 진영은 전 세계 GDP의 45.4%를 차지할 것으로 보면서 미국 16.0%, EU와 스위스 15.6%, 다른 선진국은 13.8% 정도 비중을 차지할 것으로 예상했다. 중국 진영은 중국 17.5%, 동남아시아 4.0%, 기타 국가 17.0% 등 38.5%를 점유할 것으로 전망했다.[9] 이 정도 비중 차이라면 중국도 해볼 만하지 않을까? 그러나 이런 분석은 아무 의미가 없다. 패권전쟁은 거의 모든 영역에서 발생하고, 중간 지대에 위치한 국가들은 전세가 확실해질 때까지 판단을 유보할 것이기 때문이다.

문제는 한국이다. 세계화의 후퇴와 블록화가 진행되면 한국은 피해가 가장 클 것이다. 세계은행의 루이 마노(Rui Mano) 등이 연구한 '기술 디커플링의 효과'와 관련된 연구에서는 주요 경제국 간의 하이테크 부문에서 무역 장벽이 발생하면 한국이 가장 큰 타격을 입는다는 연구 결과가 있다.[10] 특히 컴퓨터, 전자장비 등 한국이 강점을 가진 산업에서 큰 피해가 있을 것으로 전망했다.

다음 장에서는 본격적으로 미-중 간의 패권전쟁을 들여다볼 것이다. 미국의 정치학자인 이언 브레머(Ian Bremmer)는 2014년에 세계가 G20을 거쳐 G2, 그리고 이후에는 G0가 될 것으로 예상했다.[11] 그는 패권전쟁의 결과로 승자가 없는 혼란과 무질서가 상시화된 '리더가 사라진 세계'를 전망했다. 이 책의 '여는 말'에서 비유했던 '작은 연못'의 물이 썩어 들어가는 상황과 비슷한 세계가 되는 것이다. 나는 패권전쟁이 이미 2010년경부터 시작되었고 지금은 전선이 확대되는 국면으로 파악한다. 오바마 정부 2기부터 미국과 중국은 헤어질 결심을 하고 헤어진 이후를 준비해왔다.

12장

3차 세계대전, 복합총력전

과거의 전쟁은 총포를 동원한 물리적 전쟁이었다. 여전히 국지전은 군사무기를 동원한 전쟁이지만, 지금 벌어지고 있는 패권전쟁은 입체적인 전면전이다. 거의 모든 영역에서 세계의 핵심 국가들이 전부 참여한다. 일찍이 2014년에 전략경제학자인 윌리엄 엥달 (William Engdahl)은 미-중 간의 전쟁은 군사 전쟁뿐 아니라 경제, 환경, 미디어, 통화, 석유, 식량, 보건 등 모든 영역에서 발생한다고 지적했다.[12] 그러나 현실은 엥달의 전망보다 더 광범위하게 나타나고 있다. 왜냐하면 이번 패권전쟁은 생존을 위한 마지막 전쟁이기 때문이다. 어정쩡하게 타협이 되어도 전쟁은 새로운 영역에서 다양한 형태로 계속 진행될 것이다. 영토를 늘리기 위한 전쟁이 아니라 패권을 차지해야만 생존하고, 반대로 패권을 빼앗기면 생존을 담보할 수 없기 때문이다. 미국과 중국에게는 다른 선택지가 없다. 드라마 〈오징어 게임〉과 같이 무조건 이겨야만 살아남는 전쟁이다.

패권 이행 이론(power transition theory)에 따르면 신흥국가가 기존 패권국을 추월하려고 위협할 때 전쟁이 일어날 가능성이 크다고 한다. 미국의 국제정치학자인 그레이엄 앨리슨(Graham Allison)은 비슷한 논리로 이를 '투키디데스의 함정'으로 설명한다.[13] 중국이 미국을 넘기 어렵다면 국력이 최고조인 바로 지금 공격해야 한다는 논리다. '지금 아니면 기회가 없다'(now-or-never)는 사고방식이다.

공포의 균형(balance of terror)

패권전쟁에 나선다고 해서 미국과 중국이 군사적으로 충돌할 것이라고 쉽게 예상해서는 안 된다. 많은 경우의 수가 있지만 군사적 충돌이 발생하면 인류 전체가 파멸로 이어질 수 있기 때문이다. 냉전시대에 미국과 소련이 직접 전쟁을 벌이지 못한 이유는 핵무기 때문이다. 먼저 핵공격을 하는 국가는 더 심각한 핵 보복을 당하는 구조에서 선제공격을 할 수 없는 상황이었다. 이를 '공포의 균형'이라고 한다. 만일 소련이 미국에 핵공격을 하게 된다면 미국의 주요 핵기지를 먼저 공격할 것이다. 공격 시간은 최대 30분 내외이기 때문에 소련의 핵미사일이 날아오는 동안 미국은 소련의 인구와 산업이 집중된 지역에 핵공격을 감행할 것이다. 이럴 경우 양측 모두 재기 불가능한 피해를 입게 되기 때문에 핵무기는 전면전을 억제하는 무기였다.

누구도 완벽한 승리를 거두기 어렵다

지금은 공포의 균형이 더욱 강화되고 있다. 과학기술 발전으로 핵미사일의 속도가 과거보다 빨라졌다. 보복 공격을 담당하는 핵잠수함은 더 깊은 바다 속을 누비고 있어서 탐지 자체가 불가능하다. 레이더에 잡히지 않는 스텔스 폭격기, 우주 무기, 드론과 같은 비대칭 무기도 실전 배치되었다. 러시아는 2018년 3월 슈퍼 신무기 6종을 공개했다. 핵추진 대륙 간 수중 드론 '카넌', 핵추진 순항 미사일, 미국의 미사일 방어망(MD)을 피할 수 있는 대륙 간 탄도 미사일인 RS-26 '아방가르드'와

RS-28 '사르맛', 극초음속 순항 미사일 '킨잘', 신형 레이저 무기 등이
다.[14]

　　새로운 무기가 자꾸 등장하고, 심지어 어떤 무기가 존재하는지도
모르는 상태에서 선제 핵공격을 감행한다는 것은 비합리적이다. 또한
핵무기 개발은 이제 어려운 기술이 아니다. 북한을 비롯해서 이란도 핵
무기를 개발중이고 잠재적으로 더 많은 국가가 핵무기 개발 능력을 보
유할 것이다. 많은 국가가 핵무기를 보유하게 되면 미국, 중국, 러시아 등
핵무기 강국의 입지는 줄어든다. 또한 자신들도 핵공격의 타깃이 된다.

　　최근 러시아는 벨로루시에 전술 핵무기를 배치했다. 이는 실제
핵무기 사용을 위한 것이 아니라 우크라이나와 서방에 대한 압력 조치
이자, 러시아의 보급선인 벨로루시에 대한 우크라이나의 공격을 억지하
기 위한 전략으로 판단된다. 〈파이낸셜 타임스〉의 보도에 따르면 2023
년 3월 러시아를 국빈 방문한 시진핑이 푸틴 대통령에게 핵무기를 쓰
지 말라고 경고했다는 보도도 있다.[15] 본질적으로 핵무기 사용에 대한
예상은 의미가 없다. 핵무기를 사용하는 순간 선제공격한 국가는 회복
하기 어려운 피해를 입게 되기 때문이다.

　　물론 대만 해협 등에서 군사적 충돌이 벌어질 수 있다. 그러나 잊
지 말아야 할 것은 **핵무기를 보유한 국가 간의 전쟁에서는 어느 일방
도 완전하게 승리하거나 패배하지 않는다**는 점이다. 설령 미-중 간에
전쟁이 벌어지고 미국과 대만에 전세가 유리해져도 중국 본토로 진격
해서 완전한 승리를 추구할 수는 없다. 전세가 불리한 핵보유국에게
핵무기를 사용할 빌미를 주어서는 안 되기 때문이다. 러-우 전쟁에서

우크라이나 군대나 서방의 군사 지원이 러시아 영토로 향하지 않고 우 크라이나 내부에만 머무는 이유도 같은 맥락이다. 한편 핵무기가 아니 라도 화학무기나 생물학 무기는 언제든지 사용될 수 있다. 군사적으로 이번 **미-중 간의 패권전쟁은 어느 일방의 완전한 승리가 어렵다**는 전 제에서 상황을 파악해야 한다.

군이 핵전쟁을 벌이지 않아도 상대방을 제압할 많은 수단이 있다. 미국이나 중국의 국민들은 대규모 희생이 불가피한데 과연 전면전이나 핵전쟁을 용납할까? 독점시스템에 익숙해져 이기적이고, 개인주의 성 향이 강하면서, 국민소득 7만달러의 미국인들이 대규모 징집, 경기침체, 주가 폭락을 받아들일 수 있을까? 중국의 대만 침공 시 주요 7개국(G7) 이 중국에 가할 경제 제재로 전 세계가 3조달러의 피해를 입을 것이라 는 예측도 있다.[16]

중국의 입장도 비슷하다. 중국 인민들은 자본주의의 단맛을 알기 시작했다. 개인주의 경향도 강해지고 있다. 만일 중국이 패배하거나 치 명적인 피해를 입게 되면 시진핑 주석과 공산당의 입지는 매우 약화될 것이다. 모든 정치 세력은 자신들의 권력 유지가 가장 중요한 목표다. 패권전쟁으로 권력 유지가 어려워진다면 굳이 모험을 추구하지는 않 을 것이다.

지구전(持久戰), 버티면 이긴다!

미-중 패권전쟁은 미국의 독점시스템에 대한 중국의 도전과 독점시스 템을 지키려는 미국의 충돌이다. 이번 패권전쟁은 군사력을 동원한 전쟁보다는 과학기술과 경제(금융)전쟁 경향이 강하다. 미국이나 중국 중 어느 일방이 승리한다면 상대방을 완전히 굴복시키고 재기 불가능하게 만들 것이다. 세계 패권을 완전히 쟁취할 수 있기 때문에 당연히 전쟁에 올인해야 한다.

군사적 전쟁의 승패는 국력(경제력) 차이에 있다. 2차 세계대전 당시 독일 경제력은 미국 경제에 비해 30~40%대 수준이었다. 소련도 냉전시대 내내 미국 GDP의 40% 정도가 최고 수준이었다. 일본의 사례를 살펴보자. 일본은 무려 12배나 강한 미국에 도전했다. 1920년대 후반부터 일본 경제는 어려워지기 시작했다. 이어서 대공황이 발생하자 1931년 만주사변, 1937년 중일전쟁을 일으켜 경제를 회복하려고 시도한다.

이후에도 일본은 차근차근 아시아 대륙 전체를 침략하지만 딜레마가 있었다. 일본의 팽창 정책은 전쟁에 필요한 자원을 잠재적 적국에 더욱 의존하게 했다. 2차 세계대전 이전 일본은 석유의 80%, 휘발유의 90%, 고철의 74%, 공작기계의 60%를 미국에서 수입했다. 그러나 전쟁을 벌이지 않을 경우 급격한 몰락 외에 다른 대안이 없을 것이라는 사실을 더 두려워했다. 결국 2차 세계대전은 일본에게는 거의 자살행위였다.[17]

1차 세계대전 이후 미국의 진략은 전쟁을 장기화해서 상대방이 자멸하도록 이끄는 것이었다. 독일, 일본, 소련은 미국이 장기전을 펼치자 국력의 한계로 패배했다. 요즘 용어로 표현하면 공급망을 미국에 의존한 상황에서 미국을 공격했던 것이다. 상황만 놓고 보면 중국은 2차대전 당시의 일본, 독일과 비슷하다. 그러나 중국은 미국 GDP의 80% 수준에 도달해 있다. 독일, 일본, 소련과는 비교가 안 될 정도로 강하다. 미국이 패권 국가에 오른 지 100년 만에 제대로 된 강적을 만난 것이다.

국력은 Flow가 아니라 Stock이다

호사가들은 중국 GDP가 미국을 추월하는 시점인 2030년대 초반 정도를 미-중 패권전쟁 시점으로 본다. 중국 경제가 미국을 앞서는 시점이라서 중국에게 승산이 있을 것이라는 계산이다. 그러나 이는 잘못된 판단이다. 연봉이 같으면 생활수준이 비슷할까? 원래 부잣집 자제였던 A는 고급 주택, 자동차 등 생활에 필요한 모든 것을 가지고 있었다. 유산으로 물려받은 자금으로 주식, 부동산 투자로 자산 소득도 상당하다. 반면 가난한 가정 출신인 B는 개천에서 용 났다고 할 정도로 빠른 출세를 해서 A와 월급이 같아졌다. 그러나 주택, 자동차 등을 구입하려면 더 많이 저축해야 한다. 물려받은 유산도 없다. 투자할 자산 역시 제로(0)다. 두 사람은 월급이 같을지라도 주택 등 보유한 자산에서는 엄청난 차이가 난다.

전쟁은 GDP, 즉 월급(flow)으로 싸우는 것이 아니라 자산(stock)으로 싸우는 것이다. 쌓아놓은 자산이 부족한 중국은 지구전이나 소모전이 발생하면 불리하다. 자산 관점의 전통적인 전쟁 논리로 보면 중국의 선택지는 제한적이다. 바로 이 논리가 미국이나 한국의 보수파 혹은 국제정치학자들이 보는 미-중 패권전쟁에 대한 인식이다. 합리적인 예측이다. 그러나 이런 사고는 과거형이다. 지금 벌어지고 있는 패권전쟁은 3차 세계대전이다. 인류 역사상 최초의 디지털 전쟁이다. 후방의 모든 국민까지 참여하는 총력전이다. 사람뿐 아니라 기계가 본격적으로 참전하는 미래 전쟁이고, 적국이 아니라 자국민을 상대로 한 정치적 전쟁이기도 하다.

내 편을 만들어라

"가치 동맹은 가치가 없다." 김준형 전 국립외교원장의 말이다. 미-중 패권전쟁은 표면적으로 자유민주주의와 사회주의 간 이념 전쟁으로 보인다. 미국과 중국 지도자들은 기회가 있을 때마다 가치를 공유하는 국가와의 관계를 강조한다. 세계화된 경제 구조에서 미국이나 중국이 1:1로 붙었을 때 양측 모두 승리를 장담하기 어렵다. 따라서 지원군 즉 동맹을 만들기 위해 가치(이념)로 포장하는 것이다. 우리가 사용하는 모든 상품에는 미국과 중국뿐 아니라 많은 나라의 기술과 노동력, 원자재가 섞여 있다. 그런 만큼 중간지대에 있는 많은 국가들을 내편으로 만드는 것이 중요하다. 세계적 차원에서 얽혀 있는 공급망을 장악하기 위해서는 더 많은 나라를 내 편으로 만들어야 한다. 거의 모든 영역에서 전쟁이 발생하고 있기 때문에 내 편이 많을수록 유리하다. 지금은 미국이 세계 전체 GDP의 50%를 차지하던 2차대전 직후 시대가 아니다.

이익을 나눠야 친구다

미-중 패권전쟁의 핵심은 기술패권전쟁이다. 미래산업의 핵심인 반도체에 관한 한 미국과 중국 모두 약세라고 할 수 있다. 반면 중국의 배터리 경쟁력은 압도적이다. 반도체와 배터리를 모두 가지지 못한 미국과 중국은 자신들을 보완해줄 강력한 동맹이 필요하다. 단순한 동맹보다는 진심으로 기술을 공유하고 공급망을 함께 나눌 친구여야 한다. 그래서 프렌드쇼어링(Friendshoring)이라는 용어를 사용한다. 미국이 한국·일본·대만과 추진하고 있는 반도체 동맹인 '칩4'(Chip4) 역시 미국은 프렌드쇼어링 차원에서 접근하고 있다.

그러나 한국과 대만의 생각은 좀 다르다. 칩4 동맹은 미국과 일본 입장에서는 반도체를 지키고 중국을 견제하는 훌륭한 동맹이다. 그러나 한국이나 대만은 가장 큰 시장인 중국에서 철수해야 한다. 반도체 전쟁은 안보에도 큰 위협이 될 수 있기 때문에 미국과 일본만을 위한 동맹의 측면이 크다. 장기적으로 미국은 반도체와 배터리 생태계를 미국 국내에 구축하려고 한다. 한국이나 대만으로서는 존재 가치가 흔들릴 수도 있다.

미국은 동맹이라는 가치를 내걸지만 한국이나 대만은 동맹을 통해 미국이 자국 이익만을 추구하는 것으로 의심할 수 있다. 미국은 IRA 법안을 마련, 미국에 투자하는 기업에게 당근(보조금)을 지급하고 있다. 반도체 공급망에서 친구라는 용어가 등장하지만 여기서 <u>친구의 의미는 정치 이념을 공유하는 가치 동맹이 아니라, 경제적으로 투명하게 이익을 주고받는 합리적인 거래 관계로 인식해야 한다.</u> 만일 미국에 반도체 생태계가 완벽하게 조성된 후에도 반도체 영역에서 동맹 관계가 지속될까? 일본은 40여 년 전 절친인 미국에게 당해서 반도체 패권을 잃었다. 과거로부터 배우고 철저하게 자국 이익 중심으로 대응해야 한다.

중국이 사라지면 행복할까?

중국을 빠르게 배제할 수 없는 현실적 이유도 중요하다. G20 국가 중 절반 이상 국가는 전체 수입의 20% 이상을 중국에 의존하고 있다. 중국과 관계가 나빠지면 바로 국내 경제에 타격을 받는다. 2020년 마스크 사태, 요소수 사태와 같이 중국에서 수출을 통제하면 중국 의존도가 높은 국가들은 혼란에 빠진다. 인도는 통신 장비의 거의 40%, 데이터센터 장비의 3분의 2를 중국으로부터 수입한다. 중국 기업인 헝퉁(亨通, Hengtong)그룹은 전 세계 광섬유망의 15%를 설치했다. 중국의 위성 네트워크는 수십 개 국가에서 채택되었고, 세계 각국의 수도 165개를 대상으로 위성 서비스를 제공한다. 이는 미국의 위성항법시스템(GPS)이 제공하는 서비스 범위보다 넓다. 중국이 제공하는 통신과 위성 인프라를 대체하려면 비용이 너무나 많이 든다.[18]

공급망 전문가인 제임스 리카즈(James Rickards)는 미-중 패권전쟁으로 공급망이 붕괴되는 상황을 "비싼 꽃병이 깨져 수천 개로 조각난 상황이다. 깨진 조각을 붙여 이전의 꽃병으로 되돌리려는 희망은 헛되다. 새로 사야 한다."고 표현했다. 그는 수입국이 중국에 전략적으로 의존하고 있는지에 대한 여부를 알기 위해서는 수입품 중

① 50%가 중국에서 왔는지

② 해당 국가가 그 물품의 순 수입국인지

③ 중국이 해당 물품의 세계시장을 30% 이상 점유하고 있는지

등에 따라 정해진다면서 이 세 가지 질문에 모두 '예'라고 답했다면 그 국가는 전략적으로 중국에 의존한다고 주장한다. 리카즈가 상품 카테고리 5,910개를 살펴본 결과 중국에 전략적으로 의존하고 있는 상품 카테고리의 수는 호주 595개, 캐나다 367개, 뉴질랜드 513개, 영국 229개, 미국 414개에 달했다. AI, 로봇, 양자기술 등 미래 기술 역시 마찬가지 결과였다.[19] 특히 한국이 가장 위험하다. 수입 특화 품목 중 중국 의존도가 50% 이상인 제품은 무려 1,088개로(HS 6단위, 총 5,300개 중)나 되는데, 이중 653개 품목은 70% 이상이나 된다.

2016년 사드(THAAD) 배치는 한-중 관계에 있어 중요한 전환점이었다. 이때부터 중국 관광객 비중이 줄어들었다. 한류 앨범 판매와 같은 문화 상품은 중국에서 자리잡기 어려워졌다. 중국 내에서 한국 자동차와 스마트폰의 존재감은 거의 사라졌다. 특히 중국에 대한 한국의 중간재 수출 비중이 급속히 낮아졌다. 2022년 하반기 이후 중국과 무역적자가 발생한 것은 이미 사드 배치 당시부터 시작된 것이다. 미국과 중국 사이에서 고민하고 있는 국가들은 한국의 피해 사례를 살펴보고 있을 것이다. 이들의 입장에서 확실한 대응은 최대한 의사 결정을 유보하고 국익을 추구하는 것뿐 달리 대안이 없다.

개도국의 독재자들은 중국에 우호적인 시각을 가지고 있다. 일대

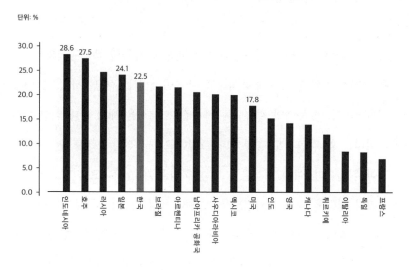

[그림 3-2] G20 국가의 중국에 대한 수입 의존도

단위: %

자료: 산업연구원, '한국 산업의 공급망 취약성 및 파급경로 분석,
i-KIET 산업경제이슈, 제123호, 2021.11.18.

일로로 경제 지원을 받았고, 자신들의 독재 권력에 대해 중국이 지지를 보내고 있기 때문이다. 중국은 AI와 빅데이터, 사이버·생체·음성·안면 인식 기술을 결합해서 독재자가 국민에 관해 모든 것을 알 수 있게 하는 시스템을 수출하고 있다. 중국은 2020년 기준 80개 이상의 국가에 감시시스템을 판매해 운영하고 있다. 시민혁명을 원천적으로 차단하는 기술을 중국에 의존하고 있는 것이다.[20] 독재국가들은 심정적으로 중국 선호도가 높을 것이다. 미-중 패권전쟁은 이렇게 복잡하고 다양한 측면까지 고려해야 한다.

힘겨운 진영 관리

미국 혹은 중국과 친구 관계를 맺은 국가들의 행동동기의 핵심은 경제적 가치다. 다르게 해석하면 자국이 선택한 진영에서 경제적 이익이 줄어들면 동맹의 결속력이 약해진다. 배신을 해서 상대 진영으로 갈아타기 할 가능성도 충분하다. 그렇다고 군사적인 응징도 쉽지 않은 것이 현실이다. 이런 허점을 노리는 국가들이 늘어나고 있다. 양다리 걸치기 전략을 넘어 패권전쟁을 이용하는 국가들이다. 튀르키예는 매우 노골적이다. 나토 회원국이지만 러시아와 깊게 교역 중이다. 사안에 따라 태도가 바뀐다. 동서양을 가르는 지정학적 요충지라는 조건을 확실하게 이용하고 있다.

배신의 두려움

미국 입장에서 가장 중요한 동맹은 나토(NATO) 회원국이다. 서유럽이 국제정치적으로 미국 진영인 점은 분명하다. 그러나 경제 문제에 있어서는 수시로 미국과 다른 목소리를 낸다. 2021년 유럽은 '매출 발생국 과세권 배분'과 '글로벌 최저한세'를 도입하기로 했다. 연결기준 연간 매출액이 200억 유로, 이익률이 10% 이상인 대기업은 초과 이익의 25%에 대해 소재국에 세금을 내야 한다. 유럽에서 엄청난 수익을 올리고 있는 구글, 애플 등 미국 빅테크 기업을 견제하려는 분명한 신호다. 당시 미국은 프랑스 와인 등에 관세를 부과하는 맞대응 정책을 펼치기도 했다.

호주는 2021년 9월, 그 5년 전에 프랑스와 맺었던 560억 유로(약 77조원) 규모의 디젤 잠수함 12척 건조 계약을 파기했다. 대신 미국과 핵잠수함 구매로 계약을 변경했다. 시진핑 주석이 3연임을 확정한 후 프랑스는 중국을 방문해서 경제 교류를 확대하자고 약속했다. 프랑스 등 NATO 회원국들은 패권전쟁에 참여하면서도 자국의 이해관계는 포기하지 않는다. **이번 패권전쟁은 전 지구적 차원이지만 핵심 전선이 태평양 권역이기 때문에 유럽 국가들은 정치·안보적 측면에서 좀 더 자유롭다.** 심지어 일본도 경제적 실익을 챙기고 있다. 2023년 7월 초 고노 요헤이 전 일본 중의원 의장과 대기업 80명 임원 등으로 구성된 일본 민간 방중단은 중국을 방문했다. 정치적 갈등과 분리해서 경제·무역 교류는 지속한다는 '정경분리' 정책은 1970년대 중국 개방 이전에 일본이 사용하던 정책인데 근래 다시 사용하고 있다.

지금은 어렵지만 유럽 경제도 점차 기력을 회복할 것이다. 유럽 경제가 회복될수록 미국은 유럽 국가들을 통제하기가 쉽지 않을 것이다. 프랑스처럼 독자 행보를 하는 국가가 늘어날 수 있다. 그렇다면 미국은 광범위한 동맹보다 압축 동맹을 맺어 관리대상 국가 수를 줄이는 것도 좋은 방법이다. 기존 동맹국과 관계를 유지하면서 미국과 명확한 이해관계가 있는 국가들을 모아서 NATO 수준의 다른 동맹을 만드는 것이다. 호주, 캐나다, 프랑스, 독일, 일본, 한국, 영국 등 단 7개국만 결집시킬 수 있어도 미국은 강력한 경제 동맹체를 결성할 수 있다.[21] 이들 국가들은 안보와 경제에 있어서 미국 의존도가 매우 높은 국가들이다. 또한 반도체, 배터리와 디지털 기술에 있어서도 미국과 상호 보완적 관계에 있기 때문에 미국 입장에서는 꼭 필요하다. 미국은 이런 다급함이 있다. 한국이 먼저 손 내밀지 않아도 미국은 한국이 필요하다. 최근 미국이 동아시아에서 한미일 3각동맹을 요구하는 것은 군사적 측면도 중요하지만 경제와 과학기술 측면에서 한국을 핵심적 이익으로 보기 때문이다.

중국 역시 동맹 관리가 어려워지고 있다. 중국은 일대일로 계획으로 이미 엄청난 비용을 지불했다. 그러나 이 자금은 부실화되고 있다. 2010년대에 중국 정부는 전 세계 165개 국가의 인프라 건설에 8,470억달러를 투입했다. 일대일로라고 부르는 투자를 통한 영향력 확대 전략은 '부채 함정 외교'(debt trap diplomacy)와 중국식 신식민주의(Neo-colonialism)로 비판받기도 한다.[22] 이들 차관의 대부분은 15년 안에 상환하도록 만기가 잡혀 있다. 중국이 해외에 제공한 차관의 대부분은 2030년 경 만기가 돌아온다. 중국 정부 스스로도 남아시아에 투자한 금액의 80%와 동남아시아 지역에 투자한 금액의 50%, 중앙아시아 지역에 투자한 금액의 30%를 회수하지 못할 것으로 예측했다.

'부채 함정 외교'라는 비난이 커지면서 많은 나라가 중국의 일대일로 구상에서 탈퇴하거나 차관 조건을 재협상하자고 요구하고 있다. 또한 참여 국가 중 상당수에서 반(反) 중국 성향 정당이 대거 집권했다.[23] 중국 역시 장기적으로 동맹으로 삼으려는 국가들을 관리하기가 점점 어려워지고 있다.

인도는 인도 편이다!

인도는 인구 대국이면서 중국을 대체하는 제조업 생산기지로 부상 중이다. 인도양의 제해권과 중국의 인도양 진출을 막기 위해서 인도는 매우 중요하다. 가끔 군사적 충돌이 발생하기도 하지만 인도의 디지털 인프라의 중국 의존도는 매우 높다. 2020년 히말라야 국경 충돌 이후 인도는 100개 이상의 중국 앱을 금지했다. 틱톡(TikTok)과 위챗(WeChat) 같은 중국의 모바일 애플리케이션 수십 종의 사용을 금지하고, 화웨이와 ZTE 등 중국의 정보통신(IT)기업이 인도의 5G 통신 사업에 참여하지 못하도록 막았다. 그러나 중국 기업은 오히려 스마트폰 시장에서의 점유율을 높여 2020년 말에는 인도 스마트폰 시장의 75%를 차지했다. 인도에서는 값싼 중국산을 대체할 제품이 없다.[24]

미국 입장에서 인도는 매우 불편할 것이다. 인도는 전통적으로 중국과 관계가 나쁘지만 러시아와는 우호적 관계를 유지하고 있다. 정치적으로는 미국 진영이지만, 경제문제에 있어서는 러시아, 중국과 밀착도가 높다. 러-우 전쟁 기간 중 가장 많은 경제적 이익을 취한 국가가 인도다. 러시아의 원유 수출 제한 조치에도 아랑곳하지 않고 인도는 러시아에서 20~30% 할인된 원유를 수입해서 소비하거나 가공 후 재수출하고 있다.

보다 못한 미국은 2023년 6월말 모디 총리를 미국으로 초청해서 전투기 엔진 기술을 제공하는 등 환심을 사려고 노력했다. 그런데 미국 방문 6일 후 모디 총리는 러시아의 푸틴과 통화하면서 '전략적 파트너십 강화'를 재확인했다고 한다. 안 그래도 인도는 러시아 무기의 주요 수입국이었는데, 이러저래 미국으로서는 속이 탈 일이다. 그래서 인도는 어느 편도 아닌 자국의 국익만을 추구하는 '인도는 인도 편이다.'라는 말이 나올 정도다. 많은 국가들이 이러한 인도의 실익 추구에 주목하고 있다. 반대로 미국이나 중국은 진영 관리 비용이 증가할 것이다. 시간이 지날수록 그 비용은 더 늘어난다.

남아시아와 아세안에서도 편가르기가 한창 진행중이다. 베트남은 은근히 인도 모델을 추구하고 있다. 역사적으로 중국과 적대관계가 분명하지만 베트남 산업 구조는 중국 의존적으로 바뀌고 있다. 물론 미국도 베트남에 다양한 당근을 제공하고 있다. 두테르테 대통령 시절 친중정책을 펴던 필리핀은 미국과 다시 밀착하며, 군사기지 제공 등 다양한 협력을 약속하고 있다. 현재 남아시아에서 확실히 중국 편에 설 수 있는 국가는 미얀마 정도 아닐까? 중국은 편 가르기에서 확실히 밀리고 있다. 그러나 남아시아 전체의 속내는 인도와 같을 것이다.

반도체와 배터리 등 미래 기술에 사용되는 원재료 생산국의 전략적 가치가 크게 상승하고 있다. 배터리에는 리튬, 니켈, 코발트, 망간, 구리, 흑연, 실리콘과 희토류가 필요하다. 이런 광물들은 여러 국가에서 채굴된 후 중국에서 제련과정을 거친다. 미-중 기술 패권전쟁은 원재료 생산국가들이 '자원 민족주의'에 나설 절호의 기회를 제공하고 있다. 원재료 생산 국가는 미-중 양국으로부터 러브콜을 받을 것이다. 때로는 군사력을 동원하거나 경제적 지원을 통해 자신의 진영으로 들어오기를 요구할 것이다.

배신을 방지하고 동맹을 유지하기 위해 초법적 조치까지 동원되고 있다. 미국은 '해외우려단체'의 의미를 확장해서 적용하기 시작했다. 우려국에서 설립되거나 본점을 두는 기업은 지분 관계를 따지지 않고 모두 해외우려단체로 지정했다. 해외우려단체(정부, 국영기업 등)와의 공동 소유 또는 우려 단체가 의결권 지분의 25% 이상 소유했을 때, 외국 파트너가 과반수 지분을 가지더라도 모두 해외우려단체에 해당된다. 결국 제3국 입장에서는 미국이 주도한 우방국에 포함되는 것이 중요하다. 미국 진영에 포함된 다음 미국의 기술적, 안보 가치를 훼손하지 않는 범위에서 중국과의 관계를 설정하려 할 것이다.[25]

이에 질세라 중국은 반(反) 간첩법을 제정해서 2023년 7월 1일부터 시행에 들어갔다. 이 법은 '간첩 행위'의 범위와 대상을 크게 확대했는데, 기존 간첩 행위에 '사이버 스파이' 행위를 추가했다. 적용 대상도 기존의 '국가 기밀이나 정보'에서 '국가 안보나 이익에 관련된 문건·데이터·자료·물품'으로 확장했다. '국가 안보나 이익'의 규정 적용 범위는 전적으로 중국 당국에 그 해석권이 있음은 불문가지다. 중국의 반간첩법은 기술 유출을 막기 위한 것보다는 한국 등 중국과 이해관계에 있는 국가를 통제하기 위한 수단으로 보인다. 내 편이 아니면 간첩으로 몰겠다는 의지의 표명이다.

과거 냉전 시절에는 피아 구분이 확실했다. 그러나 지금은 과학기술, 금융 등에서도 전선이 형성되면서 피아 구분이 모호해졌다. 중간 지대의 많은 국가들은 자국의 입장이 알려지는 것보다는 전략적 모호성을 유지하려 한다. 그렇다면 미-중 사이에 낀 국가 입장에서 가장 좋은 처신은 '양다리 걸치기'가 아닐까? 미-중은 자신들의 진영을 확대하려 하지만 각 국가들의 속내는 국익에 우선해서 확실한 진영을 거부할 것이다. 한 베트남 고위 당국자는 "미국과 너무 가까워지면 공산당을 잃고, 중국과 너무 가까워지면 나라를 잃는다."라고 언급하기도 했다.[26] 중간 지대에 위치한 국가들의 고민은 모두 비슷할 것이다.

미국의 경제 통제가 가능할까?

미국의 민간 부문 통제는 진영 관리보다 더 어려울 수 있다. 중국은 자본주의적 과속 성장이 공산당 독재에 부담이 될 것 같자 사영기업까지 통제권을 강화하고 있다. 다른 목소리가 나오기 어려운 구조를 만드는 것이다. 기업의 해외 진출도 공산당의 관리하에 두었다. 따라서 중국보다는 미국의 입장이 중요하다.

바이든은 머스크를 이길 수 있을까?

미국 주식시장에 상장된 기업의 대다수는 해외 매출 비중이 매우 높은 편이다. 2022년 상반기를 기준으로 퀄컴(95%), AMAT(91%), 인텔(82%), NVIDIA(77%), 코카콜라(64%), 나이키(58%) 등 미국의 주요 기업들은 미국 밖에서 돈을 벌어오고 있다. 특히 중국에서의 매출 비중이 높다. 이런 상황에서 미국이 중국을 봉쇄하면 미국의 주가는 폭락할 것이다. 개인 자산의 50% 이상을 금융 특히 주식에 투자하는 미국인들이 이를 받아들일까?

포드는 2023년 2월 중국의 배터리 업체인 CATL과 합작해서 전기차 배터리 공장에 35억달러를 투자할 것이라고 밝혔다. 이에 미국 정부는 7월에 포드를 조사하겠다고 발표했다. 반도체 기업인 엔비디아(NVIDIA)의 젠슨 황(黃仁勳, Jensen Huang) 최고경영자는 2023년 5월 〈파이낸셜 타임스〉와의 인터뷰에서 "중국에 대한 미국의 규제 강화가 결국 미국 기술기업들의 손발을 묶는 족쇄"가 될 것이라고 정면 비판했다. 또한 "제2의 중국은 없다. 중국은 하나뿐"이라며 "이론적으로 우리는 대만 이외 국가에서도 반도체를 생산할 수 있지만, 중국 시장을 (다른 시장으로) 대체하는 건 불가능하다."고 강조했다. 미국의 반도체 규제가 중국 기업들의 반도체 자립화를 부추기고 동맹국의 반도체 기업들의 실적 악화만 초래한다고 설명한 것이다.[27]

2023년 5월 30일 테슬라의 일론 머스크, 스타벅스의 랙스먼 내러시먼(Laxman Narasimhan), JP모건의 제이미 다이먼(Jamie Dimon) 등이 중국을 찾았다. JP모건의 다이먼은 "향후 중국과의 무역이 줄어들 수 있지만 디커플링(탈동조화)은 없을 것"이라고 말했다. 다이먼 회장은 "JP모건은 중국이 좋을 때나 나쁠 때나 중국에 있을 것"이라며 중국 사업에 대한 의지를 드러냈다. 코로나 이후 3년 만에 중국을 방문한 일론 머스크는 "테슬라는 미국과 중국의 디커플링에 반대한다."고 밝혔다.[28] 며칠 후 MS의 빌 게이츠는 시진핑 주석을 직접 만나 친구 관계를 재확인하기도 했다.

이들 발언에서 공통적으로 확인할 수 있는 것은 중국과의 디커플링(decoupling)에 반대하고 디리스킹(derisking) 정책으로 전환해야 한다고 방향성을 제안한 점이다. 디커플링은 중국과 완전하게 공급망을 분리하는 정책이다. 반면 디리스킹은 반도체 등 국방과 관련된 안보 분야를 제외하고 협력하는 정책이다. 이들의 발언이 있은 후 미국 정부 관계자들은 앞다투어 디리스킹을 얘기하기 시작했다. 심지어 토니 블링컨 국무장관도 직접 중국을 방문해서 시진핑 주석을 만나 디리스킹을 얘기했다. 미국에서 기업인의 사회적 위치는 어느 국가보다 강하다. 정치권력도 함부로 하기 어렵다. 미국의 중국 봉쇄 전략에 기업인이 반대하면 실질적 효과는 낮아질 수밖에 없다. 미국의 고민이 깊어지는 까닭이다.

중국 없이 미국도 살기 어렵다

패권전쟁 중에도 미국과 중국 간의 교역은 정상적이다. 미국이 중국에 관세를 부과했던 2018년을 저점으로 중국의 미국향 수출은 점차 회복 중이다. 일본도 비슷한 추세가 발견된다. 오히려 미국의 중국 수출도 증가하고 있다. 2022년 미국과 중국 간의 교역 금액은 6,906억달러로 역대 최고치를 기록했다. 이런 현상은 2가지 측면에서 해석 가능하다. 경제적으로 미국과 중국은 서로가 절실히 필요한 '상호의존적 관계'이거나, 미국은 중국과 달리 기업에 대한 압박에 한계가 있다는 점이다. 시장경제를 추구하는 자유민주주의 국가에서 기업 통제는 쉽지 않다. 온갖 기행(奇行)을 벌이는 테슬라의 일론 머스크가 바이든 대통령 말을 쉬이 들으리라고는 상상하기 어렵다.

미-중 패권전쟁은 다양한 영역에서 민간영역의 참전이 불가피하

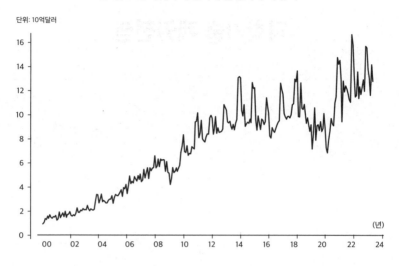

[그림 3-3] 미국의 대 중국 수출 증가 추세 유지

단위: 10억달러

자료: NH투자증권 리서치 센터

다. 미국 진영은 자유로운 기업의 활동을 보장해야 하고 경제계의 지원도 필요하다. 특히 주기적으로 돌아오는 선거에서 이기기 위해 정치권은 기업의 지원이 절실하다. 만일 미-중 대결로 경제가 어려워지면 미국 진영의 어떤 정권도 무사할 수 없다. 선진국 국민들의 핵심 관심은 자신의 재산을 지키는 것이다. 오랜 기간 편안한 삶을 살아온 만큼 전쟁이 주는 불편함을 참을 수 없을 것이다. 미국 진영의 과격한 행보를 제한하는 중요한 요인이다. 오랜 시간 동안 밀당이 지속되면서 상대방이 약해지기를 기다리는 지구전이 예상되는 이유이기도 하다.

13장

과학기술 패권전쟁

─────────────●─────────────

토니 블링컨 미국 국무장관은 2022년 10월 "미국은 변곡점에 서 있다. 냉전 이후의 시대 (post-Cold War)는 막을 내렸다. 지금 다음 시대를 형성하기 위한 뜨거운 경쟁이 벌어지고 있다. 이 경쟁의 중심엔 기술이 있다."고 했다. 그 기술의 핵심은 AI 기술이고, AI를 구성하는 것은 반도체다. 미국은 반도체 기술은 있으나 생산은 거의 불가능하다. 중국은 시장은 있으나 기술과 생산이 부족하다. 한국과 대만은 생산능력이 있고, 일본은 소재와 장비가 있다. 네덜란드 역시 장비가 있다. 지금 미래를 두고 벌이는 기술패권전쟁은 동북아시아가 중심이다. 중국경제금융연구소장인 전병서는 미·중 기술 전쟁이 시작되면서 반도체는 중국에게는 '심장', 미국에는 '안보'로 격상되었다고 표현했다.[29] 이 장에서는 미-중 패권전쟁의 핵심 전장인 반도체와 배터리에 대해 살펴본다.

반도체 전쟁

왜 반도체가 '심장'과 '안보'가 되었을까? 그 이유는 미래를 만드는 것이 사람이 아니라 AI일 가능성이 높아졌기 때문이다. 2005년 미래학자인 레이 커즈와일(Ray Kurzweil)은 기계가 사람을 능가하는 특이

점(singularity)이 2045년경 온다고 예측했다.[30]

그런데 최근 들어 그 특이점을 앞당기는 다양한 기술적 진보들이 등장하고 있다. 먼저 챗GPT와 같이 스스로 생각하는 AI를 누구나 이용할 수 있게 되었다. 또 인간이 사용하는 거의 모든 기술에 AI가 적용되면서 기술 발전이 가속화되고 있다. 테슬라의 일론 머스크는 미래 전쟁은 AI 드론 전쟁이 될 것이라면서 정부의 적극적 규제를 요청했다. 또한 "AI가 인류를 발전시킬 수도 있지만, 인류를 절멸시키거나 인류의 성장을 제약할 위험도 있다."면서 AI에 대한 두려움을 표명했다.[31]

반도체 기반의 중국 디지털 경제 발전 속도는 세계 최고 수준이다. 중국 국가인터넷정보 판공실이 발표한 〈2022년 디지털 중국 발전 보고〉에 따르면 디지털 경제 규모는 50조2천억위안으로 전년 대비 10.3% 증가해 중국 국내총생산(GDP)에서 차지하는 비중이 41.5%에 달했다고 한다. 상품의 온라인 판매가 전체 소매 판매에서 차지하는 비중도 27%로 높아져 사상 최고치를 기록했다. 2022년 중국의 5세대 이동통신(5G) 기지국은 약 231만 개로 전년보다 62% 급증했는데 이는 전 세계 5G 기지국의 60%를 넘는 수치다. 2023년 연내에 290만 개로 늘릴 계획이다. 중국의 5G 이용자는 무려 5억6천만명이나 된다.[32] 무서운 속도로 중국 대륙이 디지털화되고 있다. 디지털화의 종착역은 AI 기술이다. 5G 기반의 완벽한 네트워크에서 AI가 작동하면 어떤 국가도 가보지 못한 디지털 국가가 된다. AI는 반도체가 핵심이니 반도체를 장악한 국가는 미래 권력의 핵심을 확보하는 것이다.

미래 권력의 핵심, 반도체

2022년 중국은 무려 4,172억달러어치의 반도체를 수입했다. 글로벌 반도체 소비 중 60%, 최종 수요의 33%를 차지한다. 원유 수입 금액 3,606억달러보다 훨씬 많다. 한국의 반도체 수출 중 60% 이상이 중국으로 향한다. 중국의 수출품이나 내수에 사용되는 제품에 있어 반도체는 과거의 쇠(鐵)와 같은 필수 요소다. 그래서 중국 입장에서 반도체는 '심장'인 것이다. 반도체는 돈만 주면 살 수 있는 '경제 상품'이 아니라 수단과 방법을 가리지 않고 반드시 확보해야 하는 '패권전쟁의 전략물자'가 되었다.[33]

최근 챗GPT 열풍은 대만의 TSMC 없이는 불가능하다. 챗GPT의 핵심칩인 GPU를 설계 판매하는 미국 NVIDIA는 거의 모든 칩을 대만의 TSMC로부터 공급받는다. 인텔, AMD, 메타, 구글, 아마존 등 미국 빅테크들은 2022년 중반부터 공급업체들에게 중국과 대만 이외의 지역에서 생산 능력을 확보할 방안을 검토해달라고 요청하고 있다. 그러나 현 단계에서 대만을 대체할 방법은 없다. 미국 반도체산업협회(SIA)는 대만 TSMC의 비메모리 반도체 칩 생산에 차질이 생길 경우 세계 전자기기 제조사의 매출 손실이 5천억달러(약 650조원)에 이를 것으로 보고 있다. 추가로 인쇄회로기판, 렌즈, 케이스, 각종 전자부품과 조립 과정 등에도 대만은 다양한 제품을 공급하고 있다. 대만이 뚫리면 세계 IT 공급망 전체가 일거에 마비될 것이라는 경고다.[34]

미국의 케네디 대통령은 이미 1960년대에 소련과의 전쟁이 우주 전쟁이 아닌 과학 경쟁이고, 본질적으로 교육 경쟁이었다는 것을 이해했다. 케네디는 냉전에서 승리하기 위해 <u>미국인들이 기꺼이 희생하면</u><u>서 몰두할 수 있도록 한 가지 중요한 선택을 했다. 모스크바에 미사일</u><u>을 발사하는 대신 바로 사람을 달에 보내겠다는 비전을 제시하는 것이</u><u>었다.</u>[35] 돌이켜 생각해보면 세계적 차원의 대규모 전쟁은 과학기술 패권을 둘러싼 경쟁이 핵심이었다. 과학기술에서 압도적 경쟁력을 가지면 기술에서 파생하는 독점적 이익이 가능하고 전쟁에 수반되는 인적, 물적 희생이 필요 없게 되기 때문이다.

반도체 공포의 균형(Silicon balance of terror)

그렇다면 미국은 반도체 분야에서 중국을 완전히 배제할 수 있을까? 2026년까지 한국, 대만의 반도체 기업과 인텔의 투자까지 합쳐 미국에만 총 970억달러가 투자될 예정이다. 여기서 미국만의 문제가 발생한다. 한국 1세대 반도체 애널리스트 출신이면서 중국경제금융연구소장인 전병서는 대규모 투자를 진행하는 TSMC 입장에서 보면 투자를 해도 성과에는 의문이 들 것으로 본다. 왜냐하면

① 반도체 제조에 필요한 공급망의 결핍으로 제조 원가가 급상승할 것이다.

② 미국은 소프트웨어 국가다. 미국의 고급 엔지니어링 기술자들이 방진복을 입고 1일 3교대 하는 반도체 공장에서 일하기는 쉽지 않을 것이다.

③ TSMC 공장은 보안을 위해 모든 직원의 카드 출입증을 통해 직원들

의 행동을 분석한다. 또 공장에서 핸드폰 사용은 금지다. 이런 근무 통제를 미국인들이 받아들이기 어려울 것이다.

④ 인력이 없다. TSMC는 2024년에 4nm, 2026년에 3nm 공장을 설립 하는데, 대만에서 1천여 명의 인재가 3년 계약으로 미국으로 간다. 3년 후 대만 엔지니어들에게 미국 영주권이 주어졌을 때 문화 차이, 환경 차이, 특히 자녀교육 문제 등으로 대만으로 귀국하거나 혹은 인텔 등 미국 회사로 이직할 가능성도 높다.

이런 문제들로 TSMC나 미국 모두 정상적으로 공장을 가동하기 어려운 형편이다.[36] 최근 일본이나 유럽이 반도체 투자에 열을 올리고 있지만 이 4가지 문제 해결이 가능할지 여부는 불투명하다.

첨단 반도체 생산의 핵심은 첨단장비에 있다. 미국은 가장 중요한 노광장비 업체인 네덜란드 ASML의 대 중국 노광장비 수출을 막고 있다. 반도체는 장비뿐 아니라 소재도 필요하다. 미국에 공장을 짓는다고 생태계가 완성되지 않는 것이다. 생산원가가 한국과 대만보다 높아지면 경쟁이 어려워진다. 반도체 소비는 중국과 아세안 비중이 절대적이다. 반도체지원법에 의한 자금 지원도 미국의 정권이 바뀌거나 재정 상태가 더 악화되면 줄어들 가능성도 있다. 현재 진행중인 미국의 반도체지원법은 미국 반도체 기업인 인텔을 지원하는 정책적 성향이 강하다. 또한 첨단 반도체 팹(Fab) 1개를 건설하는 데는 규모에 따라 차이가 있지만 약 100~200억달러가 들어간다. 미국의 지원책이라고 하는 것이 삼성이나 TSMC 입장에서 보면 그리 큰 금액이 아니다.

이런 이유로 삼성, SK하이닉스, TSMC는 고민에 빠져 있다. 미국에 공장을 지어도 수익성이 보장되지 않을 수 있다. 1980년대 중반 미국-일본 반도체 협정을 통해 일본 반도체 산업을 고사시켰던 미국의 전략이 재연될지 모른다는 의구심도 배제할 수 없다. 어떤 결과이건 한국과 대만의 반도체 생산기술이 미국으로 옮겨지면 그 다음 행보는 예측이 어렵다. 따라서 한국과 대만의 반도체 기업은 마냥 미국의 의도대로만 움직이지는 않을 것이다.

삼성과 SK하이닉스는 용인과 이천에 무려 420조원대의 투자를 시작했다. 여기에서는 최첨단 반도체를 생산할 예정이다. 이 책 3부의 논점에서 벗어나지만 대규모 투자를 실질적으로 진행하려면 재생에너지 사용이 선결되어야 한다. 2030년경이 되면 반도체 생산 시 100% 재생에너지 사용이 의무화될 것이기 때문이다. 용인·이천 지역에서는 태양광, 풍력 등 재생에너지 생산이 거의 불가능하다. 최근 유럽에서 반도체 생산을 늘리려는 노력이 성공할 경우 유럽은 자신들이 강점을 가진 재생에너지를 사용해 반도체를 생산할 것이다. 이때 한국의 대 유럽 반도체 수출은 길을 잃을지도 모른다. 반도체 전쟁과 기후위기가 맞물리게 되는 것이다.

TSMC도 대만에 최첨단 반도체 설비를 구축할 것이다. 미국은 최첨단 반도체를 원하지만 실제는 최첨단보다는 한단계 아래 수준의 반도체 설비를 미국에 지을 것이다. 한국과 대만에서 반도체는 안보와 직결된다. 지금과 같이 반도체 산업에서 독보적 우위를 점하고 있으면 중국의 결정적 공세를 막아낼 수 있다. 만일 중국의 공격으로 한국과 대만의 반도체 생산시설이 파괴되면 미국뿐 아니라 중국 경제도 함께 파괴되는 '반도체 공포의 균형'(Silicon balance of terror)이 작동된다.

혹시 모를 미국의 배신 가능성에도 대비해야 한다. 최근 미국은 일본에 첨단 반도체 설비를 지으려 노력한다. 일본은 대만이나 한국에 비해 경제와 국방력이 강하고 자체 수요도 많다. 무엇보다 미국과 강한 동맹 관계를 유지하고 있다. 또한 일본은 반도체 소재와 장비에 있어서 강국이기도 하다. 만일 대만이 일본에 첨단 반도체 공장을 건설하게 되면 가장 중요한 안보 자원을 스스로 포기하는 셈이 된다.[37]

중국의 반도체 개발 총력전

중국은 반도체 없이 미래로 갈 수 없다. 공동부유든 일대일로든 패권국이 되려면 반도체가 절실하다. 지금까지는 베끼거나 훔치면서 성장해 왔다. 그러나 반도체 산업은 기술의 속성상 베끼기가 어렵다. 지금부터는 미국의 제재 아래 독자적으로 개발해야만 한다. 향후 중국에서 생산하는 한국이나 대만 기업의 반도체는 첨단이 아닌 범용 반도체만 생산할 것으로 예상된다. 수입이 금지된 반도체 제조장비 역시 해결 방법이 없다. 그렇다면 유일한 방법은 모든 것을 스스로 해결하는 자력갱생(自力更生) 밖에 없다.

중국은 그동안 반도체에 많은 투자를 해왔다. 2022년 중국의 연간 반도체 기업 창업 수는 6만 개가 넘는다. 최근 5년간으로 기간을 늘리면 15만2천 개의 반도체 기업이 창업했고 1만3천 개 기업이 폐업했다. 폐업율이 8.6% 수준에 불과하다.[38] 중국 반도체 생태계가 엄청나게 활성화되고 있음을 보여주는 통계다. 중국의 반도체 실력은 메모리 분야에서 빠르게 추격하고 있다. 추격 속도가 빠른 낸드메모리 기술 격차는 한국 대비 개발 기준으로는 1년, 대규모 양산에 있어서 차이는 2년에 불과하다. 2022년 하반기부터 전 세계 반도체 기업들이 공급과잉으로 감산을 하고 있고 자금 상황도 좋지 않다. 그러나 중국 반도체 기업들은 정부의 전폭적 지원으로 자금 문제에서 자유롭다.

미국의 제재로 중국에서 장비와 소재 조달에 문제가 생긴다면 기술 격차는 더 벌어질 것이다. 그러나 중국은 달에 우주선을 보낼 수 있는 기술력이 있는 국가임을 잊지 말아야 한다. 또한 미국의 규제는 16나노 이하 공정 로직 반도체, 18나노 이하 공정 DRAM, 128단 이상 NAND 정도에 적용되고 있다. 레거시(legacy) 제품이라고 하는 16나노 이하 제품에서 중국은 경쟁력을 확보하고 국산화하고 있다.

반도체는 첨단 제품에만 필요한 것이 아니라 가전이나 자동차 등에도 필요하다. TSMC는 저성능의 자동차용 반도체 기술로 2020년 공급망 위기 시 큰 수익을 얻은 바 있다. 중국은 반도체 생태계의 하단을 받치면서 기능은 좀 떨어지지만 꼭 필요한 저성능의 반도체를 생산하고 있다. 2022년 중국의 반도체 수출은 1,552억달러였다. 한국은 중국에 첨단 반도체를 520억달러 수출했지만 수입도 265억달러나 된다. 우리가 수입한 것은 범용 반도체다. 중국제 반도체 없이 한국이나 베트남 등 아세안의 생산 공장은 가동되기 어렵다. 레거시 반도체 분야는 제조업 강국들을 상호의존적으로 엮어 놓고 있는데 그 중심에 중국이 있다.

2027년 이후 반도체 전쟁 시나리오

2027년 무렵 반도체 산업에서는 7가지 중요한 변수가 나타날 것으로 예상된다. 전병서 중국경제금융연구소장의 견해와 나의 판단을 결합해서 반도체 전쟁의 미래를 예상해보자.

① 미국에 짓기 시작한 한국과 대만의 반도체 공장은 대략 2025~2026년 경에 완성될 것으로 예상된다. 설비가 완공되어도 생산 인력을 선발하고, 소재 조달 공급망 구축, 제품 판매망 구축 등 반도체 생태계가 제대로 가동되려면 2027~2028년 이후가 될 듯하다.

② 그 사이 AI 기술은 기하급수적으로 발전할 것이다. 첨단 반도체에 대한 수요 또한 더욱 늘어날 것이다. 극강의 기술로 평가되는 2나노 기술 제품이 나오면 상황은 다시 가속 변화할 것이다.

③ 파운더리에 대한 삼성의 추격 여부다. 삼성은 D램으로 대표되는 메모리 반도체에서 세계 최강이다. 그러나 미래 기술에서 가장 중요한 시스템 반도체 분야 점유율은 15% 정도에 불과하다. 그나마 15% 점유율도 계열사 매출이 많기 때문이다. 인텔도 빠르게 성장하고 있다. 만일 2027년경 기술적 우위를 바탕으로 삼성의 파운더리 생산 비중이 급상승하게 되면 한국 중심의 새로운 반도체 전쟁이 예상된다.

④ 미국과 한국, 대만 등 반도체 연합군이 중국에 대해 벌이는 첨단 반도체 고사작전이 향후 3~4년 지속될 경우 어떤 상황이 발생할까? 미국의 전략이 성공할 경우 중국은 미래의 핵심 산업에서 크게 뒤

처질 것이다. 반도체 산업은 6개월 혹은 1년의 차이가 승패를 좌우하기 때문에 3년 이상 개발과 투자가 뒤처지게 되면 경쟁력을 상실하게 된다. 화웨이와 같은 세계적 통신회사의 기술적 우위도 사라질수 있다. 그렇다면 중국은 중진국 수준의 범용 제조업 제품을 생산하는 국가로 추락할 것이다. 특히 AI 분야는 지금부터 본격적인 경쟁에 돌입하는데 최첨단 반도체가 필요한 이 분야에서 밀리게 되면거의 모든 산업에서 뒤로 밀려나게 될 수 있다. 어쩌면 현재의 베트남과 비슷한 수준으로 떨어질지도 모르는 일이다. 중국으로서는 받아들일 수 없는 상황이다.

미국은 첨단 반도체 수출 통제의 허점을 메우기 위해 AI 반도체를 사용하는 아마존 웹 서비스와 마이크로소프트 애저와 같은 클라우드(Cloud) 서비스 업체들이 중국 업체에 서비스를 제공하기 이전에 미국 정부의 허가를 받는 정책을 추진하고 있다. 클라우드 컴퓨팅을 이용하면 중국 AI 기업들이 첨단 장비 없이도 강력한 컴퓨팅능력에 접근할 수 있기 때문이다. 또한 텐센트와 알리바바 같은 중국 클라우드 서비스 업체들의 미국 내 사업을 제한하는 방안도 고려하고 있다.[39]

이런 위험을 감지한 중국 정부는 모든 수단을 동원해서 독자기술 개발을 시도할 것이다. 특히 장비 문제가 가장 어려운데, 중국은 무제한의 자금과 인력을 투입할 것이다. 현재 수준에서 중국도 첨단 반도체를 만들 수는 있다. 다만 생산성이 낮고 장비 부족으로 대량 생산이 어려운 것이 한계다. 최근 중국은 1,430억달러 규모의 반도체 지원 패키지를 준비하고 있다. 향후 5년에 걸쳐 보조금과 세액 공제 형태로 진행될 예정이다. 이런 중국의 시도를 폄하해서도 두려워해서도 안 된다. 다만 중국 입장에서 최선을 다할 것이라는 점은 분명하다. 그리고 그 성과는 2027년 이후 시점에서 어느 정도 확인될 것으로 판단된다.

⑤ 반도체가 아무리 중요하다고 해도 결국 하나의 상품일 뿐이다. 상품은 공급이 많아지면 가격이 하락하기 마련이다. 2027년경 미국의 반도체 생산설비가 완성되고 뒤이어 한국의 용인·이천 반도체 설비, 또 TSMC의 설비가 완성되기 시작하면 반도체 가격이 하락할 수 있다. 특히 한국 반도체 회사는 민간기업이기 때문에 늘 투자비용과 손익을 고려해야 한다. 2023년 반도체 기업들이 대규모 적자가 예상되자 생산량을 줄이면서 가격 조절에 나선 것을 참고해야 한다.

또한 미국의 재정적자가 눈덩이처럼 커지고 있다. 만일 2024년 대선에서 트럼프가 재선될 경우 반도체 지원을 계속할지 여부도 미지수다. 미국 인텔에 현재의 지원금이 상당 금액 지원된 이후인 2025년 무렵은 미국에서 반도체 공장이 한창 지어지고 있을 때다. 이때 새로 출범한 정부의 태도가 중요한 변수가 될 것이다. 미국의 새로운 행정부 출범과 반도체 가격 급락이 맞물릴 경우 미국 중심 반도체 진영의 결속력이 약화될 수 있다.

⑥ 그 이전에 상황이 끝날 수도 있다. 2024년 1월 대만에서 총통 선거가 있다. 이 선거에서 친미 반중 성향의 민진당 후보가 당선되면 반도체 전쟁은 지금보다 더 격화될 수 있다. 반대로 대 중국 화해를 주

장하는 국민당이 재집권하면 상황은 다시 복잡해진다. 중국이 가장 바라는 시나리오일 것이다. 무력 충돌 없이 점진적으로 대만과 반도체를 접수할 수 있기 때문이다. 중국이 대만을 침공할 경우 미국이 대만의 반도체 설비를 초토화할 것이라는 최악의 시나리오를 감안하지 않아도 된다.

그러나 현재 국민당 후보 지지율은 매우 낮다. 이런 상황에서 대만의 실익을 추구하는 제3의 후보인 민중당의 커원저(柯文哲)가 급부상하고 있고, 귀타이밍(郭台銘) 홍하이(鴻海)정밀 창업자도 출마를 저울질하고 있는 것으로 알려지고 있다. 아마 지금도 중국은 대만의 여론 분열을 위한 다양한 사이버 공격을 감행하고 있을 것이다. <u>2023년 하반기 이후는 대만 내부의 정치적 동향이 가장 중요한 시기가 될 것이다.</u>

⑦ 중국도 반격이 가능한 분야가 있다. 중국은 2023년 7월초 반도체의 핵심 소재인 갈륨과 게르마늄의 수출 통제를 발표했다. 당시 중국은 "시작에 불과하다."고 미국 진영을 위협했다. 이 발표는 미국 재무장관인 옐런의 중국 방문을 3일 앞둔 시점이었다. EU의 핵심 원자재(Critical Raw Materials) 연구보고서에 따르면, 희토류 15종을 포함한 핵심 원자재 51종 가운데 중국이 세계시장 1위(2016~2020년 기준)인 광물은 3분의 2에 가까운 33종에 달한다. 희토류 중에서 원자 번호가 높고 무거우며 비싼 중(重) 희토류인 테르븀·디스프로슘·에르븀·루테튬 등 10종은 중국이 100% 장악하고 있다. 네오디뮴을 비롯해 란타늄, 세륨 등 경(輕) 희토류 5종도 세계 시장의 85%가 중국 몫이다. 반

도체·디스플레이·배터리 등 첨단 산업에 필요한 소재 공급을 제한하면 새로운 소재 개발 국가를 찾을 때까지 사실상 대안이 없다.[40] 중국은 반도체의 독자 개발을 위한 시간이 필요하고, 미국 진영은 원재료 공급망을 재구축하기 위해 시간이 필요하다. 이런 한계 때문에 미-중 반도체 전쟁은 암암리에 속도 조절 국면에 진입할 수도 있다.

이 7가지 변수가 서로 영향을 주고받으면서 반도체 전쟁이 진행될 것이다. 현재 시점에서 반도체 전쟁을 미리 예단하고 대응하는 것은 가능하지 않다. 7가지 변수가 만들어내는 조합이 어떤 상황을 야기할지 아직 알 수 없다. 모든 상황을 가정해서 대비책을 마련하고 상황 발생 시 빠르게 대응해야 한다.

배터리/NEV 전쟁

역사적으로 에너지 패권을 확보해야만 패권 국가가 될 수 있었다. 몽골은 말(馬), 네덜란드와 스페인, 포르투갈은 바람(風)을 이용해서 세계를 제패했다. 산업혁명 후 영국은 석탄, 20세기 미국은 석유를 지배했다. 지금 중국은 차세대 에너지 패권인 배터리를 지배하려 한다. 물론 에너지를 한 국가가 독점적으로 지배할 수는 없다. 미국은 석유 지배권을 확보하기 위해 중동에서 엄청난 비용을 부담해왔다. 석유 지배권은 가장 중요한 산업인 자동차 산업을 통제하는 것과 연결된다. 미국이 패권을 거머쥐는 과정에서 자동차 산업은 가장 중요한 역할을 했다.

현재 중국은 연간 자동차 판매량에 있어서 2009년 미국을 추월한 후 압도적 1위 생산국이자 소비 국가가 되었다. 2022년 중국의 자동차 수출은 311만대를 기록했으며, 2023년에는 세계 최대의 자동차 수출국가가 될 것이다. 특히 전기차는 압도적 우위를 가지고 있는데, 2023년 상반기 동남아 전기차 시장의 75%를 중국차가 휩쓸었다. 미국 진영 입장에서는 상당히 불편할 것이다. 미국은 전기차 판매 비중을 2030년까지 60%로 올리려는 계획을 세우고 있다.

전기차 혁명의 시대

디지털 기술의 빠른 보급에 힘입어 사물인터넷(IOT)이 조용히 생활 속으로 파고들고 있다. 사물인터넷 기기는 결국 배터리와 반도체, 통신장비를 결합한 것이다. 배터리 기술이 계속 발전하면 에너지 저장장치(ESS)의 효율이 올라간다. 이는 재생에너지의 단점인 '간헐성'을 극복하는 강력한 해결책이다. 예를 들어 태양광 발전은 밤에는 가동이 어렵다. 풍력도 바람이 불지 않으면 전기 생산이 어렵다. 따라서 바람이 강하거나 낮에 대규모로 생산된 전력을 에너지 저장장치에 보관하면 재생에너지 설비를 효율적으로 활용할 수 있다. 전기를 쉽게 보관하고 휴대할 수 있다는 것은 엄청난 진보다. 응용 분야는 빛의 속도로 확산될 것이다. 최근 한국에서 캠핑족이 늘어나는 것은 전기차의 전원을 이용해서 불을 밝히고 연료로 사용 가능하기 때문이다. 제주도에서 과잉 생산된 재생에너지가 버려지는 것도 방지할 수 있다.

지금 지구촌에서는 새로운 배터리 혁명이 발생하고 있다. 기후위기에 대응하기 위해 재생에너지 투자를 늘리면서 2차 파고가 배터리와 자동차 혁명으로 이어지고 있다. 1907년 포드의 모델 T가 개발된 후 불과 5년 만에 뉴욕 거리가 가솔린 자동차 도시가 된 사건, 1903년 라이트 형제의 최초 비행 후 1차 대전을 거치면서 비행기가 수십만 대 보급된 것에 비견될 정도로 전기차 보급 속도는 유례없이 빠른 편이다. 시작은 미국의 테슬라가 주도했지만 2022년을 고비로 중국이 전기차 시장의 중심을 잡아가고 있다.

글로벌 자원 전문 컨설팅 기업인 우드매킨지의 〈전기차 및 배터리 공급망〉 최근 보고서에 따르면 2020년 한국 K-배터리는 유럽 시장의 70% 가량을 점유한 절대 강자였다. 그러나 2025년까지 중국이 적극적인 투자 확대로 2020년 대비 3배 가량 설비를 증설해서 한국을 추월할 것으로 전망했다. 유럽은 2030년 경 글로벌 전기차 배터리 소비의 25% 가량을 차지할 것으로 예상된다.[41]

전기차 가격의 약 40%는 배터리가 차지한다. 리튬, 코발트, 흑연 등 다양한 원재료를 혼합한 배터리를 싸고 안전하게 만드는 것이 승부처다. 배터리는 아무 곳에나 공장을 세울 수 없는 특징이 있다. 원자재는 다양한 국가에서 생산되고 완성품은 무겁기 때문에 생산설비는 전기차 공장 인근 지역에 위치해야 한다.

배터리 원재료 생산국은 전 세계에 흩어져 있다. 이미 중국은 원재료 생산국 광산을 대부분 확보했다. 광산에서 채굴된 원재료는 중국에서 제련 가공한다. 문제는 제련 과정에서 엄청난 공해가 유발된다는 점이다. 미국에서 채굴된 배터리 원재료도 중국으로 수출한 후 가공되어 미국으로 역수입된다. 배터리 원재료뿐 아니라 중국은 다양한 희토류에서도 여전히 핵심 생산국이다. 중국 없이 배터리 생산이 불가능할 정도로 중국은 배터리 원재료 시장을 지배하고 있다.

미국은 불리한 상황 타개를 위해 미국 내에 배터리 공장 유치에 심혈을 기울이고 있다. 그런데 한국의 LG, 삼성, SK가 미국에 배터리 설비에 투자를 해도 원재료는 중국에서 수입해야 한다. 현재 빠르게 지어지고 있는 미국의 배터리 설비는 대략 2025년경부터 순차적으로 완공된다. 이때 중국이 미국으로의 원재료 수출을 제한한다면 어떤 상황이 펼쳐질까? 미국이 배터리 분야에서의 협력을 암시하는 디리스킹(de-risking) 정책을 제시한 것은 미국이 배터리 분야에서는 중국에 패배하고 있다는 증거로 볼 수 있다. 그렇다면 향후 전투는 배터리 원재료 확보 경쟁과 새로운 소재 개발 전쟁으로 이어질 것이다.

자율 주행: 반도체, 배터리 융합 전쟁

지금은 반도체와 배터리를 무기로 싸우는 3차 세계대전으로 볼 수 있다. 이번 전쟁의 최종 병기는 '자율주행' 자동차다. 향후 기술의 주도권이 걸린 자율주행차는 배터리를 사용하는 전기차로, 배터리를 기본으로 빅데이터, 클라우드, 로봇, IOT, 디스플레이, 통신, 모터 등 우리가 흔히 미래 기술이라 부르는 것들과 현존 기술의 가장 진화한 형태가 자율주행 자동차에 집약될 것이다.

자율주행 자동차는 기존 자동차와 외형은 같지만 전혀 다른 작동

원리로 움직인다. 바로 중앙에서 집중적 통제를 받으면서 소프트웨어가 모든 것을 통제하는 자동차, 즉 SDC(Software Defined Vehicle) 자동차다. 이때 자율주행차에 구현된 모든 기술은 AI 반도체가 통제할 것이다. 결국 **자율주행 자동차는 첨단 기술이 집약된 전략 무기가 될 것이다.** 미국과 중국이 사활을 거는 이유다. 미국이 기술패권전쟁에서 승리하려면 반도체와 배터리를 융합한 자율주행차를 미국 내에서 생산하는 것이 관건이다. 그러지 못한다면 중국에 패배할 수 있다.

자율주행 관련 기술의 중심에 있는 테슬라의 일론 머스크는 자율주행 자동차가 엘리베이터와 비슷해질 것으로 예상한 바 있다. 먼저 운전자가 차량의 제어권을 완전히 포기하고 목적지만 입력하면 차량이 스스로 최적의 경로와 속도를 결정하여 안전하게 이동한다. 운전자는 차량에 타고 내리는 것만 하면 되고, 차량은 항상 운행할 수 있으므로 주차장이 필요하지 않게 된다. 이렇게 되면 자율주행 자동차 이용이 엘리베이터 이용과 비슷해질 것이라는 게 머스크의 생각이다. 완전 자율주행이 가능한 시대가 되면 현재의 우버나 렌터카와 같이 차량 이용은 일종의 공유재 성격이 강해질 것이다. 따라서 현재 9천만대 내외인 글로벌 자동차 판매량도 크게 늘지는 않을 전망이다.

미국에서 반도체와 배터리 생태계 구성이 성공할 경우 배터리는 2025년경, 반도체는 2027년 이후 미국에서 생산이 가능해진다. 이렇게 되면 반도체 분야에서는 미국이 상대적 우위를 점유할 수 있게 된다. 반면 배터리 분야에서는 중국이 압도적인 영향력과 경쟁력을 보유하고 있다. 서로 다른 무기를 가지고 상대를 겨누고 있는 형국이다. 그 무기는 양측이 모두 독점적으로 보유하기를 원한다. 중국은 반도체가 끊기면 성장이 불가능하다. 미국은 배터리 원재료 공급망을 중국 이외 최대 생산국인 한국과 함께 구축해야 한다.

새로운 공급망 구축에는 공해 문제 등 해결해야 할 과제가 산적하다. 그러려면 더 많은 시간이 필요하다. 미국 입장에서 배터리 원재료 문제가 어느 정도 해결되려면 적어도 2030년은 되어야 할 것이다. 여기에 또 한 가지 변수가 있다. 배터리는 재활용이 가능하다. 전기차 보급이 빨라져서 배터리 보급이 늘어나면 그만큼 재활용 비중이 높아지는 역설적 상황이 발생한다. 미국이 배터리 원재료 공급망 생태계를 구성하는 시점에서 배터리의 재활용이 증가하면 새로운 국면도 예상된다. 다만 오랜 시간이 걸린다.

결국 반도체의 안정적인 미국 내 생산이 2027년, 배터리는 새로운 원재료 공급망 구축까지 2030년 정도를 예상할 경우 그 사이 동안 미국과 중국은 계속 으르렁대겠지만 일정 부분 타협하거나 혹은 협상을 통해 시간을 끌어갈 개연성이 충분하다. 바로 이런 상황이 디리스킹(derisking)에 해당할 것이다.

확장되는 전선

가장 중요한 미래 기술인 반도체와 배터리를 중심으로 미-중 과학기술 패권전쟁을 살펴봤다. 그러나 더 많은 영역으로 과학기술 패권전쟁이 확산되고 있다. 미국은 기술 보안을 위해 중국인 유학생을 제한하기 시작했다. 컨설팅업체에서도 중국인을 사직시키고 있다. 중국은 첨단 제조설비의 90%, 석유, 컴퓨터 칩, 고성능 센서, 첨단의료기기의 약 70~80%를 수입할 정도로 자체 과학기술 역량이 아직 미흡하다.[42] 미국은 과학기술 분야에서 중국의 약점 공격에 심혈을 기울이고 있다.

2030년 최악의 시나리오

한국은 반도체와 배터리 전쟁의 당사자다. 팽팽한 패권전쟁에서 중심 잡기가 만만치 않다. 미국은 한국의 반도체와 배터리가 필요하다. 2030년경 최악의 시나리오를 생각해보자. 미국이 세운 계획이 성공하면 2030년경 미국에서 반도체와 배터리 생태계가 구축된다. 최첨단 반도체가 생산되고, 배터리 원재료 공급망도 구축했다고 가정할 때, 마찬가지로 중국도 각고의 노력으로 한국, 대만, 미국에 근접한 기술을 확보할 것이다.

미국에서 반도체와 배터리 생산시설이 원활히 가동되고 생산과 유통을 둘러싼 생태계가 완성될 경우 한국의 가치는 일본을 방어하는 군사적 역할 정도로 위상이 추락할 가능성이 있다. 그렇다고 중국으로 기울면 안보 문제가 발생하고 미국이나 유럽 등 선진국 시장을 놓치게 된다. 중국 역시 한국의 반도체를 원하지만 시간이 지나면 웬만한 범용 제품은 자체 생산이 가능해질 것이다. 한국 반도체 없이도 중국의 독자 생존이 가능한 상황이 되면 한국은 지정학적 중요성만 남게 된다. 한국이 크게 긴장해야 하는 이유다.

상황은 나쁘지만 서둘러 미국 진영에 서는 것은 경계해야 한다. 한국의 반도체와 배터리는 미-중 양국에서 모두 필요하다. 2030년이 되어도 미국의 전략이 성공한다는 보장은 아직 없다. 실익을 얻으려 노력도 해보기 전에 군사·안보적 차원에서만 결단을 내려선 안 된다. <u>대만이 파운더리 반도체의 '고슴도치'이듯이 한국은 메모리와 차세대 반도체 기술의 고슴도치를 지양해야 한다.</u>

미국이나 중국의 내부 사정을 깊게 이해한다면 현재와 같은 일방적 대미 추종은 한국의 미래에 더 큰 위기를 자초할 수 있다. 전면전이 발생하지 않는다면 한국은 실익을 찾을 수 있다. 앞으로 경쟁은 생산보다는 제품을 팔 수 있는 시장 확보가 중요하다. 한국 스스로 중국을 버리려는 행위는 세계에서 가장 큰 시장을 포기하는 것이다. 중국 전문가인 한국금융연구원의 지만수 박사는 지금 한국 기업들 앞에는 "미국 기업 없는 중국 시장, 중국 기업 없는 미국 시장이 펼쳐져 있다."면서 균형적인 시각으로 새로운 기회를 만들자고 주장한다.[43]

14장

금융패권전쟁

———————————————●———————————————

우크라이나 전쟁 중 국제 금융계가 크게 놀란 것은 국제지급결제망인 스위프트(SWIFT)망에서 러시아를 신속하게 축출한 것이다. 스위프트는 전 세계 200개국 1만 개 이상의 금융기관이 매일 1,500만 개의 거래 메시지를 전송하는 글로벌 결제지원 시스템이다. 국가 간, 은행 간 거래에서 필수적이라서 스위프트에서 축출되면 해외와의 금융거래가 실질적으로 불가능해진다. 그런 이유로 스위프트는 이미 오래전부터 특정 국가를 배제하는 중요한 수단이 되어왔다. 2012년 미국은 이란을 스위프트에서 배제해서 이란의 원유 수출 대금 결제를 차단한 바 있으며, 2017년에는 북한 은행도 축출시켰다.[44]

미국의 금융제재를 예상했던 러시아는 2014년부터 자체적인 지불결제시스템을 마련해왔다. 중국도 마찬가지다. 서방이 이란을 제재한 지 1년 후 중국은 자체 국제결제시스템(CIPS)을 개발하기 시작했다. CIPS는 스위프트와 같이 거래 의사를 전달하는 메시징 시스템을 넘어 청산, 결제 등 금융거래의 완전한 통합을 추구한다. 특히 위안화를 지급 수단으로 발전시키고 있기 때문에 미국의 금융 지배와 달러 패권에 도전이 될 것이다.

중국과 급속히 가까워진 사우디, 이란 등 중동의 산유국들이 CIPS를 통해 위안화로 원유 대금 결제를 시작한다면 미국의 위상은 어떻게 될까? 이번 장에서는 기축통화를 둘러싼 미국과 중국의 각축, 금융패권전쟁을 살펴본다.

달러로 유지되는 미국과 세계

2008년 글로벌 금융위기 직후 중국의 쑹훙빈(宋鴻兵)은《화폐전쟁》을 통해 미국 중심의 달러 결제망의 붕괴를 예상했었다. 당시 나는 의미 없는 분석으로 무시했었다. 그러나 15년이 흐른 상황에서 다시 재조명해봐야 한다. 달러의 위상은 여전히 강하지만 몇 가지 면에서 글로벌 금융위기 당시에 비해 그 위상이 조금은 약해진 것 역시 사실이다.

기축통화의 힘

1944년 브래튼우즈(Bretton Woods) 체제가 만들어지면서 달러가 공식적으로 세계의 기축통화로 등장한다. 국제통화기금(IMF)과 세계은행(IBRD)이 설립되고 미국 달러만 금(金)과 고정 비율로 바꿀(태환, 兌換) 수 있게 되었다. 다른 통화들은 금 태환 대신에 달러화와 고정 환율로 교환하게 되었다. 당시 미국이 전 세계 금의 80%를 가지고 있었기 때문에 가능한 일이었다. 달러만이 유일한 기축통화가 된 것이다.

그러나 미국은 베트남 전쟁을 거치며 경상수지 적자가 쌓이자 달러로 금을 무제한 바꿔줄 수 없게 되었다. 1971년 미국은 달러를 금으로 바꿔주는 정책을 포기했다. 추가로 수입 관세를 10% 부과하는 조치도 시행되었다. 미국 제조업을 보호하기 위한 조치였다. 타국이 보유한 달러를 금으로 바꿔 달라는 요구가 원천 봉쇄되었기 때문에 이때부터 미국은 무한 질주한다. 달러를 무제한 찍어서 전 세계에 뿌려도(경상수지 적자) 금으로 바꿔주지 않아도 되니 미국은 마음대로 통화정책을 사용할 수 있게 된다. 세계의 경찰국가이기 때문에 강력한 국방력만 유지하면 미국의 패권은 저절로 유지될 수 있었다. 힘든 제조업은 다른 국가에 맡기고 미국인은 소비에 열중하면 되었다. 미국의 쌍둥이 적자는 이렇게 시작되었다.

환율제도도 고정 환율제에서 변동 환율제로 바뀌게 된다. 당시는 달러화가 워낙 강했기 때문에 변동환율제가 도입되면서 경제가 어려운 국가는 화폐가치 하락, 물가상승, 국가부도 위험에 시달리기 시작했다. 일본과 같은 수출 중심 국가들은 자국의 화폐가치를 떨어트려 수출을 늘리려는 시도를 벌이기도 했다. 금 태환 금지로 전 세계의 화폐가치가 하락하면서 1970년대 두 차례 오일쇼크의 빌미를 제공하기도 한다.

이때부터 미국의 리더십이 흔들릴 때마다 석유 거래 시 결제 통화를 바꾸려는 시도가 나타난다. 그리고 그런 시도는 늘 전쟁이나 금융위기로 이어졌다. 1970년대 오일쇼크 당시에도 중동 국가들은 원유 수출 대금 결제 시 달러를 대체할 다른 수단을 찾으려 했었다. 9.11테러 후 이라크 전쟁 때도 이란과 이라크는 원유 수출대금을 다변화하려 했다.

지금도 유사한 시도가 나타나고 있다. 러시아 그리고 사우디를 포함한 중동 국가들은 원유 등 국제 원자재 시장의 최대 수출국이다. 반대로 중국은 가장 큰 수입국으로서 위안화 결제를 늘리고 싶어 한다. 달러가 기축통화 위치에 올라선 후 이 정도로 강한 상대편을 만난 적은 없다. 현재 미-중 패권전쟁의 다른 한 축은 기축통화 전쟁이다. 더군다나 중국 진영은 디지털화폐라는 게임체인저의 무기까지 준비하고 있다. 이제 환율 조정으로 특정 국가를 공격하는 것을 넘어 브래튼우드 체제의 근본적 변화까지 꾀하고 있다.

달러 가치가 유지되는 비결

게임 이론의 내쉬 균형(Nash Equilibrium)을 달러 가치에 적용해보자. 내쉬 균형은 한번 균형점에 도달하면 외부로부터 아주 큰 충격이 작용하지 않는 한 계속 균형을 유지하려는 성향을 일컫는 말이다. 지금 모든 국가는 달러를 기축통화로 삼아 무역 등 경제활동을 하고 있다. 따라서 특별한 상황변화가 없는 한 달러 이외 통화로 상거래를 하지 않는다. 달러로 결제하는 것이 비용을 절감하고, 안전하고, 편리하기 때문에 현재 달러를 대체할 통화는 없다고 봐야 한다.

달러의 내쉬 균형에는 2가지 전제 조건이 있다. 우선 재정적자가 작아야 한다. 미국 정부의 안정성이 담보되어야 하는 것이다. 또한 품질 좋은 상품을 만들어 무역적자를 막아야 한다. 재정적자로 대규모 국채가 발행되고, 또 무역적자를 메꾸기 위해 해외로 달러가 무제한 공급되면 언젠가 달러 가치는 하락할 수밖에 없다. 그러나 미국은 금태환 정책을 포기한 1970년대 초반부터 재정적자가 계속되었고, 품질 좋은 상품도 만들지 못했다. 당시 미국 재무장관이 유럽과 일본 재무 담당자들에게 한 유명한 말이 있다. "<u>달러는 우리 미국의 돈이지만, 당신들의 문제입니다</u>(The dollar is our currency, but your problem)." 무서운 얘기다. 내쉬 균형이 붕괴되면 미국보다 미국 이외 국가가 더 어려워진다는 위협이었다.

1970년대부터 일본과 독일을 포함한 선진국들은 자의반 타의반으로 달러 가치가 유지되도록 미국과 협력해왔다. G7이라는 경제 선진국들의 정상회담, 1985년의 플라자합의 등은 달러 가치를 안정시켜 내

쉬 균형을 유지하려는 부득이한 선택이었다.[45]

달러 가치가 안정되면 미국 경제도 안정된다. 달러 패권의 진정한 의미는 달러를 사용하는 국가들이 미국 경제를 보호한다는 점이다. 달리 대안도 없지만 어쩔 수 없이 달러를 사용해야 하는 상황이 만들어낸 결과다. 미국 입장에서는 너무 편리한(?) 시스템이다.

환율은 상대가치로 평가된다. 자국 상황도 중요하지만 반대편의 상대국도 중요하다. 장기적으로 보면 미국 이외 국가들의 경제 상황이 미국보다 나빴기 때문에 달러 가치가 안정된 측면이 있다. 달러 다음으로 많이 거래되는 유로화는 출범 후 1유로당 1.4달러 수준까지 강세를 보이다가 최근에는 1유로당 1달러까지 하락했다. 유로화가 약화된 것은 미국 경제와 달러가 강해졌기 때문일까? 아니면 유로화가 약해진 것일까? 나는 후자로 본다. 이런 상황에서 경제 체질이 아주 강한 중국이 등장하고 있다.

킹(King)달러 VS. 신용등급 하락

2차 세계대전 이후 미국은 전쟁이나 경제 위기 때마다 국가 재정을 동원해서 경기 침체에서 탈출했다. 2008년 글로벌 금융위기와 2020년 코로나 위기 당시 정부 재정은 절대적인 역할을 했다. 미국의 정부 부채는 경상수지 적자를 통해 해외로 나가 기축통화로 사용된다. 그런데 지금 너무 많은 달러가 해외로 나가고 있다. 2차 세계대전이 끝난 시점에서 미국의 GDP 대비 정부 부채는 119%였다. 전쟁 비용 때문이다. 그러나 당시 미국 경제는 세계 경제의 절반 수준이어서 달러 가치에는 아무 문제가 없었다. 그러나 1970년대를 지나면서 재정적자가 다시 증가한다. 경상수지 적자와 재정적자가 동반 증가하자 이후 미국의 모든 정권의 최대 과제는 쌍둥이 적자 해소에 맞춰졌다.

코로나의 습격을 받던 2021년에는 GDP 대비 정부 부채 비율이 역사상 가장 많은 125%까지 상승했다. 그러나 당시 국제 금융시장에서 달러화는 더욱 강한 모습을 보였다. 킹(King)달러라는 용어까지 나올 정도였다. 2010년대 초반 남유럽 재정위기 당시 이탈리아의 정부 부채 비율은 약 130% 수준이었다. 미국은 2021년에 재정위기 당시의 이탈리아 수준에 도달했지만 오히려 달러는 강세를 보였다.

미국은 주기적으로 연방정부의 부채 한도를 늘린다. 미국은 예산 편성권이 의회에 있기 때문에 부채 한도 확대는 정치적 갈등의 주요 쟁점이 된다. 2021년에는 팬데믹 위기를 맞아 부채 한도를 이전의 22조 달러에서 31조달러로 크게 증대시켰다. 이마저 모두 소진하자 2023년 6월 초 다시 부채 한도를 확대했다. 과도한 부채는 미국 신용등급에도 영향을 준다. 미국의 신용등급은 2023년 4월 현재 'AA+'로 핀란드, 홍콩, 대만, 뉴질랜드, 오스트리아와 같다. 반면 미국보다 신용등급이 높은 'AAA' 등급에는 독일, 네덜란드, 덴마크, 노르웨이, 스웨덴, 스위스, 룩셈부르크, 캐나다, 호주, 싱가포르 등이 있다. 한국은 미국보다 한단계 낮은 AAO(S&P 기준) 수준이다. 2023년 8월에는 세계 3대 글로벌 신용평가사 중 하나인 피치가 미국의 국가 신용등급을 한단계 내리기도 했다. 스스로 기축통화 국가를 자처하는 미국 입장에서는 이래저래 체면이 많이 구겨진 셈이다.

신비로운 길이 위험해졌다

미국의 재정적자 비율이 낮아졌지만 절대 금액은 지금 이 순간에도 늘어나고 있다. 그러면 누가 미국의 쌍둥이 적자를 메꿔줄까? 달러 패권이 유지되는 상황을 흔히 글로벌 불균형(imbalance)이라고 하는데, 한편에서는 '신비로운 길' 혹은 '주술경제학'(voodoo economics)이라고 부르기도 한다. 글로벌 불균형이란 미국 중심의 달러 순환 시스템으로 이해하면 된다. 반면 이 시스템에서 미국 이외 국가들은 달러 종속이 심화된다. 그래서 '불균형'이다. 총 4단계로 진행되는 글로벌 불균형은 다음과 같다.

① 미국은 제조업이 약하기 때문에 공산품과 원자재를 수입해서 소비한다.
② 수입 대금은 미국의 돈인 달러로 지불한다.
③ 미국 수출로 달러를 보유한 동아시아나 중동 산유국은 확보한 달러를 다시 미국 금융기관에 예치한다.
④ 미국 금융기관은 이 자금으로 미국 혹은 전 세계를 대상으로 투자한다.

이런 순환 구조가 무한 반복될 수 있으면 미국은 자기 마음대로 소비해도 된다. 전 세계 금융을 통제하면서 실질적으로 세계 경제를 장악한 것이기 때문이다. 미국 입장에서는 최고의 상황이다. 이게 바로 달러 패권의 이익이다. 더군다나 기축통화는 환율 변동이 없기 때문에 수

[그림 3-4] 달러 패권하의 글로벌 불균형 구조

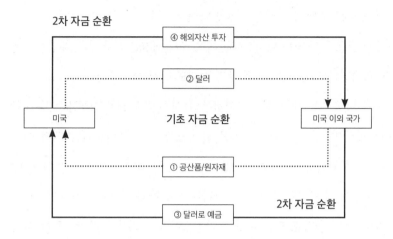

자료: 홍성국, 《세계 경제의 그림자, 미국》, 2005.

입 물가에도 영향이 없다. 그래서 '신비롭다'고 하거나 거의 '주술'에 가까운 경제학으로 비아냥거림을 받는 것이다. 달러가 기축통화로 유지되는 한 미국인들은 영원히 실제 경제력보다 더 많은 소비를 할 수 있다. 에너지도 무한정 쓸 수 있다. 미국이 해야 할 것은 강한 군사력으로 국제질서만 유지하면 된다. 미국의 강한 군사력은 패권의 본질인 '달러=기축통화'를 유지하는 도구에 불과할 수도 있다. 따라서 미국은 달러 패권을 지키기 위해서는 어떤 일이든지 가리지 않고 강력하게 대응한다.

현대통화이론(MMT)이 적용되는 유일한 나라

기축통화국은 재정적자를 우려할 필요가 없다. 재정적자로 발행된 국채를 타국이 사주기 때문이다. 현대통화이론(MMT)은 돈을 풀어도 물가가 오르지 않고 경제는 성장한다는 사이비(?) 이론이다. 코로나 국면에서 많은 국가들은 MMT 이론대로 국가 재정을 사용했다. 재정적자는 늘었지만 물가는 오르지 않았고 경제도 안정 성장했다.

미국은 21세기 들어서면서부터 사실상 MMT 정책을 사용해왔다. 미국이 쌍둥이 적자로 돈을 풀어도 달러가 해외로 유출되기 때문에 국내 통화량은 증가하지 않았다. 당연히 물가는 안정된다. 또한 미국에서도 수축사회적 현상이 나타나면서 화폐 유통속도가 크게 낮아졌다. 돈이 돌지 않으니 물가는 안정적이다. 기존의 경제학으로는 설명이 안 된다. 여담이지만 수축사회에서만 통용되는 새로운 거시 경제이론이 아닐까?

미국형 MMT 이론을 순차적으로 정리해보자.
대규모 재정적자 발생→화폐 유통속도 하락→물가 안정→저금리 유지→투자 증가→소비 증가→부채 증가→경제성장 지속

미국은 이와 같은 경로를 30여 년 이어오고 있다. 그러나 다른 국가에서는 이런 경로가 형성되지 않는다. 만약 미국과 같은 정책을 시행하면 물가와 금리 상승 그리고 이에 따른 환율 절하로 외자가 유출되고 경제위기에 빠질 수 있다. 오직 미국에서만 통용되는 MMT 이론은 미국인들을 편안하게 만들었다. 미국이 달러 패권을 지켜야 하는 이유다.

미국인들의 이기적 생활이 지속되면서 정부 부채는 지속적으로

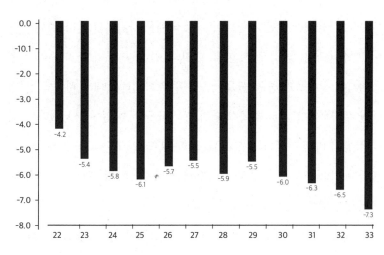

[그림 3-5] 미국 의회 예산국 재정수지 전망

단위: GDP 대비 %

자료: CBO, 하이투자증권 리서치본부

늘어났다. 중단할 방법도 없다. 바이든 행정부는 2024년 예산안에서 장기 정부 부채 관리 방안을 내놨다. 이 예산안에 따르면 총 4조7,420억 달러의 세금을 더 거둬서 그중 40%는 예산에 사용하고, 60%는 재정 적자를 갚는 데 사용하겠다는 낭만적인(?) 장기 예산안이다. 과연 가능할까? 내 생각에 미국 정치권이나 미국인 모두 도저히 받아들이지 못할 것으로 예상된다. 바이든 대통령의 계획과는 무관하게 미국 의회 예산처(CBO)는 그림 3-5와 같이 2030년까지 GDP의 5~6%대 재정적자를 예상하고 있다. 그리고 그 이후에 대해서는 아무도 걱정하지 않고 있다.

누가 달러를 사줄까?

미국의 재정적자가 계속 늘어가기 위해서는 미국 이외 국가의 정부, 중앙은행, 금융기관 혹은 개인들이 미국 국채를 사줘야만 한다. 21세기 들어 미국 국채는 중국, 일본, 한국, 대만, 홍콩 등 미국 수출 비중이 높은 동아시아 국가들과 중동 산유국들이 주로 매입해왔다. 특히 중국은 엄청난 무역수지 흑자로 취득한 외화를 미국 국채 매입에 사용했다. 그러나 상황이 바뀌고 있다. 2010년대 중후반부터 각국은 미국 국채 매입을 줄이고 있다. 유럽은 유로화를 사용하고 무역도 유럽 내부에서 주로 이루어지기 때문에 고려 대상이 아니다.

중동 산유국은 유가 하락으로 재정 상황이 어려워졌다. 사우디의 경우 재정적자가 쌓여가면서 달러 자산에 투자할 여력이 약화되었다. 종교적 특성으로 인구가 늘어나고 있고, 몇몇 왕족이 지배하는 정치적 특성상 사회복지 지출도 늘려야 한다. 정도의 차이는 있지만 중동 산유국들은 사우디와 유사한 환경에 놓여 있다. 미국 국채를 가장 많이 매입하던 동아시아 국가들도 상황이 만만치 않다. 본질적으로 세계화의 후퇴로 글로벌 교역량이 줄고 있다. 아세안, 동유럽 등이 새로운 제조업 수출 지역으로 등장하고 있다. 그러나 이들 지역은 초기 투자단계 국가들이다. 내수가 확대되면 수입도 늘어난다. 즉 무역수지가 안정적 흑자를 유지하기가 쉽지 않다. 중국조차도 무역수지에서 적자와 흑자가 반복되고 있다.

미-중 패권전쟁으로 미국에 투자가 집중되면서 동아시아의 역동성은 다소 낮아질 것이다. 이 국면에서 미국은 달러 패권보다는 자체적

성장 능력을 확보해야 한다. 그런데 그게 가능할까? 실현된다 하더라도 수십 년이 걸릴 것이다. 일본은 장기간 이어진 복합불황으로 재정적자가 쌓여가고 있다. 무역수지마저 적자가 발생하고 있기 때문에 미국 채권을 매입할 여력이 없다. 2022년 하반기 엔화가 약세를 보이자 달러를 대규모로 팔아서 엔화 가치를 방어하기도 했다. 이런 상황에서 누가 미국채를 살 수 있을까?

중국은 패권전쟁을 대비해서 달러 자산 보유 비중을 이미 줄여오고 있다. 중국의 미 국채 보유액은 2013년 11월 1.3조달러에서 2023년 4월 8,689억달러로 크게 줄었다. 러시아, 이란 등 친중국 진영 국가들도 마찬가지다. 중국은 러시아의 우크라이나 침공시 러시아의 대외 자산이 봉쇄된 것에 주목하고 있을 것이다. 현재 미국·EU·일본 등 서방 진영이 동결한 러시아중앙은행의 외환만 3천억달러(약 384조원)에 이른다. 이 외에 러시아 신흥재벌(올리가르히)의 자산 580억달러(약 74조원)도 서방 금융기관에 묶여 있다. 중국은 동일한 조치를 중국 자본에 실시하게 될 경우까지 대비할 것이다. 이미 중국은 금이나 다른 자산으로 외환보유고를 분산시키고 있다. 시간이 지날수록 미국 채권에 대한 수요는 줄어들 가능성이 높다.

신비로운 길 혹은 주술경제학의 붕괴?

만일 미국 채권이 미국 안에서만 소화되는 상황이 온다면 '신비로운 길' 전체가 무너질 것이다. 2010년 외국인의 미국 국채 보유 비중은 55% 수준이었다. 그러나 최근에는 30%선이 무너질 조짐이다. 미국의 재정적자가 늘어날수록 미국 채권 가치가 하락하기 때문에 싸게 팔아야 한다. 즉 금리를 높여야만 한다. 부채 경제 구조인 미국에서 금리가 상승하면 경제성장률 하락과 심각한 양극화 문제가 부각될 것이다. 공화당은 긴축재정을 요구할 것이고 민주당은 저소득층을 위해 증세를 추진하며 대립할 것이다. 달러 패권의 상실과 미국 채권 수요 감소는 금융 문제만이 아니라 미국 내에서 정치·사회적 문제로 비화될 것이다.

위안화 사용이 늘어나거나 각국 외환보유고 중 20% 정도만 위안화가 차지해도 미국이 달러 패권을 통해 얻는 이익은 상실될 것으로 보인다. 위안화가 달러를 일정 부분 대체하게 되면 완전히 다른 상황이 전개될 것이다. 미국은 그동안 실제 경제력에 비해 초과 소비했던 대가를 치를 것이다. 다른 국가와 마찬가지로 경상수지 적자와 재정적자가 증가하면 신용등급은 추가로 낮아질 것이다. 국채 공급의 증대로 금리가 상승하거나 달러 가치가 하락하면 물가도 급등할 것이다.

예를 들어 2022년 미국이 재빨리 금리를 인상하자 세계의 자본은 안전한 미국으로 향했다. 그러나 당시 미국은 물가상승과 누적된 재정적자로 위기 상황이었다. 만일 달러 패권이 약해지면 이런 상황에서 전 세계 자금은 미국으로 향하는 것이 아니라 탈출할 것이다. 위안화로 투자 대상을 옮길 수도 있다. 통상 유가가 오르면 달러가 약해진다. 금 가격이 올라도 달러는 약해진다. 이제까지 달러의 대체물인 안전자산은 석유나 금이었지 다른 통화가 아니었다. 세계적으로 위기가 높아질 때마다 미국으로 전 세계 자금이 몰리면서 미국만 쉽게 그 위기에서 벗어난 것은 달러 패권 때문이다.

우공이산(愚公移山): 위안화 기축통화 작전

중국 입장에서는 무엇보다도 달러 패권이 매우 부러울 것이다. 중국의 금융시장은 취약하다. 최근 금융 부실이 심화되면서 위기가 커지고 있다. 중국 진영의 확대를 위해서도 위안화의 위상 강화가 필요하다. 중국의 국내적 어려움과 진영 확대를 한방에 해결하는 방법은 위안화가 기축통화가 되는 것이다. 그러나 쉽지 않다. 현실적인 방법은 달러 패권을 일정 부분 약화시키는 것이다.

중국 입장에서 금융은 반도체보다 중요하다. 반도체와 배터리 분야에서 미국은 고전하고 있지만 금융패권은 여전히 강력하다. 중국이 현재의 위기를 극복하려면 미국이 보유한 기축통화 체제를 허물든지

[표 3-1] 최근 주요국 탈 달러화 행보

국가명	내용
러시아	외환보유고 내 위안화 비중 확대(22.1Q 1% 미만 → 22.4Q 16%) (이란) 루블화, 리알화 결제 확대 (2015년 시작, 2030년 60%까지 확대) (중국) 가스대금 루블화-위안화 결제 합의 (22.7월) (인도) 교역에서 루블화-루피화 결제 합의 (23.2월)
중국	(UAE) LNG 수입시 위안화 결제 합의 (23.3월) (브라질) 교역에서 위안화-헤알화 결제 합의 (23.3월)
브라질	외환보유고 내 위안화 비중 2위까지 상승 (23.3월)

자료: 신한투자증권, 〈자원민주주의와 공급망 위험〉, 2023년 5월 17일.

작동을 방해해야 한다. 그렇지 못하면 과학기술 패권전쟁에서도 패배할 수 있다. 최소한 달러의 강건함에 흠집을 내는 것만으로도 중국은 소기의 성과를 거둘 수 있다. 물론 러시아, 이란, 사우디 등 주요 자원부국들도 중국과 보조를 맞출 것이다.

중국은 원자재 생산국과의 교역을 늘리면서 위안화의 영향력을 확대하고 있다. 2023년 3월 중국의 대외무역 결제에서 위안화 결제 비중은 48.6%로, 처음으로 달러(46.7%)를 상회하기 시작했다. 2010년에는 달러화 결제 비중이 80%대 중반이었다. 물론 국제결제시스템인 SWIFT에서 위안화 결재 비중은 아직 2%대에 불과하다. 다만 중국 진영도 만만치 않게 성장하고 있음을 보여주고 있다. 물론 당장 달러 패권이 무너지지는 않을 것이다. 현재 각국의 외환보유고 중 달러 비중은 58%로 압도적이다. 중국의 눈물겨운(?) 노력에도 불구하고 달러 이외 통화 중 유로가 19.7%, 엔화가 5.3%, 파운드 4.6%인데 비해 중국 위안화는 2.7%에 불과하다(2022년 3분기 기준). SWIFT 국제 결제망에서 90% 이상은 달러와 유로화로 거래된다.

영국 중앙은행(BOE) 산하의 싱크탱크인 공적 통화금융기구포럼(OMFIF)은 각국 중앙은행을 대상으로 흥미로운 연례 설문조사 결과를 공개했다. OMFIF에 따르면 전체 외환 보유액에서 현재 58% 가량인 달러화 비중이 10년 뒤에도 54%에 달할 것으로 조사됐다. 향후 2년간 달러화 익스포저(위험노출액)를 늘릴 계획인 중앙은행은 16%, 줄일 계획이라고 응답한 중앙은행은 10%로 나타났다. 전 세계 외환 보유액에서 위안화가 차지하는 비중은 현재 약 3%에서 10년 뒤에는 6%로 증가할 것으로 내다봤다.[46] 노벨 경제학상 수상자인 폴 크루그먼 교수 역시 비슷한 견해를 제시한다. 그는 〈뉴욕타임스〉에 기고한 칼럼에서 "실질적인 대안이 없기 때문에 달러의 지배력은 한동안 계속될 것"이라고 주장했다.[47] 각국 중앙은행 설문조사 결과와 크루그먼의 견해에는 말 그대로 대안이 없다는 현실과 미-중 패권전쟁 과정에서 의사결정을 미루려는 모습이 포착된다.

입체적인 금융전쟁

달러 패권이 무너지기는 당분간 기대하기 어렵다. 그러나 분명한 것은 달러의 위상이 강화될 확률보다는 약화될 가능성이 높다는 점이다. 미국도 이런 상황을 잘 알고 있다. 달러를 지키기 위해서 미국은 금융으로 중국을 공격하고 있다. 중국 금융시장은 폐쇄적이다. 일단 금융기관 대부분이 정부의 통제하에 있어서 비효율적이다. 국영기업이나 부동산 관련 대출 비중도 높다. 중국의 기업 부채는 GDP의 220%대로 주요 국가 중 가장 높다.[48] 투자 문화도 후진적이다. 주가를 비교할 때 흔히 사용되는 PER을 보면 2023년 7월말 기준 전 세계 PER(12개월 예상 이익 기준)은 16.7배였다. 현재 주가가 향후 16~17년간의 기업이익과 비슷하다는 의미로 이해하면 된다. 미국의 PER은 20배, 한국 13.4배, 대만 16.3배였다. 중국 증시의 PER은 10.1배로 차이나 디스카운트를 적용받고 있다.

중국 금융기관의 부실 위험과 회계 장부의 투명성이 낮은 점 등 중국 내부의 문제를 이유로 해외 투자가들이 중국에 투자하는 것은 위험 부담이 크다. 전체적인 모습은 IMF 외환위기 이전의 한국과 비슷할 듯하다. 일부 우량한 중국 기업은 기업을 증권시장에 공개할 때 중국보다는 홍콩이나 미국 증시에서 자금을 조달하고 싶어 한다. 그래야 제값을 받을 수 있기 때문이다. 그러나 미국은 중국 기업의 미국 시장 진입을 원천 봉쇄하기 시작했다. 기존에 상장된 기업조차 뉴욕 증시에서 상장을 폐지하도록 압박하고 있다.

중국은 외자 유출입에도 극단적으로 예민하다. 중국은 오랜 기간 한국의 IMF 외환위기와 같은 다양한 금융위기를 학습해왔다. 그러나 중국으로서도 뾰족한 대안이 없다. 시간이 지날수록 중국 내부에 수축사회 분위기가 확산되면서 공급과잉이 일반적 현상으로 자리잡고 있다. 공급과잉 산업에 국영 금융기관이 계속 대출을 해주면서 수명을 연장시키고 있다. 중국 경제가 어려워지고 성장이 더뎌지면 금융위기 발생 가능성도 덩달아 높아진다.

돈은 더 높은 수익률을 찾아 유랑한다. 투자에서 가장 중요한 요소는 '안전성'이다. 그런데 중국 금융시장은 안전하지 않다는 인식이 강하다. 통상 해외투자에 나서는 자본은 미국 투자자들을 따라서 투자한다. 미국이 세계에서 가장 '큰손'이기 때문이다. 한국의 국민연금, 일본의 생명보험사, 영국의 투자신탁회사들의 투자 방향은 미국 투자가들과 매우 유사하다. 만약 큰 손인 미국 투자가가 중국 투자 비중을 줄이라는 신호를 보냈을 때 다른 나라의 투자자들이 중국에 계속 투자할 수 있을까? 나 홀로 중국에 투자해서 과연 수익을 낼 자신이 있을까? 이런 과정을 거치면서 금융시장에는 보이지 않는 연합군이 형성되어 있다. 미국의 강요라기보다 투자의 세계에서는 자연스러운 현상이다.

금융과 달러 패권 분야에서 중국은 절대적으로 불리하다. 당장 이 불리함을 개선할 대안도 없다. 중국 내부 경제가 자본주의 논리대로 경영되는 것이 최우선 과제이지만 공산당은 체제 위협으로 간주한다. 결국 중국이 자본주의적 사회주의에서 자본주의적 민주주의 국가가 되지 않는 한 금융 분야의 취약성을 극복하기는 어려울 전망이다. 미국 역시 자체 모순을 스스로 해결하지 못한다면 현재의 달러 패권과 금융 시장의 독점을 지켜내기 어려워 보인다. 누가 먼저 내부 문제를 잘 해결하느냐의 경쟁이다.

15장

미-중 패권전쟁의 변수

미-중 패권전쟁의 여러 전선 중 과학기술 특히 반도체와 배터리는 백중지세로 보인다. 다만 미국의 공세적 전략이 성공하면 2027년 이후 미국이 유리해질 것이다. 금융 분야는 여전히 미국이 강세다. 당분간 소강 국면이 예상되지만 판을 뒤흔들 몇 가지 변수도 감안해야 한다. 이 변수들은 패권전쟁의 전황을 단번에 바꿀 수도 있다.

변수 1: 디지털 화폐전쟁

디지털화폐(CBDC)는 가상자산의 대체물로 전 세계 모든 중앙은행들이 연구에 열을 올리고 있다. 온라인 상거래가 발달한 중국은 인터넷 금융 분야에서의 경쟁력 확보와 금융 안정성 강화를 위해 정부 차원에서 적극적으로 개발 보급하고 있다. 디지털화폐가 어떤 식으로 사용될지는 쉽게 예측하기 어렵다. 단지 인터넷 상거래의 결제 수단이나 페이(pay) 등을 대체하는 수준에 머무를 수도 있다. 블록체인 기술과의 연계도 중요한 과제다. 비트코인, 이더리움 등의 가상자산은 중앙은행의 견제와 결제의 불안정성으로 성장에는 한계가 있을 것이다. 그러나 CBDC는 중앙은행이 발행하기 때문에 안전하다. 중국은 위안화 CBDC를 가장 앞서 실제 상거래에서 사용하기 시작했다. 향후 전개 상황은 중국만 제한적으로 사용할지, 아니면 전 세계로 확산되어 폭발적으로 확산될지 현재로서는 가늠하기 어렵다.

CBDC 활용이 늘어나면 어떤 변화가 있을지 상상해보자. 온라인 상거래에서 사용이 편리하기 때문에 무역 비중이 높은 국가나 주식·채권의 해외 투자자들에게 환전의 번거로움을 크게 낮춰줄 것이다. 예를 들어 중국 주식시장에 투자하는 한국 투자자들은 환전할 필요 없이 위안화 CBDC를 보유하면서 계속 투자할 가능성이 있다. 한국 투자자가 미국의 애플 주식을 살 때 중국 CBDC를 이용해서 살 수도 있게 될 것이다. 이때 금융회사들은 주가를 위안화로 표시해서 거래를 용이하게 할 것이다. 한국에 진출한 중국 노동자들은 위안화 CBDC로 저축하고 본국의 가족에게 CBDC로 송금할 수 있을 것이다. 미국과 관계가 소원해진 중국, 러시아, 또 사우디를 포함한 중동 산유국들, 그리고 일대일로를 통해 중국의 지원을 받은 국가들이 위안화 CBDC 결제를 늘릴 것이다. 중국이나 동남아와 거래하는 기업이나 알리바바에서 생필품을 구입하는 한국 소비자들도 일정 금액의 위안화 CBDC를 보유할 것이다.

미국 이외 지역에서 위안화 CBDC가 생활비용, 여행, 해외 직구

비용 등으로 사용되기 시작하면 달러의 위상은 어떻게 될까? 미국의 주요 수출품은 제조업 제품이 아니라 서비스업 중심이다. 미국에서 구매할 물건은 별로 없다. 반면 세계의 공장인 중국제품 없이는 지구촌의 누구도 살기 어렵다. 러시아, 중동뿐 아니라 호주, 브라질, 아르헨티나 등 자원부국들은 중국으로 원자재, 식량 등을 수출한 후 수입대금으로 위안화 CBDC로 결제가 늘어날 수도 있다. 이미 이 지역과의 무역에서 위안화 결제 비중이 높아지고 있다. 가상자산과 달리 CBDC로는 중국 공산품을 손쉽게 사올 수 있다. 동남아시아 경제를 장악한 화교들 역시 위안화 CBDC 사용에 적극적일 것이다.

2022년 현금 사용 비율이 59%까지 낮아진 EU는 2023년 10월 유럽 의회 승인을 거쳐 2026년에 CBDC의 실제 발행을 추진하고 있다. CBDC 발행이 늘어나면 결국은 화폐에서 국가의 개념이 사라지는 계기가 될 수도 있다. 이때에도 달러 패권이 지켜질까? 쉽지 않을 것이다. 그렇다면 미국도 달러화 CBDC를 발행할 수밖에 없을 것이다. 이때 CBDC 사용 패권을 놓고 미-중 간에 디지털 기축통화 전투가 벌어질 것은 충분히 예상 가능하다. 승패를 떠나 <u>위안화와 달러 CBDC 사용이 확산되면 경제가 취약한 국가들은 자신들의 독자 통화가 사라질지도 모른다.</u> 사람들은 자국 통화보다 안전하고 세계적 차원에서 통용이 쉬운 위안화 혹은 달러 CBDC를 선호하지 않을까?

변수 2: 홍콩 고사작전

홍콩은 중국이 세계와 만나는 창(窓)이다. 중국의 최첨단 제조업 도시인 선전(深圳; 심천)이 홍콩 인근에 있는 이유이기도 하다. 영국이 지배하던 홍콩은 1997년 주권 반환 이후 중국이 직접 통치하고 있다. 통상 글로벌 자본은 홍콩을 통해 중국에 투자한다. 중국 기업의 자본조달도 홍콩을 통해서 진행된다. 홍콩 증시에 상장된 중국 기업을 묶은 지수인 홍콩 H지수의 가치(시가총액)는 거의 1조달러나 된다. 우리가 잘 알고 있는 텐센트, 알리바바 등의 기업들은 홍콩 증시에 상장되어 해외 투자자들이 투자한다. 첨단 과학기술 역시 홍콩을 경유해서 중국 본토로 유입된다.

나는 금융회사에 근무하는 후배들에게 홍콩 투자 비중을 줄이라고 6~7년 전부터 여러 번 충고했다. 향후 홍콩은 지금과 같은 아시아의 금융중심지가 아니라 중국의 일개 지역으로 전락할 것으로 봤기 때문이다. 최근 한 후배에게 문의하니 자기 회사는 투자 금액을 절반으로 줄였고 이후에도 서서히 그 비중을 줄이겠다고 한다. 우려가 현실이 되고 있는 것이다.

미국 달러화와 홍콩 달러는 환율이 고정된 통화 페그제를 유지하고 있다. 페그제를 유지하기 위해서는 홍콩의 금리가 미국과 비슷하거나 혹은 약간 높아야 한다. 2022년 미국의 금리가 빠르게 상승할 때 홍콩은 달러 페그제를 유지하기 위해 미국만큼 금리를 빠르게 올렸다. 이후 미국 금리가 안정되면서 한숨을 돌렸지만, 미국 금리가 급상승할 때마다 홍콩은 흔들리고 있다.

지금 홍콩은 중국의 권위주의 통치로 활기를 잃어가고 있다. 상류층은 영국, 미국, 캐나다 등으로 투자 이민을 떠나고 있다. 영국 사립학교에 재학 중인 해외 학생은 2022년부터 2년 연속 홍콩 출신이 1위를 차지하고 있다. 영국 사립 초·중·고에 다니고 있는 홍콩 출신자들은 2023년 기준 2년 전에 비해 4.8배나 늘어났다고 한다. 이런 현상은 중국의 강압적 통치정책과 영국이 홍콩 사람들에게 이민 특혜를 주었기 때문이다. 이민 특혜로 2021년 1월부터 2022년 말까지 16만명이 넘는 홍콩인이 이민을 신청했다. 영국 이민 비자를 발급받은 18세 미만 홍콩 청소년도 4만1천명에 달한다.[49] 홍콩의 엘리트 계층이 조용히 홍콩을 버리고 있는 것이다.

반대로 중국 본토에서 일자리를 찾아 홍콩으로 넘어온 불법 체류자가 급증하는 상황도 벌어지고 있다. 최고급 인재는 이민으로 떠나고 특별한 기술이 없는 불법 체류자만 증가하고 있다. 이에 따라 홍콩 주민들의 성분이 바뀌고 있다. 이런 상황이 지속되면 홍콩의 금융중심지 역할은 어려워질 수밖에 없다.

만일 미국이, 혹은 미국의 의도에 따라 홍콩 달러와 미국 달러의 페그제를 해제하는 조치를 내리면 홍콩뿐 아니라 중국 내부 금융까지 큰 손상이 불가피하다. 미국 금융기관들이 홍콩에 대한 투자 비중을 서서히 줄이다가 중국에서 위기(특히 부채위기)가 발생하는 시점에 빠르게 투자자금을 회수하면 홍콩 금융은 단번에 흔들릴 수도 있다. 중국 정부가 외환보유고를 빌려준다 해도 막기 어려울 것이다. 이미 금융시장은 이런 변화를 예상해서 움직이고 있다. 투자자 입장에서는 늘 염두에 두어야 한다.

변수 3: 사이버(cyber) 세상의 분리

지금 벌어지는 3차 세계대전은 사이버 전쟁이기도 하다. 가짜뉴스, 여론 조작 등을 통해서 상대국의 정치에 개입하거나 여론을 조종하기도 한다. 러시아가 와그너 그룹을 통해 미국 대선에 개입했던 정황은 이미 잘 알려져 있다. 최근 중국은 대만의 독립 의지를 꺾기 위해 대만의 SNS에 적극적으로 개입하고 있는 것으로 알려져 있다. 중국의 댓글 부대뿐 아니라 소위 국뽕으로 불리는 중국 민족주의 성향의 네티즌들이 대만에서 친중국 여론을 강화하려고 한다. 한국과 중국 간에도 역사, 문화, 예술 등을 주제로 온라인상에서 자주 긴장관계가 형성된다.

사이버 공간은 미래의 산업기반인 데이터가 쌓여 있다. 사이버 공간에서는 정상적 방법이나 혹은 해킹을 통해 어떤 정보든지 입수가 가능하다. 향후 양자 기술이 상용화되면 어떤 방화벽도 안전하지 않다. 물론 여기에 맞춰 보안 기술도 발전하겠지만 기본적으로 방어보다는 공격이 유리한 것이 사이버 세상이다. 향후 보이지 않는 사이버 전쟁이 치열해질 것이다. 그렇다면 근본적인 대안이 필요하다.

중국은 자국민이 외국 웹사이트에 접속하지 못하게 막는다. 외국 기업이 중국의 디지털 시장에 진입하지 못하게 제한을 걸기도 한다. 그만큼 중국은 내부 네트워크를 폐쇄적으로 운용하고 있다. 반면에 글로벌 인터넷망에는 적극적으로 접근해서 지적 재산을 탈취한다. 때로는 민주적 선거를 방해하기도 하며 자국 선전물을 퍼뜨리고 핵심 인프라를 해킹한다.[50] 중국의 이런 행태에 대해 2018년 구글의 전 회장인 에릭 슈미츠는 10년 후인 2028년쯤 되면 인터넷이 두 개로 쪼개질 것이라고 전망했다. 기존 인터넷은 미국 중심으로 유지되고, 중국은 일대일로에 참여하는 60여 개국을 묶어 새로운 인터넷 세상을 만들 것으로 내다봤다. 미국과 동맹국 간에 데이터와 상품이 자유로이 유통되는 디지털 연합을 창설해야 한다는 주장도 등장하고 있다.[51] 중국처럼 언론 자유와 개인의 권리를 존중하지 않는 나라들을 배제하려는 것이다.

인터넷이 쪼개지면 중국 진영은 매우 불리해진다. 데이터를 축적하기 어렵고, 여론 조작도 불가능해진다. 선진국 기술을 탈취하는 것 역시 어려워진다. 통상 중국 등 독재국가는 외부 세계와의 단절로 국내의 반정부 세력의 출현을 막으려 한다. 그러나 새로운 정보에 대한 갈망은 사람의 기본적 욕구다. 인터넷이 분리될 경우 정보 통제 진영의 사람들은 새로운 정보를 얻으려는 욕망이 더 커질 수 있다. 미국 진영이 사용할 비장의 카드가 될지도 모른다.

변수 4. 러-우 전쟁과 러시아의 미래

1979년 소련이 아프가니스탄을 침공하던 시기 북해에서 해저 유전이 대규모 개발되었다. 유가는 1980년 배럴당 최대 38달러에서 1980년대 중반에는 12달러 수준까지 급락했다. 당시 소련 경제는 석유 수출에 의존하고 있었다. 유가가 급락한 후 장기간 낮은 수준을 유지하자 소련은 버티지 못하고 해체되었다. 40년이 지난 지금 비슷한 상황이 전개되고 있다.

지정학적으로 동유럽은 이미 미국 진영에 들어갔기 때문에 NATO와 러시아는 국경을 직접 맞대고 있다. 러시아가 어려워지면 거의 유일한 동맹국인 벨로루시 국민조차 서쪽으로 탈출하거나 서구 경제 체제에 편입하려 할 것이다. 남쪽의 튀르키예, 중동 산유국, 중앙아시아의 '스탄' 국가들은 중국 진영으로 빠르게 합류하거나 혹은 미국 진영으로 갈아타는 국가도 나올 것이다.

러시아 원유의 수출 금지 조치에도 인도나 중국은 러시아 원유를 저렴하게 사들이고 있다. 만일 러시아의 실질적인 패배가 확인될 때 이들 국가들은 러시아에 더 많은 요구를 할 것이다. 중국은 블라디보스토크 개방을 넘어 우주·군사 기술의 제공, 시베리아 원자재 공동 개발 등 다양한 분야에서 러시아의 양보를 요구할 것이다.

마크롱 프랑스 대통령은 러시아가 우크라이나 전쟁에서 지정학적으로 이미 패배했으며, 사실상 중국의 '속국'(vassal state)이 되고 있다고 주장했다. 러시아가 중국에 대해 일종의 굴종하는 형태에 돌입했고, 발트해에 대한 접근권도 상실했다고 주장할 정도로 러시아의 미래는 불투명해졌다.[52] 러시아의 인질이었던 유럽이 이제 제 목소리를 내기 시작했다.

러시아에게 불리한 상황이 전개되면서 러시아는 우크라이나 곡물 수출을 저지하기 위한 다양한 방법을 시도해 미국 진영의 물가를 자극할 것이다. 또한 2024년 3월 러시아의 대선과 우크라이나의 4월 대선은 절묘하게 비슷한 시기에 진행된다. 선거 결과는 양 나라에서 모두 현재 정권이 유지될 것으로 전망된다. 또한 미국 대선이 11월이기 때문에 2024년은 전반적으로 교착 상태가 예상된다. 그러나 전황이 급변하게 되면 새로운 지정학의 시대가 열릴 수도 있다.

새로운 지정학의 시대

러-우 전쟁에서 러시아의 실질적 패배를 가정할 경우 단기적으로 미-중 패권전쟁에서 미국이 유리해진다. 러시아의 유럽에 대한 천연가스 수출이 재개되면서 유럽도 한숨 돌리게 된다. 미국의 파워를 재차 확인했기 때문에 중동 산유국이나 튀르키예 등은 당분간 친중국 행보를 자제할 가능성이 높다.

장기적으로는 가늠하기 어려울 정도의 엄청난 변화가 예상되지만 시간이 필요하다. 군사적으로 중국 서쪽 지역까지 NATO가 관할권 확대를 추진할 것이다. 미-중 대결은 지정학적 전선이 아시아로 압축되면서 중국의 입지가 좁아질 수 있다. 이런 상황에서 러시아는 생존을 위해서 중국에 더 밀착하거나 굴복하게 될지도 모른다. 미국은 우크라이나 재건을 통해 흑해와 중앙아시아 지역에 대한 영향력을 높이려 할 것이다.

러-우 전쟁이 2023년 하반기에 방향성을 결정해도 미국은 2024
년 대선과 어려운 경제 상황 때문에 빠르게 움직이기는 어려울 듯하다.
현재와 같은 교착 상태가 당분간 이어지면서 지정학적 큰 변화를 향해
갈 것이다. 일본은 군사적으로 공격성이 증가할 것이다. 러시아에게 북
방영토 문제를 다시 제기하면서 동해에서 캄차카반도에 이르기까지 이
지역의 긴장을 높이려 할 것이다. 이때 블라디보스톡을 통해 동해로 진
출한 중국과 일본은 지근거리에서 마주하게 된다. 북한도 중국 의존도
를 높일 것이다. 지정학적으로 새로운 재편의 바람이 불겠지만 여전히
핵심은 미-중 패권전쟁이다.

결국 지정학적으로 새로운 재편은 미-중 패권전쟁 추이와 연결되
어 이루어질 것이다. 미국에 반도체와 배터리 생태계가 완성되기 시작
하는 2027년~30년 사이에 러-우 전쟁의 후폭풍이 동시에 발생할 가능
성이 높아 보인다. 이제까지의 역사에서 확인되듯이 변화는 예기치 못
한 상황에서 긴박하게 진행되는 경우가 많다. 러-우 전쟁 이후가 더 위
험한 이유이기도 하다.

16장

소결: 미-중 패권전쟁 전망

현재 진행중인 3차 세계대전의 본격적인 난타전은 언제 시작될까? 나는 2030년 정도는 되어야 가능할 것으로 예상한다. 지금은 미국과 중국 모두 준비가 부족하다. 미국 내 반도체 생태계 구축이 성공적으로 완성되기 위해서는 적어도 5년 이상의 시간이 필요하다. 배터리 전쟁은 원재료 공급망을 중국으로부터 가져오기 위해서 더 오랜 시간이 필요할 것이다. 물론 중국이 AI 등 미래 기술에 있어서 미국을 앞서거나 거의 유사한 수준으로 발전한다면 이후 전개는 더 미궁 속으로 빠져들 것이다.

일단은 2024년 대만 총통 선거가 분수령이 되어 새로운 균형을 찾으려 할 것이다. 그사이 대부분의 선진국들은 수축사회에 진입하면서 국내 문제에 시달릴 것이다. 모든 전쟁의 핵심 변수는 국내 문제다. 국내 문제를 가리기 위해 전쟁에 돌입하기도 하지만, 거꾸로 국내 경제가 어려운 상태에서의 전쟁은 승산이 없다. 또한 지금은 물리적 전쟁의 피해가 너무 크기 때문에 전쟁을 벌이기가 과거보다 어려워진 점도 감안해야 한다.

미국은 재정적자를 줄이고 달러의 안정성을 지키기 위해 집중할 것이다. 행여 트럼프가 재집권하면 미국은 중국과의 대결보다는 미국 내부 문제에 집중할 가능성이 높다. 관건은 트럼프가 또다시 동맹을 무시할지, 아니면 바이든과 마찬가지로 동맹의 가치를 존중할지 여부다. 반면 바이든이 연임할 경우 2030년경에는 3차 세계대전의 승패가 어느 정도 윤곽을 보일 것으로 예상된다.

다시 참고 기다리며 때를 노린다

2020년 무렵까지 대부분의 예측은 중국이 2030년경에는 미국 GDP를 추월할 것으로 바라봤었다. 만일 중국이 미국을 추월하게 된다면 양측은 과거 냉전체제와 유사한 체제가 될 것으로 전망했다. 상호 적대적으로 경쟁하면서 어느 정도 공존이 불가피해질 것으로 예상했다. 그러나 최근 분석에서는 중국의 미국 추월 시기가 점점 지연되고 있다. 지금은 2035년 이후로 보는 견해가 일반적이다. 시간이 지연되는 이유는 중국의 경제성장률이 예상보다 하락하면서 중국이 중진국 함정에 빠져가고 있기 때문이다. 향후 경제성장률의 예측에서 미국은 성장률이 약간 상승하고, 중국은 크게 하락할 것으로 전망하고 있다. 또한 최근에 중국의 부동산 버블 붕괴 위험이 높아지면서 중국이 디플레이션에 빠져간다는 분석도 늘고 있다.

중국 입장에서 미국과의 패권전쟁 승리의 가장 중요한 조건은 중국 내부의 안정이다. 경제성장률 하락에 따른 사회 불안은 현존하는 가장 큰 위협이다. 청년 실업률이 21%에 도달했고, 가계와 기업 부채 문제 역시 해소하기 쉽지 않다. 아직 여유가 있기는 하지만 추가적으로 재정을 통해 성장을 이어가기도 어렵다. 또한 지금부터는 미국 진영의 견제로 경제성장률이 하락할 것이다. 인구 고령화와 고령자 복지문제는 이제 시작이다. 만일 중국에서 시민혁명이 발생한다면 패권전쟁은 미국의 승리로 싱겁게 끝날 것이다.

미국의 제조업 부활도 중요한 변수다. 중국을 압박하고 미국 내에서 제조업을 부양하려는 다양한 시도들이 2023년에 들어서면서 상당한 성과를 내고 있다. 2023년 5월 기준 미국 제조업의 건설지출은 전년 대비 76%나 늘어났다. 그동안 주택 등 부동산에 치우쳤던 투자가 제조업으로 확산되는 상황이다. 첨단제조업(ICT)에 대한 투자도 늘어나 2020년 미국 GDP 중 16.5%였던 제조업 비중이 약 18% 수준으로 빠르게 증가하고 있다. 민간과 정부에서 인프라 투자법안(IIJA), 반도체/과학법(Chips and Science Act) 등에 의해 투자를 늘린 효과가 나타나고 있는 것이다. 경제 상황에 있어 중국이 상대적으로 불리해지고 있다.

그렇다면 중국은 다시 힘을 비축하면서 참고 견디는 '2차 도광양회(韜光養晦)'를 추진할 수도 있다. 그러나 문제는 명분과 반발이다. 일대일로 정책으로 희망을 주입하자마자 바로 후퇴하는 결과가 되기 때문에 시진핑 주석으로서는 명분이 부족한 상황이다. 앞서 도광양회를 주장했던 등소평 이상으로 자신을 우상화했기 때문에 자신의 과오를 인정하기가 쉽지 않을 것이다. 물론 반발 세력이 나타나기는 어렵겠지만 어느 정도 정치적 위기는 불가피하다. 그렇다면 대만해협 등에서 긴장감을 지속적으로 유발하면서 애국주의, 중화민족주의를 강화할 것이 틀림없다.

일부 학자나 언론은 미-중 간에 물리적 충돌을 예상하는 자극적 분석을 많이 내놓는다. 이들의 논리는 과거 독일과 일본이 그랬던 것처럼 떠오르는 도전국가가 적대국을 추월하지 못할 것이라는 한계를 깨닫게 되면서 선제 공격에 나선다는 것이다. 신흥 강대국에게 기회의 창이 닫히기 시작할 때, 그 지도자들은 이전에 약속한 영광스러운 미래를 이룰 수 없다는 불안감에 시달린다. 바로 이때 승리할 가망이 없는 무모한 돌격일지라도 치욕적인 추락보다 나은 선택으로 보일 수 있다. 바로 이런 요인 때문에 중국이 먼저 공격에 나서는 전쟁 가능성을 주장하는 것이다.[53] 요즘 유행하는 투키디데스의 함정이다.

나는 이런 시각에 동의하지 않는다. 지금은 고대 그리스나 2차 세계대전 당시와는 완전히 다른 시대다. **물리적 전쟁은 인류 전체의 파멸을 야기할 수 있다.** 게임이론적 관점이 강한 지정학 차원의 주장들을 경계해야 하는 이유다. 물론 중국은 국내의 단결을 위해 보여주기식으로 대만 등에 소규모 침공을 감행할지도 모른다. 이때도 전제 조건은 미국이 대만을 돕지 않을 것이라는 확신이 있을 때만 가능하다. 보여주기식 침공은 중국 내 시진핑 주석의 입지를 강화하기에는 충분할 것이다.[54]

중국은 핵무기를 대규모로 가지고 있다. 보복을 위한 수단도 가지고 있다. 앞서 언급했지만 핵무기를 가진 국가, 그중에서도 독재정권이 지배하는 국가와의 전쟁에서는 완전하게 승리할 수 없다. 현재 중국보다 비교가 어려울 정도로 약했던 과거 소련이 무너질 당시 미국은 간접적으로만 개입했었다. 결국 국가의 체력이 향후 진행방향을 결정할 것이다. 특히 수축사회의 3가지 위협인 저출생 고령화, 기후위기, 과학기술의 발전 등에 선제적으로 대응하는 국가가 승리할 것이다.

디커플링에서 디리스킹으로

이렇게 미-중 패권전쟁은 당분간 교착 상태가 예상된다. 코로나 국면에서 미-중 양측은 너무 빨리 패권전쟁에 끌려 들어갔기 때문에 속도 조절이 필요해졌다. 경기 침체 등 국내 문제 수습을 위한 시간이 필요하다. 양측이 몇 번 겨뤄봤지만 만만치 않음을 서로 확인했다.

중국은 미국 포위망이 견고해지는 것에 대해 우려하지만 내부 문제로 잠시 전술적 후퇴를 결정한 듯하다. 미국은 러-우 전쟁 지원 비용과 물가상승, 재정 압박에 시달리고 있다. 2024년 대선을 위해서 바이든은 이 정도면 중국에 타격을 줬다고 판단하는 것 같다. 양국 간에 2023년 5월을 고비로 인적 교류가 재개되면서 강 대 강 대결에서 교착 상태로 진입하고 있다. 대만해협에서 미-중 항공기와 함정이 일촉즉발의 충돌 위기에 빠지는 순간, 헨리 키신저 전 국무장관과 윌리엄 번스 CIA 국장이 중국을 방문했다. 블링컨 국무장관은 2023년 6월 중국을 방문해서 시진핑 주석을 만났다. 블링컨 방중에 대해 내가 만나본 중국 싱크탱크 관계자들은 현재 상황이 너무 심각하기 때문에 돌발 사태를 막기 위해서라도 리스크 관리가 필요하다고 했다. 블링컨에 이어 옐런 재무장관도 2023년 7월 초 중국을 찾아 리스크 관리를 협의했다. 바이든 행정부 출범 이후 두 번째 장관급 방중이었다.

디리스킹으로 향하는 미국의 고민

미국은 2023년 5월 중국을 견제하기 위해 미국이 주도한 '인도·태평양

경제프레임워크(IPEF)' 공급망 협정을 처음으로 타결했다. 한·미·일 3국을 비롯해 호주·인도·싱가포르·인도네시아 등 아시아·태평양 지역 14개 회원국이 세계적인 공급망 위기에 공동 대응하기로 전격 합의한 순간이었다. 향후 중국의 희토류 수출금지 조치 등으로 한국이나 일본 등에 공급망 위기가 발생하면 참여국들이 대체 공급처와 운송 경로를 공유하고 신속 통관을 실시하는 등 협력하기로 약속했다.[55] 실효성 여부를 떠나 미국은 반도체, 배터리, 금융과 더불어 공급망의 국제 공조 장치까지 만들었기 때문에 중국 봉쇄망이 어느 정도 완성되었다고 인식하기 시작한 것으로 보인다.

바로 이 시점에서 미국의 변화가 감지되기 시작했다. 2023년 4월 제이크 설리번 백악관 국가안보보좌관이 "우리는 디커플링이 아니라 디리스킹을 지지한다."고 말한 이후 '디리스킹'이라는 용어가 점점 퍼져나가기 시작했다. 비슷한 시기 옐런 재무장관도 대중 경제정책 3원칙을 발표할 때 "안보가 경제를 우선한다."고 말하면서도 "디커플링은 재앙으로, 경제 교류는 지속한다."고 밝혔다. 반도체나 인공지능(AI) 같은 첨단 기술 혹은 안보와 관련된 분야에서는 중국을 배제하지만 그밖의 분야에서는 교류를 지속한다는 것으로 해석된다. 이를 '신 워싱턴 컨센서스'라고 부르기도 한다. 2023년 5월 히로시마 G7 정상회의는 중국을 겨냥한 강력한 제재, 즉 디커플링을 논의했다고 발표했지만 실제 내용적인 수준에서는 디리스킹이었다.

아직 확실하지는 않지만 디커플링에서 디리스킹으로 분위기가 전환되어 상당 기간 지속될 것으로 예상한다. 그 이유는

① 이미 여러 번 이야기했듯 디커플링의 현실적 어려움이다. 미국을 비롯한 세계 경제의 중국 경제의존도가 너무 높다.

② EU 측의 협조가 쉽지 않다. 러-우 전쟁으로 EU 내 고물가와 경기 둔화 압박으로 EU는 중국과의 관계 개선 목소리를 높이고 있다. EU는 이미 디리스킹 정책을 사용하고 있다.

③ 미국의 자신감이다. 디리스킹은 첨단과 안보 부문에서만 중국의 성장을 견제한다는 의미인데, 미국은 IRA, 반도체지원법, 칩4동맹 등 다양한 산업정책과 외교정책을 통해 첨단기술 부문에서 중국의 추격 속도를 늦추고 있는 것으로 평가된다.

④ 무시할 수 없을 정도로 중국 내수시장은 거대하다. 중국 경제의 성장 속도가 이전보다는 못하지만 지금도 계속 성장하고 있는 매우 큰 시장이다. 미국 자본의 입장에서 이를 포기하기는 쉽지 않다.

⑤ 여전히 미국은 높은 인플레이션에 시달리고 있다. 미-중 패권전쟁이 물가상승을 유발할 경우 바이든은 2024년 대통령 선거에서 불리해진다.

⑥ 대외 관계에 있어서 중국의 약진도 부담이다. 중국 위안화의 국제 기축통화 추진이 활발한 가운데 산유국이나 원자재 생산국에서 미국의 입김이 약화되고 있다. 미국은 중동에서 우방을 계속 잃고 있다. 특히 사우디와의 관계 악화는 원유 공급 시장에서 미국이 소외될지 모른다는 우려를 높인다. 2022년 7월 바이든 대통령은 사우디에 원유 증산을 요청하기 위해 사우디를 방문했지만 일거에 거절당했다. 이후 설리번 국가안보 보좌관과 블링컨 국무장관도 사우디를 방문

했다. 블링컨 장관이 사우디를 떠난 다음 날 사우디는 중국과 대규모 경제 협력 프로젝트를 발표했다. 중국은 아랍지역에 100억달러 규모의 투자를 합의했다. 이 행사에는 중국과 아랍 국가의 정부 및 기업 관계자 3,500여 명이 참석했다.[56]

두 거인의 양보

세계 최강의 제조업 국가인 중국은 자기 진영을 만들기 위한 당근을 많이 가지고 있다. 앞의 컨퍼런스에서 중국은 사우디에 전기차, 제철소, 구리 광산 등에 투자할 것이라고 밝혔다. 사우디에 필요한 미래 기술인 전기차는 중국이 세계에서 가장 경쟁력이 높다. 그리고 사우디에서 구리나 다른 광물 자원이 개발되면 중국이 수입하면 된다. 여기에 원유의 최대 수입국가이니 사우디 입장에서는 무기 이외에 아무것도 주지 않는 미국보다 중국과의 밀착이 실익이 클 것이다. 앙숙 관계였던 이란과 사우디가 중국의 중재로 국교를 복원한 것은 중국이 거둔 큰 성과다.

미국도 몸살이 난 듯하다. 장기간 중단되었던 미국과 이란의 핵협상이 2022년 12월 이후 재개되었다. 미국의 양보를 바탕으로 협상이 진행되고 있다는 후문이다. 특히 이란에 대한 경제 제재 해제를 위해 유럽, 이라크(27.6억달러), 한국(60~70억달러) 등에 동결되어 있던 이란 자금을 이란으로 보낼 수 있도록 허용했다. 미국 입장에서는 굴욕이지만 중동을 중국에 내줄 수는 없는 노릇이다. 그러나 이란은 미국의 구애에도 불구하고 2023년 7월 반미 동맹체인 상하이협력기구(SCO)에 정식 가입했다.

주목할 것은 디리스킹을 주장하는 셜리번 보좌관이 대만 문제와 관련, 이른바 '하나의 중국' 원칙을 고수하고 있다고 언급한 사실이다. 이는 대만문제를 이슈화하지 않겠다는 것이지만 현 국면을 추가로 악화시키지는 않겠다는 의미로 해석된다.[57] 양국의 국내적 상황이 확전을 경계하는 가운데 미국은 중동 등 이머징 국가에서 상대적인 열세를 보이고 있다. 한편 중국 역시 2024년 대만 총통선거를 앞두고 중국의 공격적 전랑 외교가 대만 내 독립의지를 높일 가능성이 높기 때문에 당분간 교착 상태를 용인할 가능성이 높아졌다.

이 전쟁에서 한국은 어디에 있는가

이 모든 상황이 한국에는 난감하다. 한국은 지역적으로 미국과 중국의 사이에 위치한다. 그러나 중국이 훨씬 가깝다. 안보는 미국에 의존하고 있다. 이마저도 부족하다고 생각하는 보수 진영은 한국, 미국, 일본의 3각 군사동맹을 추진하고 있다. '고래 싸움에 새우등 터지기' 전에 확실히 미국 진영에 편입하자는 전략이다. 너무 성급하고 위험한 생각이다. 한국은 북한이라는 또 다른 변수가 있다. 대만에서 전쟁이 발발하면 가장 난처한 국가가 한국이다. 주한미군의 대만 참전이 불가피할 텐데 한국 안보에 공백이 생길 수 있다. 2023년 8월, 한·미·일 정상회담을 앞두고 미국은 대만 유사시에 주한미군 여단급 부대(약 5천명)를 파견하겠다고 우리 정부에 제안한 것으로 알려졌다.[58] 만일 주한미군이 대만 전선에 투입되면 북한은 분명 중국 편에 서서 안보적 위협을 가할 가능성이 높다. 미묘한 '쓰리쿠션'의 상황이 돌발적으로 일어날지 모른다.

한국의 보수 정부는 시각이 너무 좁다. 특히 외교·안보 라인은 미국이 중국과의 패권전쟁에서 완전하게 승리할 것으로 확신하는 듯하다. 그러나 앞서 언급했듯이 중국을 완전히 패배시키는 어렵다. 중국은 패권전쟁의 승패와 무관하게 핵무장을 유지한 상태로 서해 혹은 동해를 통해 우리와 마주하고 있을 것이다. 우리가 필요한 원자재의 상당 부분은 중국 앞바다를 거쳐서 수입된다. 중국 정책 당국자들은 한국에 대해 늘 '이사 갈 수 없는 관계'라는 것을 강조한다. 중국의 운명과 한국의 운명이 연결되어 있다는 경고처럼 들리는 말이다. 설령 미국이 중국에 승리해서 중국이 무질서 상태에 빠지면 또 다른 위협이 될 수 있다. 중국 내부의 혼란이 한국으로 전이될 수 있기 때문이다. 이런 상황에서 북한은 어떻게 행동할까? 이는 세계 여타 국가들과 다른 우리 한국만의 특수한 위험요소다. 결론적으로 패권전쟁 이후에도 한반도 주변에는 늘 무력 충돌의 가능성이 존재할 것이다.

우리 입장에서는 중국 내부의 정치적 안정성이 낮아질 때를 대비해서라도 중국 인민과 직접 소통할 필요가 있다. 지금 중국 내 반한 정서는 무려 80%에 육박한다. 그렇다면 안미화중(安美和中), 안보는 미국을 우선하되 중국과는 화목·화평하게 지내는 정책을 장기적으로 추진해야 한다. 정권과 무관하게 중국 인민과 한국 국민이 서로 화목하게 지내는 장기 전략이 절실하다.

피할 수 없는 한국만의 현실

한국이 처한 현실적 상황은 다른 국가와 양상이 판이하다. 한국이 중점적으로 관리하는 핵심 수입품목 228개 중 172개가 중국산이다. 일본산은 32개, 미국산은 24개에 불과하다. 패권전쟁을 떠나 2021년의 요소수 사태와 같이 중국이 몇 개 품목의 수출을 제한하면 한국 경제는 곧바로 큰 타격을 받는다. 서울대 국가전략연구원은 세계 주요국의 공급망 관련 위협 수준을 국가별로 분석한 '경제안보지수'를 발표했다.[59] 해당 지수는 '수출 권력'과 '수입 취약성'으로 나눠 개념을 제시한다. 수출 권력은 주요 수출기업 또는 수출 제품의 지배적인 위치를 통해 글로벌 공급망을 통제할 수 있는 국가적 능력을 뜻한다. 수입 취약성은 한 국가가 다른 특정 국가에 의한 공급망 교란으로 피해를 입을 가능성을 의미한다.

분석 결과는 충격적이다. 2021년 기준 한국은 전 세계 수입 취약성 1위, 수출 권력 11위로 조사됐다. 4차 산업혁명과 연관성이 큰 전기

[표 3-2] 국가별 경제안보지수

수출권력		수입취약성	
1	중국	1	한국
2	독일	2	일본
3	미국	3	베트남
7	일본	8	홍콩
11	한국	11	미국

*2021년 기준
자료: 서울대학교 국가미래전략원

수축사회 2.0: 닫힌 세계와 생존 게임

차, 바이오·헬스, 첨단 신소재, 차세대 반도체 등 9개 분야로 좁혔을 때
도 한국의 수입 취약성은 '세계 1위'였다. 이 지수 결과를 쉽게 풀어보면
한국 물품을 수입하는 국가에서 한국 제품은 11번째로 중요하다는 의
미다. 반면 한국은 무역 상대국이 수출을 제한할 경우 가장 큰 피해를
입는다는 결론이 도출된다. 중국이 수출 권력 1위인 것은 대부분의 국
가에서 중국 제품이 꼭 필요하다는 결과다.

제조업 강국인 한국과 중국 경제의 연결성은 여전히 매우 높다. 한
국은 중국 없이 살기 어렵다. 가장 보수적인 전경련조차도 기업 간 거래
가 많고, 글로벌 공급망 안전성이 취약하다고 판단되는 133개 품목 중
중국산이 127개(95.4%)로 가장 많았고, 일본산과 미국산은 각각 2.3%(3
개씩)에 불과하다고 분석했다.[60] 패권전쟁이 본격화되기 이전에 한국경
제가 어려워질 가능성을 비치는 대목이다. 이런 상황을 무시하고 미국
진영으로만 깊숙이 몰입하는 한국 보수 정부의 선택이 어떤 결과를 가
져올까?

한국은 한국 편이어야 한다

2030년이 되면 미국은 누적된 재정적자, 고령화에 따른 사회적
부담 증가 등으로 경제와 사회가 지금보다 어려워질 것이다. 반면 반도
체와 배터리 생태계가 미국에 구축되면 미국이 과연 한국의 안보를 끝
까지 책임지려고 할까? IRA 법안이 미국 기업 지원법이라는 사실이 점

점 명확해지고 있는데 미국 일방에만 의존하는 것은 위험하다. 패권전쟁에 참여하는 국가들은 해당 국가가 추구하는 정치적 이념이 아니라 오직 국익이라는 관점에서만 참전하고 있다. 가치 동맹은 과거에도 없었고, 현재도 없으며, 미래에도 없을 것이다. 인도와 마찬가지로 한국은 한국 편이어야 한다.

한국은 현 단계에서 중국을 배제하는 정체성을 밝힐 필요가 없다. 전략적 모호성을 당분간 유지하면서 국익을 추구해도 미국이나 중국이 한국을 배제하지 못할 것이다. 한국의 반도체와 배터리 산업은 세계 경제에 영향을 미칠 정도로 강력하다. 향후 최첨단 반도체 설비를 한국에 건설하면 한국의 전략적 가치는 더 강화될 것이다. LNG선을 비롯한 선박 제조는 세계 1위다. 국방력도 세계 6위권이다. 중국 입장에서도 반도체 등 한국의 첨단 기술이 필요하다. 안보는 미국, 경제는 중국이라는 안미경중(安美經中)을 유지하면서 긴 호흡으로 나가도 된다.

한국은 한국전쟁 당시의 '새우'가 아니다. 작은 고래 수준은 된다. 물론 어렵지만 한국이 일정부분 지렛대 역할을 하면서 충분히 협상하고 설득하는 균형 외교를 추진하면 미국과 중국은 받아들일 수밖에 없을 것이다. 미-중 입장에서 한국은 매우 중요한 국가다. 스스로 자기 비하할 필요가 없다.

한국은 미-중 패권전쟁에서 도구화되거나 시범 케이스 국가가 될 수도 있다. 중국이 한국을 강하게 압박하면 여타 국가들을 자발적으로 중국에 굴종하도록 만들 것이다. 사드 당시 중국이 한국에 가한 보복을 주목한 동남아나 여타 국가들은 중국이 강하게 압박할 경우 자발적으로 고개를 숙일 것이다. 미국에 대해서도 비슷하다. 한국에 대한 과도한 방위비 분담 요구, 반도체와 배터리 제조설비를 미국에 짓도록 한 요구를 보면서 미국에 대한 두려움이 커질 수 있다.

이런 막중한 역사적 과도기에 의사결정을 너무 서두르고 있다. 최근 중국 수출은 줄고 대미 수출이 증가하자 외교·안보 라인은 자신들의 결정이 옳았다고 셀프 흥분하고 있는 듯하다. 미국에 대한 수출 증가는 자동차 산업에서 IRA 지원 대상에서 제외된 분야(영업용 자동차) 수출이 늘어난 것이 핵심 요인이다. 자동차 이외 산업의 대미 수출은 여전히 답보 상태다. 한국은 능력이 있음에도 불구하고 스스로 포기하고 있다. 장기적으로 패권전쟁이 어떤 결말을 가져올지 아무도 알 수 없다. 먼 미래를 내다본 전략을 바탕에 깔고 대응해야 한다.

지금까지는 과학기술, 금융 등 미-중 양측이 직접적으로 부딪치는 상황을 패권전쟁 관점에서 살펴보았다. 나는 물리적 전쟁이 쉽지 않다는 논리를 다양하게 제시했다. 특히 두 나라 모두 국내적 안정이 선결되어야 패권전쟁에 적극적으로 나설 것으로 예상했다.

다음 마지막 4부에서는 세계 경제 상황과 우리의 현실, 또 선택지 등에 대해 종합적으로 살펴볼 것이다. 경제가 어려우면 물리적 전쟁을 수행하기가 어려워진다. 구조적으로 현재 경제가 얼마나 어렵고 향후 어떤 방향으로 전개될지 예상해본다.

사람들은 경제와 정치,. 사회를 분리해서 보는 경향이 강하다. 그러나 세상의 모든 것은 연결되어 영향을 주고받는다. 인구구조, 과학기술의 발전이 사람의 마음을 바꾸고 경제에도 영향을 준다. 특히 경제 문제는 정치와 사회변동에 직접 영향을 준다. 미-중 패권전쟁 역시 자국의 경제적 이익을 추구하는 가운데 출발했고 진행 과정에서도 경제 상황이 가장 큰 영향을 준다. 미국이나 중국의 경제가 어려워지면 패권전쟁은 잠시 소강상태에 머물 수도 있다. 반면 일방의 경제 상황이 좋아지게 되면 상대를 밀어붙이며 강력하게 공세를 취할 것이다.

4부

세계 경제 전망과
한국의 과제

17장

세계 경제 전망:
부채의 무게에 시달리는 시간

●

수축사회가 한참 진행되는 도중에 세계 경제는 코로나의 급습을 받았다. 코로나 3대 정책(초저금리, 무한대의 통화 방출, 국가 재정의 과감한 투하)은 세계 경제에 일시적으로 진통 효과를 안겨줬다. 그러나 코로나가 물러가면서 다시 수축사회로 회귀하자 진통제의 부작용이 나타나고 있다. 가늠하기조차 어려운 부채의 무게가 세계 경제를 압박하고 있는 것이다. 또한 미-중 패권전쟁으로 세계 경제의 기본 골격도 완전히 바뀌고 있다. 이제 부채와 패권전쟁의 추이에 따라 각국도생(各國圖生)의 시대가 열리고 있다.

코로나, 수축사회를 가속화시키다!

코로나가 한창이던 2021년부터 나는 다양한 기고와 인터뷰에서 코로나 위기가 사라진 이후 진짜 어려운 상황이 올 것이라고 주장했다. 2022년 6월 〈피렌체의 식탁〉 기고를 통해 코로나 이후에는 엄청난 위기, 즉 수축사회가 본격화될 것이라고 진단했다. 놀이공원에 있는 '디스코 팡팡'은 원반같이 큰 회전무대 주변에 의자를 놓고 상하좌우로 흔들어대는 놀이기구다. 이때 중심부는 자세를 유지할 수 있을 정도로 안전하다. "우리 세계는 서서히 디스코 팡팡 같은 세상으로 향하고 있다. 그러나 대전환의 흔들림 속에서 안전벨트를 조여 매면 살아남을 수 있다."고 주장했다.[1]

코로나 위기는 역사상 인류가 처음 겪는 집단적인 생존 위협이었다. 불과 1달 만에 전 세계 모든 국가가 감염 공포에 떨어야 했다. 감염 예방을 위해 국가 간 무역이 중단되고, 사람들은 마스크 넘어 눈빛으로만 소통했다. 공포 그 자체였다. 사회와 경제가 모두 멈췄다. 세계화 기반의 국제경제 질서는 한순간에 멈추고 오직 자신의 생존에만 집착했다. 생존의 첫 번째 방법은 스스로 경기를 부양하는 것이었다. 경제가 멈추면서 경제학도 함께 멈췄다.

코로나 3대 정책

2008년 글로벌 금융위기 이후부터 코로나 이전인 2019년까지 세계 경제는 저성장 침체 국면을 겪고 있었다. 당시 언론은 'R(Recession)'이나 'D(Depression)'의 공포라면서 연일 어두운 기사를 쏟아냈다. 이런 상황에서 코로나가 급속히 확산되자 모든 국가가 동시에 3가지 정책을 사용했다.

① 금리를 사상 최저로 낮췄다.

② 무한대로 돈을 풀었다.

③ 역사상 최고 수준으로 국가 재정을 투입했다.

2020년부터 2022년 상반기까지 세계 각국은 전쟁에 준하는 상황을 맞아 마치 전시체제에 돌입하듯 어느 국가가 더 과감한지 경쟁하며 이 역사적인 3가지 정책을 지속했다.

금리는 실질 경제성장률과 물가상승률의 합으로 정의한다. 예를 들어 경제가 2% 성장하고, 물가가 3%쯤 오르면 적정 금리는 5% 내외에 형성된다. 그러나 이 공식은 어디까지나 20세기의 경제이론이다. 21세기 들어 수축사회에 진입하면서 이론보다 금리가 낮아졌다. '2%(경제성장률)+3%(물가상승률)=5%(금리)'가 아닌 3~4% 수준으로 낮아졌다. 저출생으로 소비가 줄어들고, 과학기술의 발전과 세계화에 따른 생산성 향상으로 경제구조가 효율적으로 바뀌었기 때문이다. 그러나 더 큰 이유는 세계적 차원에서 미래 경제를 비관적으로 본 것이 가장 큰 이유다.

금리는 없다!

금리는 흔히 '경제의 체온'이라 불린다. 그만큼 경제 상황을 잘 반영한다는 말이다. 금리는 너무 높아도 혹은 너무 낮아도 경제에 위험하다. 1980년 미국의 폴 볼커(Paul Adolph Volcker Jr) 연준의장은 1970년대 이후 10년간 이어진 고물가를 잡기 위해 금리를 역사상 가장 높게 올렸다. 당시 미국 금리는 20% 수준까지 올랐다. 이후 미국의 고금리 정책으로 물가가 잡히면서 세계 금리는 코로나 이전까지 40년간 쭉 내려왔다.

물가가 안정세로 돌아선 직접적 원인은 금리가 높았기 때문이다. 그리고 과학기술 발전에 따른 생산성 향상, 소련의 몰락과 세계화의 확산으로 자원이 효율적으로 배분된 것도 물가 안정의 구조적 요인이다. 2019년 말경 수축사회 진입의 경계감이 컸던 당시에도 10년 만기 국채 금리는 미국 1.45%, 일본 (-) 0.285%, 영국 0.41%, 한국 1.17%로 역사상 가장 낮은 수준이었다.

이런 상태에서 각국은 코로나 위기 대응을 위해 금리를 더 낮췄다. 웬만한 선진국은 거의 제로(0)금리 수준까지 기준 금리를 낮췄다. 한국도 역사상 유례가 없는 0.5%까지 기준 금리를 낮췄다. 일부 국가는 마이너스(-) 금리를 기록하기도 했다. 일본, 독일, 스위스, 덴마크, 스웨덴과 같은 국가에서는 금리가 (-)를 기록하는 기현상이 발생했다. 코로나로 글로벌 공급망이 붕괴되어 물가가 오르고 있었지만 금리는 낮은 수준을 유지했다.

글로벌 금융위기의 유산: 돈을 무한대로 풀자

'무제한', '무한대'란 말은 실제 세계에서는 적용이 어렵다. 특히 경제 분야는 유한한 자원이라는 한계가 있기 때문에 금기시되는 용어다. 그런데 무제한 무한대의 돈이 시장에 뿌려졌다. 2008년 글로벌 금융위기 당시 미국 등 선진국들은 글로벌 금융위기를 극복하기 위해 과감하게 돈을 풀었다. 오죽하면 당시 미국 연준의장인 벤 버냉키의 별명이 '헬리콥터 벤'이었다. 돈을 무제한으로 살포하되 헬리콥터에서 살포하면 날개의 회전으로 일어나는 바람에 골고루 뿌려진다는 비아냥이었다.

문제는 글로벌 금융위기가 끝난 이후에도 주요국들이 시중에 푼 돈을 거둬들이지 않았다는 점이다. 2010년~2019년까지 세계는 수축사회 분위기가 강해지면서 경제나 정치적 상황이 악화되고 있었다. 특히 수축사회가 유발하는 사회 갈등으로 대부분의 국가에서 정치권은 지지 기반이 허약했다. 풀어놓은 돈을 갑자기 거둬들이면 경기침체로 정치권이 유탄을 맞을 수 있었다. 풀어놓은 돈을 거둬들일 만한 용기가 없었다는 표현이 적절할 것이다.

돈은 원한다고 아무 국가나 마구 풀 수 있는 게 아니다. 갑자기 돈을 풀면 물가가 오르고 해당 국가의 통화가치가 하락하기 때문이다. 미국, 일본, 유럽연합, 중국 등 기축통화 반열에 있는 국가들만 가능하다. 글로벌 금융위기로 4대 국가의 중앙은행이 시중에 살포한 자금은 2008년 말 기준 약 10조달러였다. 이후 코로나 발생 이전까지 조금씩 늘리면서 관리해왔다. 물가가 안정되었고 경기 역시 어려웠기 때문에 풀린 자금을 적극적으로 회수하지 못한 것이다. 이런 상황에서 코로나가 발생하자 추가로 돈을 풀기 시작했다. 가장 많은 돈이 풀렸던 시기는 2022년 초반이다. 당시 4대 국가가 시중에 풀어놓은 돈은 무려 30조달러에 달했다. 30조달러를 원화(원/달러 환율 1,300원 가정)로 계산하면 3경 9천조원이다. 2022년 기준 한국 경상 GDP의 약 17배 정도다. 가히 무한대라고 해도 될 듯하다.

참고로 돈은 헬리콥터로 뿌리는 것이 아니다. 예를 들어 한국에서 돈을 푸는 상황을 가정해보자. 한국은행이 돈을 푼다는 것은 은행 등 금융기관이 가지고 있는 국채, 회사채 등을 매입하는 것이다. 이때 은행

[그림 4-1] 주요국 통화 방출 금액(중앙은행 자산)

단위: 1조달러

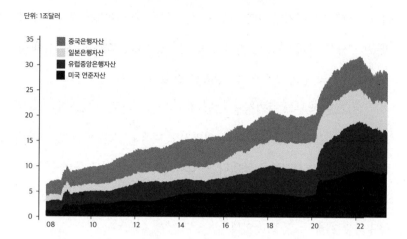

자료: BIS

들이 보유하고 있던 채권을 한국은행에 팔면 현금만 남는다. 은행은 이자 장사를 해야 하니 보유한 현금을 추가로 대출한다. 여러 은행들이 동일한 상황에 놓이면 대출받기가 아주 쉬워진다. 중앙은행이 돈을 풀게되면 시중에 자금이 풍부해지는 것이다.

이때 한국은행이 각 시중 은행에서 채권을 사들인 자금은 어디서 오는 걸까? 한국은행은 채권을 살 돈을 따로 가지고 있지 않다. 그냥 해당 은행 통장에 채권을 판매한 금액만큼 현금을 숫자로 보내주면 된다. 바로 이 자금이 통화 방출 금액이다. 한국을 예로 들어 설명했지만, 실제 한국은행은 위기 시 짧게 이 조치를 시행하고 다시 거둬들였다. 하지만 앞서 언급한 글로벌 4대 국가들은 21세기 초반부터 지속적으로 돈을

4부 세계 경제 전망과 한국의 과제

풀고 있다. 글로벌 금융위기와 코로나 국면을 거치며 돈을 푸는 양이 크게 늘은 게 사실이지만, 이전부터 꾸준히 돈을 풀어대면서 경기를 부양해왔다. 사실 한국 부동산 가격 상승 배경인 저금리와 풍부한 유동성은 4대 국가의 통화 방출에 큰 영향을 받았다.

2022년 말부터 물가상승 부담이 커지면서 미국은 조금씩 시중에 풀어놓은 돈을 거둬들이고 있다. 이마저도 미국의 SVB 등 은행 위기가 번지자 서둘러 다시 돈을 풀었다. 유럽과 중국 역시 최근 들어 통화 방출을 줄이고 있다. 수축사회의 면모가 가장 강한 일본만 물가상승에도 불구하고 계속 돈을 풀고 있다.

빚 늘리기 경쟁

코로나 발생 이전 세계는 경제성장률이 낮아지면서 구조적인 침체에 빠져가고 있었다. 각 나라 정부는 국가 재정을 통해 경기를 부양하는 것을 반복해오고 있었다. 코로나가 발생하자 부채는 더 큰 속도로 증가했다. 여기에 러-우 전쟁으로 에너지, 곡물 등 기초 원자재 가격이 폭등하자 더 적극적으로 재정을 풀기 시작한다. 웬만한 국가들은 코로나 기간 중 GDP의 10% 정도의 재정적자를 통해 위기에 대응했다. 돈이 많이 풀리면서 저성장 속에서 물가만 상승하는 스태그플레이션(stagflation)의 기미까지 보였다.

이때 앞서 살펴보았던 현대화폐이론(MMT)이 등장한다. MMT란 정부는 파산하지 않기 때문에 재정적자를 걱정하지 말고 돈을 찍어 경기를 부양해야 한다는 이론이다. 코로나 시대에 꼭 맞는 논리다. 금리가 거의 제로(0)인 상태라면 부채를 늘려도 이자부담이 늘지 않는다. 그럴듯한 환상이론이었다. 상황이 여기까지 치닫자 지구촌 모든 경제주체(국가·기업·가계)는 겁 없이 빚을 마구 늘렸다. 소득이나 상환 능력이 부족한 사람들도 모두 빚을 내서 투자에 나섰다.

코로나 기간 중 각국의 정부 부채는 크게 늘었다. 2019년 말~2022년 1분기까지 미국의 국가부채는 13%P가 늘어나서 117%가 되었다. 한국도 대략 160조원 정도(GDP의 약 10%)를 긴급재난지원금, 백신접종 비용 등 코로나 비용으로 사용했다.

국가 부채만이 아니라 가계 부채와 기업 부채도 동시에 늘어났다. 코로나로 사상 최저 금리와 풍부한 유동성 때문에 돈을 빌리기 쉬워졌

[표 4-1] 코로나 기간 중 주요국 부채 동향(2022년 1분기말 기준)

	정부 부채		가계 부채		기업 부채	
	GDP 대비 (%)	코로나19 이후 (%p)*	GDP 대비 (%)	코로나19 이후 (%p)*	GDP 대비 (%)	코로나19 이후 (%p)*
미국	117	13.4	77.2	1.9	81.1	4.4
영국	118.3	9.5	84.9	1.1	73.7	-3.1
독일	70.5	6.2	56.2	2.9	73.1	3.6
이탈리아	161.8	13.5	43.1	2	73.3	2.9
스페인	126	12.1	57	0.1	105	8.5
일본	238.4	21.9	68.9	6.2	115.7	16.2
중국	73.4	15.8	61.4	5.9	155.5	6.6
G20	98.3	7.7	64.1	2.2	101	5.3
한국	47.2	7.9	105.4	10.4	113.7	13.9

*코로나 직전인 2019년 말~2022년 1분기 말까지의 GDP 대비 증가율 기준.
자료: BIS

기 때문이다. 물론 부동산 등 자산 투기가 발생하는 부작용이 있었지만 코로나 극복 과정에서는 일종의 진통제 역할을 했다.

한국은 2020년 (-) 0.7% 성장에서 2021년 4.1% 성장으로 선진국 (OECD) 중 가장 빠르게 위기에서 탈출했다. 한국 역시 빚(부채)을 늘리면서 코로나 위기에서 탈출한 점을 인정해야 한다. 코로나 기간 중 한국의 정부 부채는 거의 8%p 증가했다. 동 기간 중 가계 부채는 10%, 기업 부채는 14%가 늘어나서 여타 선진국보다 부채 의존도가 매우 높았다. 코로나 기간 중 국가, 가계, 기업의 부채 증가를 모두 합치면 한국의 부채는 GDP의 32.2%가 증가해서 세계 최고 수준이다(2020~2022년 1분기 기준).

선진국들은 정부가 적극적으로 재정을 풀어서(정부 부채를 늘려서) 코로나에 대응했다. 반면 한국은 가계와 기업, 특히 중소기업과 자영업자가 부채를 늘리면서 코로나에 대응했다. 코로나 위기에서 한국은 세계에서 유일하게 정부가 아닌 민간이 빚을 내 소비하면서 탈출했다. 민간 중심의 부채 확대로 코로나 위기에서 탈출한 것은 향후 한국 경제의 역동성이 낮아질 수 있음을 시사한다. 과거 경제위기 때마다 한국은 가장 먼저 위기에서 탈출했다. 그러나 민간 부채가 많아지면서 지금부터 한국의 회복 속도는 상대적으로 느려질 것이다. 신(新) 코리아 디스카운트가 발생할 가능성이 높아졌다.

코로나 3대 정책의 부메랑

　역사적인 3가지 정책이 결합되면서 실질금리는 (-) 상태에 머물게 되었다. 실질금리는 은행 예금 금리에서 물가상승률을 뺀 금리다. 실질금리가 (-)가 되면 대출을 받아 어떤 자산이든지 투자하는 것이 합리적이다. 예금 금리보다 물가가 높다면 아무도 예금을 하지 않고 실물자산을 살 것이다. 미국의 실질금리는 2022년 한때 (-)6%대까지 내려갔었다. 투자 성향이 신중한 편인 독일도 장기간 실질금리가 (-) 상태에 머물자 2015~2022년 사이 부동산 시세가 거의 70%(기존 주택기준)나 올랐다. 실질금리가 (-)라는 것은 저축에 세금을 부과하는 것과 같은 효과를 가져

[그림 4-2] 미국의 실질금리 추이

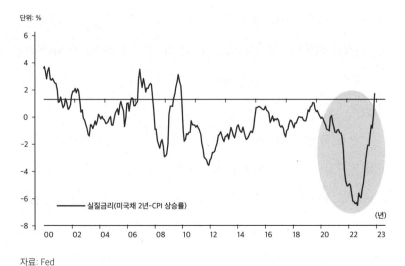

자료: Fed

온다.[2] 저축하면 세금을 떼는데 누가 저축을 하겠는가? 이렇게 금리가 낮아서 돈 빌리기 쉬운 상황을 이지머니(easy money)라고 한다. 돈 빌리기 쉬운 세상! 이지머니 세상이 열린 것이다.

파티 끝!!! 역사의 반동(反動)

금리는 사상 최저, 돈은 풍부하고, 정부는 재정을 마구 풀어댔기 때문에 코로나 기간은 역설적으로 투자하기에 가장 좋은 기간이었다. 이 광란의 투자 시대는 코로나와 함께 물러갔다. 패권전쟁이 확산되고 물가와 금리가 급등하자 광란의 투자시대는 저물기 시작한다. 코로나 3대 정책은 수축사회의 특징인 저물가, 저금리, 저투자가 지속된다는 가정에서 실행되었다. 그러나 이제 물가가 빠른 속도로 오르기 시작했다.

현재의 물가 상승은 복합적이다. 가장 중요한 것은 코로나가 물러간 것이다. 경제가 정상화되면서 소비가 늘고 돈이 돌기 시작했다. 동시에 러-우 전쟁으로 천연가스 등 에너지와 곡물 가격이 급등했다. 미-중 패권전쟁이 확산되면서 세계화가 후퇴하고 자원 민족주의가 나타났다. 원자재뿐 아니라 중간재, 완제품 등 거의 모든 상품의 공급이 원활하지 못했다.

한국 축산 농가의 상황을 예로 들어 살펴보자. 우크라이나와 러시아의 농산물 수출이 중단되자 곡물가격이 급등했다. 곡물가격이 오르면 옥수수, 대두박 등 사료 가격이 오른다. 러시아 원유 수출 제한으로 유가와 석유제품 가격도 크게 올랐다. 석유가 원재료인 비료 가격도 오른다. 운송비도 상승하고 기상 이변도 가세했다. 외국인 노동자는 코로나로 귀해졌다. 경기침체로 육류 소비도 줄어들었다. 상황이 이러하니 축산 농가들은 거의 파산 지경에 이르렀다. 한국 축산 농가의 사례는 거의 모든 국가에서 예외 없이 발생했다.

세계화 현상이 패권전쟁으로 약화되면서 물가가 오르고 있다. 그동안 물가 안정의 중요한 요인 중 하나는 세계화였다. 세계화가 잠시 후퇴하는 것이 아니라 패권전쟁으로 비화되고 있기 때문에 중기적으로 물가 상승은 불가피하다. 글로벌 차원에서 공급되던 제품들이 진영 내에서만 공급되고 소비하게 되면 가격이 상승할 수밖에 없다. 이미 미국은 중국산 수입 제품에 대해 25%의 관세를 적용하고 있다. 패권전쟁으로 관세 장벽이 높아지면 물가 상승의 또 다른 원인이 될 것이다.

수축사회의 다양한 전환이 경제 전반에 영향을 주기도 한다. 코로나로 직장을 떠났던 사람들이 직장으로 돌아오지 않고 있다. 선진국 베이비부머들이 70세를 넘기는 시점에서 코로나가 찾아왔다. 코로나로 재택근무 중이던 베이비부머들은 완전히 은퇴하기 시작했다. 미국은 국경 폐쇄로 이민자들의 유입이 차단되어 노동 공급이 크게 줄어들었다. 당분간 임금 상승이 불가피한 이유다. 제조업은 기계로 대체되고 있지만, 일자리의 가장 많은 비중을 차지하는 서비스업에서 로봇이 대체하기까지는 아직 많은 시간이 필요하다. 결국 물가는 예상보다 높은 수준을 유지할 수밖에 없다. 미국 등 선진국들이 금리를 빠르게 낮추지 못하는 가장 큰 이유다.

이런 현상은 어떤 면에서 수축사회의 기본 가정이 상당히 바뀐 것이라 할 수 있다. 물론 나는 이런 상황을 역사의 반동(反動)으로 인식한다. 특정 추세가 진행되다가 외부 요인이나 빠른 변화 속도에 따른 일종의 되돌림 현상이 나타난 것으로 본다. 시간의 문제일 뿐 나는 다시 수축사회로 돌아갈 것으로 예상한다. 물가를 잡는 가장 손쉬운 방법은 수요(소비)가 줄도록 금리를 올리는 것이다. 정부가 재정을 졸라매고 풀린 돈을 거둬들이면 된다. 지금 미국은 역사상 가장 낮은 금리 수준에서 가장 빠르게 금리를 올리고 있다. 1, 2차 오일쇼크가 발생했던 1970년대보다 더 빠르다. 물가 오름세 심리를 잡기 위해서다. 풀어놓은 돈을 거둬들이고 있지만 금융시장 불안으로 속도는 완만하다. 경제가 어려우니 긴축정책이나 풀린 자금 회수에 소극적이다.

진퇴양난(進退兩難)

코로나 종식과 패권전쟁에 따른 물가 상승을 잡기 위해서는 코로나 3대 정책을 빠르게 거둬들여야 한다. 그러나 쉽지 않다. 코로나 이전부터 세계 경제는 수축사회의 먹구름이 짙게 끼어 있었다. 문제는 수축사회로의 대전환을 국민이나 각국의 정치 지도자들이 잘 모르고 있다는 점이다. 국민은 정부의 적극적인 재정 투자를 기대한다. 정치인들은 선거 승리를 위해 코로나 3대 정책을 유지하고 싶어 한다. 서로 이해관계가 맞아떨어지는 것이다. 지금 상황은 물가를 잡기 위해 금리를 올리면 경기가 침체하고 수축사회가 강화된다. 반대로 금리를 낮추면 물가는 더 오른다. 앞으로 우리가 절대 잊지 말아야 할 것은 코로나 국면에서의 3대 정책은 역사상 유례가 없는 아주 특별한 정책이었다는 점이다. 바로 이 장면에서 세계는 아무런 대안도 마련하지 못하고 진퇴양난의 길을 가고 있다.

1980년에 집권한 전두환 정권은 물가 잡는 것을 중요한 공약으로 내걸었다. 앞서 살펴본 축산농가와 같은 상황이 경제 전반에 확산되면 결과적으로 임금이 오르기 마련이다. 임금이 오르기 시작하면 물가는 스스로의 힘으로 오르기 시작한다. 바로 물가 오름세 심리가 형성되는 것이다. 1970년대 후반부가 그랬다. 오일쇼크로 물가가 오르고, 중동 건설 붐으로 엄청난 달러가 유입되었다. 금리와 물가가 오르니 인건비가 상승하고 기업들은 비용 상승에 대응해서 제품 가격을 올렸다. 그러면 다시 물가가 오르는 악순환이 3~4년 지속되었다. 당연히 민심은 흉흉해지고 정권도 불안정해진다. 박정희 정권의 몰락을 경제적으로만 해석하면 바로 물가 오름세가 장기간 확산되면서 이에 불만을 품은 민심이 김재규의 손을 빌어 박정희 대통령에게 총구를 겨눈 것으로 볼 수 있다. 지금 각국 지도자들은 바로 이런 상황을 고민하고 있을 것이다.

더 확대된 양극화

수축사회의 전형적인 특징은 양극화다. 물가 상승으로 취약계층의 생활고는 더욱 심화되고 있다. 선진국들은 실업수당 등 정부의 지원책과 잘 정비된 연금, 보험 제도 등으로 물가 상승을 어느 정도 상쇄할 수 있다. 그러나 개발도상국의 경우에는 코로나가 물러가면서 더 큰 고통을 겪고 있다. 2022년 스리랑카에서는 물가 폭등으로 집권세력이 교체되었다. 프랑스 역시 총선에서 집권당이 패배하기도 했다. 이처럼 최근 거의 모든 국가에서 정치적 불안이 높아지는 직접적 원인은 물가 상승에 있다. 그러나 물가를 잡기 위해 금리를 올리면 이미 과도하게 쌓인 부채가 폭발하고 말 것이다. 지난 20여 년간 이어진 낮은 물가와 저금리에 중독된 일반 소비자들에게 허리띠를 졸라매라고 요구할 정치인은 현재 지구상에는 없다.

한국의 경우 물가 상승뿐 아니라 세계 최고 수준인 가계 부채 문제로 양극화가 더욱 빨라지고 있다. 대출 금리가 2배로 상승하자 이자 부담도 그만큼 증가하고 있다. 전체 민간 소비의 4~5% 수준이었던 이자 부담액은 2023년 상반기 거의 10% 수준까지 증가했다. 민간 소비를 약 1천조원으로 봤을 경우 소비에 쓰이던 약 50조원 정도가 이자 비용으로 전환된 것이다. 더군다나 쿠팡 등 빅테크와 대형 할인점에 밀린 7백만 소상공인들의 생계는 더욱 어려워졌다. 코로나 이후 대출 원리금이 상환 유예된 금액은 85조원이나 된다(2023년 3월 기준). 원리금 상환 유예를 받고 있는 38만명의 소상공인들은 이미 상당수가 도산했을 가능성이 높다.

중소기업도 마찬가지다. 물가가 급등하자 경영이 어려워진 원청 대기업은 중소기업에 물가 상승 부담을 떠넘기려 할 것이다. 신용도가 낮은 중소기업은 더 높은 금리로 자금을 빌려야 한다. 한국은행 통계에 따르면 2021년 중소기업의 평균 조달 금리는 4% 이하가 약 90%였다. 그러나 2023년 1분기말 기준으로 대출 금리 4% 이하는 11%에 불과하고, 대부분 5~7% 수준으로 대출 금리가 올라간 것으로 조사되었다.

저금리의 환상에서 벗어나야 한다

21세기 경제 문제의 본질은 부채에 있다. 수축사회 분위기가 짙어지면서 세계는 경제적 어려움을 극복하는 수단으로 부채를 늘리는 성장을 추구했다. 빚을 내서 소비하는 동안 외형적으로 경제는 성장한다. 2차 오일쇼크의 절정기인 1980년부터 전 세계 금리는 2021년까지 하락했다. 한국을 비롯한 많은 국가에서 베이비부머들이 사회에 진출하면서부터 금리가 하락했었다. 오늘보다 내일의 금리가 낮을 것이라는 확신이 머리에 확실히 각인되었다.

[그림 4-3] 미국채 10년물 금리 추이

자료: Fed

탐욕 버블경제

경제학자들은 2000년대 초반의 낮은 인플레이션과 완만한 경기침체를 '대 안정기'(Great Moderation)라고 불렀다. 과연 그랬을까? 당시는 금리가 장기간 하락하면서 자산 버블과 같은 많은 부작용이 발생했다. <u>근본 처방은 부채를 줄이는 것이었는데, 부채 위기를 막기 위한 진통제로 금리 인하와 돈을 푸는 것으로 대응해왔다. 진통제는 치료제가 아니다.</u>

2008년 글로벌 금융위기는 저금리 기반하에서 과도한 부채 때문에 발생했다. 특히 민간부문 부채가 파생상품까지 동원해가면서 통제 불능의 상태가 되자 폭발한 것이다. 당시 런던의 LTV(loan to value ratio, 주택을 담보로 돈을 빌릴 때 인정되는 자산가치의 비율) 비율은 90%를 넘기도 했다. 예를 들어 10억짜리 APT를 구입할 때 자신의 돈은 1억만 있으면 가능했다. 미국에서는 평소 기준이라면 주택을 사기 어려운 계층까지 주택 구입 열기에 빠지면서 서브프라임 모기지(Subprime Mortgage Loan) 사태가 발생했다. 서브프라임 모기지는 신용등급이 낮은 저소득층에게 주택자금을 빌려주는 주택담보대출 상품으로 '비우량 주택담보 대출'이다. 용어 그대로 누구나 대출을 받아 집을 살 수 있게 했던 것이다.

이런 모든 것이 가능했던 이유는 초저금리와 중앙은행의 돈풀기(QE, 양적완화)로 자금이 풍부했기 때문이다. 저금리로 빚을 내 투자에 나서자 주택이나 주식 등 자산가격은 급등을 넘어 폭등했다. 저금리, 풍부한 유동성, 사람들의 탐욕과 금융권력자들의 무지가 결합되었던 것이다. <u>장기간 탐욕의 시대가 펼쳐지면서 사람들은 돈을 숭배하는 배금주의(拜金主義)로 개종하게 되었다.</u>

이런 식의 투자는 일종의 금융 다단계 사기 사건과 유사한 폰지 게임(ponzi game)으로 볼 수 있다. 부채가 자산 가격을 밀어 올리는 현상이 지속되다가 더 이상 가격이 오르기 어려운 상황에 직면할 때 붕괴하는 것이다. 모든 투기의 역사에서 발견되는 현상이 21세기에 지구적 차원에서 발생했다. 탐욕의 바벨탑이 이기적인 금융 기술자들의 설계와 저금리라는 기초 환경, 부채를 골격으로 하늘로 향했던 것이다. 많은 사람들이 기꺼이 결국 허물어지고 말 바벨탑 건설에 참여했다. 상처를 입은 건설자(투자자)들이 퇴출되면 새로운 건설자가 참여하면서 탐욕의 바벨탑이 지어졌다.

정리하면, 기본적으로 부채의 위기였던 2008년 글로벌 금융위기를 다시 부채로 막아가는 과정에서 코로나 위기가 발생한 것이다. 코로나 이전인 2016년 경제 분석가인 해리 덴트(Harry Dent)는 부채 위기를 부채로 막아가는 상황에 대해 마약중독자가 "딱 한 번만 더 약을 할 수 있다면 나는 무너지지 않을 텐데, 그러면 상황은 괜찮아지고 약도 끊을 텐데…"라고 말하는 것과 같다고 표현했다.[3] 저금리와 부채에 중독된 세상에 대한 절묘한 표현이다. 버블의 형성과 이후 발생하는 붕괴는 예측할 수 없다. 사람들의 집단적 탐욕이 실제(fundamental) 현실과 얼마나 차이가 나야 스스로 탐욕을 자제하는지 알 수 없기 때문이다.

검은 튤립은 없다

현실에는 존재하지 않지만 큰 가치를 갖고 있다는 판단하에 형성된 투기 바람, 혹은 불가능한 목표를 위한 노력을 '검은 튤립'(black tulip)이라고 한다. 17세기 네덜란드의 튤립 버블 당시 큰돈을 벌 수 있는 수단으로 튤립의 품종 개량이 성행하였고, 이는 자연에서는 불가능하다고 여겨진 검은 튤립에 대한 도전으로까지 이어졌다. 그러나 검은색은 모든 가시광선의 파장을 흡수하기 때문에 자연에서는 검은 튤립이 존재할 수 없다. 저금리와 부채를 기반으로 한 무제한의 자산 가격 상승은 검은 튤립이었다. 2008년 글로벌 금융위기는 검은 튤립이 없다는 경고였지만, 세계는 이를 무시하고 검은 튤립을 찾는 노력을 포기하지 않았다. 탐욕의 노예가 된 것이다. 지금 우리는 지난 20년을 빨리 잊어야 한다. 우리가 부채 돌려막기와 같은 폰지게임에 열광했음을 인정해야 한다. 검은 튤립은 존재하지 않는다.

초저금리의 유산

지난 20년간 특히 코로나 기간 중 금융은 스스로 일탈했다. 실물경제를 지원하는 금융의 원래 목적에서 벗어나서 금융 자체의 탐욕이 목표가 되었다. 아마 21세기 들어 가장 많은 뉴스 검색어는 '금리' 혹은 '금융'이지 않을까? 물가 상승과 부채 위기 속에서 방향을 못 잡고 있는 지금 월가를 비롯한 금융권은 금리 인하 시점을 예측하는 데만 몰두해 있다. 그러나 예상대로 금리가 2024년부터 내리기 시작한다면 그다음 장면은 본격적인 수축사회로의 진입일 가능성이 높다.

저금리와 풍부한 유동성은 자산 버블과 함께 경제에 독버섯을 양산시킨다. 바로 낮은 대출금리를 바탕으로 좀비 기업의 수명을 연장시키는 것이다. 일본의 '잃어버린 33년'에는 저금리로 좀비 기업들이 오래 버티면서 경제의 활력을 갉아먹은 것도 큰 영향을 미쳤다. 미국도 마찬가지여서 2008년 이후 정크 본드(저신용 채권) 시장의 부도율은 이전 침체기의 절반에 불과했다.[4] 코로나 위기 이후 비정상적으로 부도율과 연체율이 낮아진 것은 결국 역대급 저금리 때문이다.

수많은 벤처기업으로 자금이 몰리는 것은 과학기술의 진보에 대한 관심이 가장 중요한 요인일 것이다. 그러나 초저금리로 공격적 투자가 가능해진 것도 간과해서는 안 된다. 코로나 이전 벤처기업에 대한 투자는 통상 5~8년 정도를 투자기간으로 했다. 그러나 금리가 낮고 탐욕스러워진 자금의 투자가 늘어나면서 10년 이상으로 투자기간을 연장하게 되었다. 금리가 낮은 만큼 버틸 수 있었기 때문이다.

기업 가치를 평가할 때도 합리적인 수준 이상으로 경쟁이 치솟으면서 가격이 상승한다. 예를 들어 특정 기술기업이 현재 세운 모든 계획이 10년 후 성공했을 때 1천억원의 수익을 올린다고 가정해보자. 기업 가치는 대략 수익의 10~15배 사이에서 결정된다. 갖고 있는 기술에 따라 벤처기업은 이 비율이 30~100배까지 천차만별이다. 즉, 1조원~10조원까지 용감하게 배팅한 투자자가 돈을 버는 세계였다. 실제로 지금도 한국을 비롯한 많은 국가에서 벤처기업에 대한 투자는 이런 식으로 거래되고 있다. 2023년 중반 한국 주식시장을 강타한 2차전지와 초전도체 열풍 역시 저금리와 풍부한 유동성을 조건으로 거기에 개인의 탐욕이 결합된 상징적 사건이라 할 수 있다.

미래산업에 투자한다는 구호 뒤에는 검은 튤립을 갈망하는 거대한 탐욕이 존재하고 있음을 인정해야 한다. 극작가이자 소설가인 <u>오스카 와일드</u>는 "속물이란 모든 것의 가격을 알되 그 가치는 모르는 사람"이라고 했다.[5] 자산이 가진 가치보다 가격에만 관심을 가진 세태를 풍자한 말로 지금도 절실하게 유효하다. 이런 식으로 초저금리는 자원 배분을 왜곡시켜서 통제 불능의 상황을 만들었다. 미국의 좌파 경제학자이자 경제평론가인 폴 스위지는 "금융자본은 인간 욕구를 충족시키기 위한 실물생산경제의 겸손한 조력자라는 원래 역할에서 벗어나는 순간, 필연적으로 자기 확장에만 골몰하는 투기자본이 된다."고 경고한 바 있다.[6] 지금은 그 경고를 곱씹어야 할 시점이다.

2020~2021년은 다시 오지 않는다

'실효 하한'(zero lower bound) 금리란 중앙은행이 기준금리를 내리는 최저 금리 수준을 뜻한다. 이 수준 아래로 금리가 하락하면 경기가 자극되는 것이 아니라 오히려 악영향을 주게 되는 금리의 하한선과 같은 개념이다. 대공황과 같은 디플레이션 시기에는 금리를 실효 하한까지 낮추어도 소비나 투자가 증가하지 않았다. 일본은 지난 33년간 실효 하한보다 낮은 금리를 유지했지만 경기 부양은커녕 오히려 자본이 해외로 이탈하는 사례가 속출했다.

코로나 국면에서 세계가 경험한 금리 수준은 실효 하한보다 훨씬 낮은 수준이었다. 또한 대출 금리를 낮추고 투자를 늘리기 위해서 장기 금리를 단기금리보다 낮게 가져갔다. 투자기간이 길수록 불확실성이 커지기 때문에 장기금리는 단기금리보다 높은 게 정상이다. 장기금리가 단기금리보다 낮은 현상을 다르게 분석하면 기업들이 돈을 빌려서 장기간 투자하려 하지 않는다는 의미이기도 하다. 실제로 미국·일본을 비롯한 각국 중앙은행이 장기 채권을 집중적으로 매수하면서 장기금리를 낮게 가져갔다. 금융시장이 중앙은행에 의해 왜곡되고 있는 것이다.

2022년부터 금리가 오르면서 실효 하한 이상으로 금리가 급등했다. 향후 금리가 하락하면 다시 실효 하한 수준까지 내려갈까? 거의 불가능해 보인다. 지금 세계는 초저금리의 폐단에 대해 학습 중이다. 그렇다면 어느 정도의 금리 수준이 물가 안정과 경제성장이 유지되는 금리일까? 여기에 대한 정답은 없다. 학자들은 이런 금리 수준을 자연이자율 개념으로 설명하는데, 대략 2% 정도로 보는 견해가 우세하다. 한국을 비롯한 각국 중앙은행들은 이 정도 금리를 장기 균형 상태로 본다. 2023년 8월 현재 한국의 기준금리는 3.5%다. 물가가 안정되고 경기가 침체되면 한국은행은 금리를 자연이자율 수준으로 낮출 것이다. 이때 기준이 2%라는 의미다. 자연이자율이 2%인 상태에서 은행의 예대마진 2%P를 추가하면 대출 금리는 4% 이상이 되어야 한다. 물론 4%대의 대출 금리는 신용도가 높고 담보가 충분한 고객에 한정될 것이다. 일반적인 대출 금리는 5% 이상이 되지 않을까?

2020년~2021년 사이의 초저금리는 다시 오지 않는다. 행여 '코로나 24'가 나타날지라도 이제 제로 금리는 쉽지 않을 것이다. 여전히 우리 주변에는 현재의 부채 위기가 종료되면 다시 초저금리 시대가 올 것이라는 견해가 많다. 이때 부동산 등 자산 가격이 다시 상승할 것으로 기대하기도 한다. 그러나 현재의 부채는 사회가 감내하기 어려울 정도로 너무 많다. 금리를 내려도 경기 자극이 되지 않는다면 금리를 내리기는 어려울 것이다. 금융 불안 전문가인 하이먼 민스키(Hyman Minsky)는 채무자가 현재 소득으로 부채를 상환할 수 없고 자산 가격이 상승할 때만 상환이 가능한 상황을 '폰지 금융'이라고 했다.[7] 바로 지금 같은 상황으로, 현재는 코로나가 만든 폰지 게임을 더 이상 유지하기 어려운 처지라고 할 수 있다.

중세 흑사병이 창궐하던 시기에도 금리는 5% 정도였다고 한다. 세계적으로 부채를 관측하는 국제금융협회는 "만일 세계 부채가 지난 15년간 있었던 평균 속도로 계속 증가한다면 2030년에는 360조달러를 초과해서 현재보다 85조달러가 증가할 것"이라고 전망했다. 닥터 둠 루비니는 "우리는 적을 만났고 그 적은 바로 우리였다."면서 또다시 잘못된 치료법으로 더 많은 위험을 초래할 수 있다고 경고했다.[8] 초저금리에 취해 있는 우리에게 보내는 섬뜩한 경고다.

미래 경제의 10가지 트렌드

2023년 하반기 이후 세계는 새로운 전환기로 진입할 전망이다. 코로나 당시는 세계 각국이 비슷한 정책으로 보조를 맞춰 대응했다. 그러나 코로나가 물러가고 1년 이상 시간이 지나면서 국가 간 차별화가 나타날 전망이다. 핵심 변수인 물가와 금리에 대한 전반적인 방향성은 세계가 같이 보조를 취할 것이다. 전대미문의 코로나 3대 정책(초저금리, 과감한 양적완화, 재정 방출)은 워낙 강한 정책이기 때문에 정책 강도를 줄이는 것도 세계가 공조해야만 부작용을 최소화할 수 있기 때문이다.

중기적 시각으로 보면 코로나 이전인 2019년으로 되돌아간 모습일 가능성이 크다. 당시 세계 경제는 저성장 기조 위에 전반적으로 무기력한 수축사회의 모습이었다. 달라진 것은 고령화 추세가 3년 추가되었고, 기후위기의 피해가 더 확산되었다는 것이다. 과학기술의 발전은 더 빨리 인간의 일자리를 위협하고 있다. 결국 수축사회의 3대 요인이 모두 강화되었다.

코로나 이전과 비교할 때 가장 중요한 요소는 국가, 기업, 개인 모두 엄청난 부채를 보유하고 있다는 점과 금리가 안정되더라도 코로나 국면에 비해서는 상당히 높은 수준일 것이라는 점이다. 따라서 부채의 무게에 따라 국가별, 개인별 차이가 발생할 것이다. 부채가 적은 국가의 경제회복 속도는 빨라질 것이다. 반면 중국이나 한국과 같이 부채 조정이 더딘 국가들은 금리 부담에 시달리고 때로는 부도 위험에 노출될 수 있다. 이런 나라들은 무엇보다 근본적인 부채 축소 노력이 필요하다.

2023년 세계 경제성장률은 2.8%, 2024년은 2.4%로 예상하는 분위기다. 그러나 성장률 자체보다는 경제의 구조적 변화에 주목해야 한다. 특히 경제지표로는 읽기 어려운 양극화 확대와 같은 구조적 요인에 주목해야 한다. 향후 경제를 읽는 **핵심 키워드 10가지**를 제시한다.

① **각국도생(各國圖生)**: 미-중 패권전쟁은 잠시 소강 국면에 진입할 것이다. 미국은 대선을 앞두고 외교 문제보다는 민생을 챙겨야 한다. 중국도 부채 위기와 사회 양극화, 미국의 제재로 공급망을 재정비해야 한다. 전반적인 소강 국면으로 세계 각국은 기초 체력에 따라 차별화된 경제 성적표를 받아들 것이다. 흔히 얘기하는 국가 간 디커플링 혹은 각국도생이 예상된다.

② **정책 부재:** 적극적인 경제정책은 기대하기 어렵다. 20여 년간 이어진 부채 경제의 부메랑이 대기하고 있기 때문이다. 코로나로 증가한 부채는 각국 정부와 중앙은행의 행동을 제한할 것이다. 부채를 줄이고 싶겠지만 경기침체 우려로 세심하게 경제를 다룰 것이다. 각국 정부 정책은 코로나 대응으로 이미 많은 재정을 사용했기 때문에 소프트 랜딩이 목표일 것이다. 정책에 대한 기대를 낮춰야 한다.

문명비평가인 자크 아탈리는 과도한 공공 부채를 해결하는 방안으로 8가지를 제시한 바 있다. 세금 인상, 지출 축소, 높은 경제성장률, 금리 인하, 인플레이션, 전쟁, 외부의 도움 그리고 파산이다.[9] 각국 정책 당국자들은 이 8가지 방안에 대해 숙고하고 있을 것이다. 그러나 지금 사용할 만한 정책은 없다. 부채가 너무 많기 때문이다.

③ **물가와 금리 안정:** 물가와 금리는 여전히 핵심 변수가 될 것이지만 점차 하향 안정될 것이다. 코로나가 물러간 지 1년이 넘고 있지만 전체 부채는 오히려 증가했다. 주가와 부동산에 여전히 거품이 존재하

는지 여부도 불투명하다. 모든 투기의 종말은 자산가격의 폭락이었지만 아직까지는 그런대로 관리되면서 조정을 보이고 있다. 다만 부채가 줄지 않았다는 점이 가장 큰 리스크다.

물가와 금리 안정이 의미하는 것은 경제가 본격 침체된다는 신호일 수도 있다. 물론 러-우 전쟁과 미-중 패권전쟁 과정에서 공급망이 붕괴되면서 물가는 언제든지 재상승할 수 있다. 모든 경제 변수의 신뢰성이 낮은 상태가 장기간 지속될 것이다.

④ **부실 채권 문제 부상:** 블룸버그통신에 따르면 세계 전체적으로 부실대출 규모는 약 5,900억달러 규모라고 한다. 통상 금리가 오른 후 2~3년이 지나면 고금리에 따른 이자 부담을 견디지 못하고 파산이 늘어난다. 종종 목격되던 부실 대출 문제가 2023년 하반기 이후 크게 늘어날 가능성이 있다.

부실 채권 문제가 발생할 경우 자산시장은 크게 변동할 것이다. 그때마다 정부는 신속하게 시장에 개입해서 확산을 막으려 할 것이다. 미국 SVB은행 파산 당시 전격작전 하듯 시장에 개입한 것과 같이 부채의 위기 폭발 우려가 생기면 과감하게 시장에 개입할 것이다.

⑤ **한국 금융시장 불안정 지속:** 금융시장의 불균형 문제는 한국의 중기적 과제가 될 것이다. 가계 부채와 기업 부채를 합하면 약 4,500조원 정도인데 대출금리가 2%p 상승했다고 가정하면 이자 부담만 사회 전체적으로 연간 100조원 이상 된다. 이미 1년간 100조원을 이자로

추가 지급했고, 2024년 이후에도 계속 지급해야만 한다.

반면 해결해야 할 과제도 산적해 있다. 부동산 PF 131조원은 여전히 해결의 실마리를 찾지 못하고 있다. 한전과 가스공사의 누적 적자 52조원도 채권시장을 압박하고 있다. 소상공인과 중소기업 만기 연장 금액은 85조원으로 이 셋만 계산해도 무려 270조원의 시장 불안 요인이 있다. 여기에 금융기관의 해외 부동산 투자 150조원도 유동적이다. 이래저래 한국에 상대적으로 어려운 시간이 될 것이다.

⑥ **새로운 공급망 재편 시도:** 패권전쟁 이후를 대비하는 새로운 공급망 재편이 진행될 것이다. 향후 10년을 내다봤을 때 미-중 양국의 갈등이 해소되기 어렵다면 기업들은 이제 투자의 방향을 정해야 한다. 미국, 중국, 아세안, 혹은 인도나 동유럽 등으로 자신들의 생존과 성장을 위한 투자를 시작할 것이다. 주식 투자자 관점에서 가장 주목해야 할 부분이기도 하다.

⑦ **차별화되는 디지털 경제:** 디지털 경제는 상황 변화와 관계없이 빠르게 발전할 것이다. AI가 다양한 산업으로 확산되는 가운데, 폭주 기관차와 같이 AI가 기존의 산업과 직업을 미래로 끌고 갈 것이다. 그러나 확산 속도는 저성장과 금리 상승으로 예상보다는 다소 더딜 것이다.

벤처 시장은 여전히 침체가 예상된다. 시중 금리 수준이 높기 때문이다. 쿠팡과 카카오는 초저금리로 대규모 자금을 조달해서 물류창고, 데이터센터 등에 선제적으로 투자해서 고성장 기반을 다졌다. 그러나 금융시장의 불안정으로 당분간 이런 기업이 나오기는 어려울 것이다.

⑧ **일관성이 없는 자산시장:** 글로벌 차원에서 부동산 가격은 상대적으로 조정 폭이 적었다. 가장 많은 부채가 몰려 있는 부동산 시장은 여전히 위험 구간에 위치한다. 코로나 기간 중 부채를 기반으로 매입했던 부동산은 지난 2~3년 동안 이자만 부담하고 있었을 것이다. 그런데 금리 상승으로 매입 당시보다 이자 부담이 늘어났다. 이런 상황에서 가격이 하락할 경우 새로운 쇼크가 나타날 수 있다. 글로벌 금융위기 이후 가계 부채를 줄인 미국은 그나마 안정적이다. 글로벌 금융위기 이후 주택 투자가 감소해서 공급보다 수요가 우세하다. 반면 가계 부채 비율이 높은 국가들은 위험한 상황이 이어질 것이다. 대표적인 나라가 바로 한국이다.

주식시장은 기업이익이 줄면서 성장 모멘텀이 약화될 것이다. 다만 디지털이나 전기차(BEV) 등과 같은 성장 산업으로의 쏠림 현상은 지속될 것이다. 가상자산은 세계적 차원의 규제 움직임과 높은 금리 수준, 무엇보다도 가치에 대한 근본적인 의문으로 관심도가 떨어질 것이다. 2020년대 초반 저금리 기반에서 유행하던 조각 투자, 예술 작품 투자 등과 같이 파생형 금융상품 역시 관심이 줄어들 전망이다. 2024년은 주식과 연애는 하되 결혼까지는 아닌 듯하다.

⑨ **사회전환 정책의 시행:** 패권전쟁이 답보 상태에 빠진다면 새로운 사회를 위한 노력이 나타날 것이다. 우선은 규제 움직임에 주목해야 한다. 코로나로 가려졌던 전환형 정책들이 수면 위로 올라설 가능성이 높다. 글로벌 최저법인세, 관세 부활, 기후위기에 대한 규제가 더욱 빨라질 것이다. ESG 경영도 다시 확산될 가능성이 높다. 사회 양극화 현상이 최고조에 달하면서 일자리가 부족해질 것이다. 그렇다면 독점기업에 대한 규제를 강화할 것은 충분히 예상된다. 전 세계 투자자들이 열광하는 빅테크 기업들은 대부분 독점기업이다. 특별한 기술 없이 인건비를 절약하는 사업 모델을 추구하는 배달, 차량 공유, 온라인 상거래 독점기업은 다양한 형태의 규제가 예상된다.

⑩ **경제적 포퓰리즘 확산:** 코로나 위기로 국가의 존립 기반이 흔들리는 개도국이 많아졌다. 이런 개도국들은 무리하게 재정을 살포하는 등 다양한 포퓰리즘 정책으로 경제위기를 가리려 할 것이다. 경제성장률이 낮아지면 경제계와 정권의 결탁 강도를 높일 것이다. 또한 양극화를 가리는 여론정책도 시도할 것이다. 경제위기가 깊어진다는 것을 명분으로 이유 불문하고 기업을 지원하자는 정책을 주장할 것이다. 물론 한국은 이런 경향의 선두에 있을 것이다.

18장

한국은 할 수 있다

─────────────────●─────────────────

지금까지 수축사회가 유발한 다양한 사회 현상과 패권전쟁 양상을 살펴보았다. 한국과 관련된 사항도 이미 충분히 언급하였다. 나는 전작인 《수축사회》에서 한국의 미래에 대해 다양한 대안을 제시했다. 그러나 코로나와 패권전쟁이 본격화되면서 상황이 많이 바뀌었다. 복잡하게 변화한 한국의 상황에 대해서는 추후 다른 책으로 발간할 계획이다.

여기서는 '작은 연못'에 빠져 허둥대고 있는 한국의 특수한 상황에 대해 핵심적 사항만 정리하려 한다. 한국 사회의 리더/리더십 문제, 양극화, 경제의 질적 변화 등 3가지 요인이다.

인지부조화: 리더 그룹의 대전환

어떤 위기라도 훌륭한 리더 그룹이 존재하면 극복할 수 있다. 수축사회는 전 세계 공통의 현상이기 때문에 먼저 인지하고 대응하면 승리할 수 있다. 한국은 특히 베이비부머라는 특정 세대의 과밀한 인구구조를 가지고 있다. 이들은 1955년부터 20년간 태어난 1,700만명의 1, 2차 베이비부머다. 선진국 대한민국을 만든 주역이고 한국의 리더 세대이기도 하지만 집단적으로 팽창사회 향수에 젖어 있기도 하다. <u>자신들 방식으로 성공했다는 자기 확신이 강한 리더 세대다.</u>

지금은 이들이 성공했던 팽창사회가 아니라 수축사회다. 자녀 세대와 소통이 어렵고 부모 세대 부양에 힘들어하지만 정작 자신의 노후 준비는 부족하다. 리더 세대는 과거 자신의 성공 시대였던 1970~1990년대의 고성장 사회를 바람직한 사회로 인식한다. 당시의 이념이었던 신자유주의 체제를 선호하기도 한다. 1980년대 리더들이 타임머신을 타고 와서 2020년대 한국을 경영하고자 하는 모습이다.

그러나 지금 한국은 수축사회에 진입하면서 각자도생을 강요받는 정글형 사회로 가고 있다. 이 책에서 한국의 리더 세대에 주고 싶은 경고는 지금은 수축사회이고, 전쟁이 벌어진 상황이라는 점이다. 생존이 달린 문제이기 때문에 과감하고 장기적인 차원의 대안 마련이 필요하다.

한국의 리더 세대는 이 순간에도 기득권을 지키기 위해 몸부림을 치고 있다. 2023년 8월 새만금 잼보리 사태 당시 행정 최고 책임자가 변기를 점검하고, K-Pop 공연 시 넘어질 가능성이 있으니 도시락에 바나나를 넣지 말라는 지시가 있었다. 전시행정, 졸속행정의 극치다. 줄줄이 계속되는 한국의 안전 참사의 배경에는 '관료주의', '보신주의', '무책임' 등 기득권을 지키려는 심리가 자리잡고 있다. 자신의 자리를 하루(!)만이라도 더 연장하는 것이 공직자의 목표인 경우가 많아졌다. 국가의 미래 따위는 없고 자신의 직위와 이익만 지키려는 이들이 단기 '대응'으로만 시종일관하면서도 리더인 양하고 있다.

미래를 과거와 현재의 연장으로만 판단해서는 안 된다. 특히 리더 세대는 자신들의 기득권을 내려놓고 전쟁을 지휘해야 한다. 기존의 경제학을 뛰어넘은 발상의 전환이 필요하다. 중국이 계속적인 성장 없이 존재하기 어려운 나라이듯, 한국은 변화에 대한 선제적인 수용과 혁신 없이는 무너지는 나라다.

지금 한국의 가장 큰 위기는 리더십 위기다. 현상과 처방의 괴리가 여러 곳에서 발견되고 있다. 세계는 가속 변화하고 있지만 한국에서는 지체현상이 발생하고 있다. 전작인 《수축사회》에서 나는 한국의 골든타임을 2025년까지로 예상했다. 코로나로 약간 지체된 듯하지만 수축사회 극복을 위한 대전환에 실패한다면 바로 지금이 5천년 한국 역사의 마지막 전성기(Peak KOREA)일지 모른다.

선진국 함정: 불균형의 중심

한국은 역사상 가장 빠르게 선진국에 진입한 국가다. 타의 추종을 불허할 정도로 빠르게 성장했다. 그러나 선진국 중 삶의 만족도는 가장 낮다. 어디서부터 한국을 고쳐야 할까? 나는 이를 중진국 함정에 빗대서 '선진국 함정'으로 부르고 싶다. 빠르게 선진국이 되다 보니 놓친 부분이 많은 것이다. 일본을 제외할 경우 대부분의 서구 선진국들은 완만한 속도로 성장하면서 선진국이 되었다. 더뎌 보일지 몰라도 다양한 사회 갈등 해소 과정을 거쳤다. 시간적 여유가 있었으니 사회 구석구석까지 선진국형 문화와 제도를 마련할 수 있었다. 반면 한국은 속도와 효율성을 중심으로만 성장하다 보니 많은 영역에서 속도 불일치가 나타나고 있다.

소득만 보면 한국은 분명 선진국이다. 2022년 기준 한국의 1인당 GDP(32,886달러)는 스페인, 이탈리아를 추월했다. 캐나다, 호주와 같은 자원 부국과 소규모 국가를 제외할 경우, 전체 GDP 1조달러 이상의 선진국 중 미국(75,179달러), 독일(48,397달러), 영국(47,317달러), 프랑스(42,330달러), 일본(33,821달러) 등의 순으로 위치하고 있다. 한국의 일본 추격은 2023년에도 가능하다. 2030년까지 조금 길게 보면 프랑스, 영국, 독일도 추월 가시권이다.

선진국은 국민 모두가 사람다운 삶을 살아가는 사회다. 소득이 아무리 높아도 양극화가 심하면 선진국으로 볼 수 없다. 노동자가 존중받고, 의료 시스템도 국민의 건강을 지키는 데 부족함이 없어야 한다. 아이와 고령자 돌봄, 환경, 교육 역시 사회의 지속가능성을 높이기 때문에 중요하다. 누구나 주거 문제에서 고통받지 않아야 하고 문화적 여유를 즐길 수 있어야 한다. 이런 문제들이 모두 해결되면 다른 많은 사회 문제는 저절로 해결될 것이다. 여기에 미래 성장동력과 외교 전략만 추가하면 된다.

국제사회는 2000년대에 들어와 새로운 사회발전 패러다임의 필요성을 광범위하게 논의해왔다. 지금은 '보편적 사회보호'(Universal So-

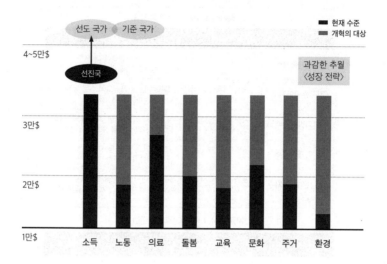

[그림 4-4] 한국의 구조적 불균형

■ 현재 수준
■ 개혁의 대상

선도 국가 　기준 국가

선진국

4~5만$

과감한 추월
〈성장 전략〉

3만$

2만$

1만$

소득　노동　의료　돌봄　교육　문화　주거　환경

자료: 홍성국

cial Protection) 구축으로 초점이 모이고 있다. 여러 논의 중 국제노동기구(ILO)는 2008년 글로벌 금융위기 이후 전 세계적으로 가속화된 삶의 불안을 해소하기 위해 2012년 "사회적 보호에 관한 국가 최저기준 권고(202호)"를 185개 회원국 만장일치로 채택했다.[10]

그림 4-4는 국가 최저기준을 바탕으로 8개 분야로 한국 사회를 재해석한 것이다. 내 개인적 판단이지만 소득을 제외한 7가지 분야에서 선진국과 괴리가 크다. 절대 수치보다는 선진국과의 거리를 주목해서 보기 바란다. 노동, 돌봄, 교육, 주거, 환경 등 사회 분야는 기존 선진국 수준에 크게 미치지 못한다. 의료 수준은 높은 단계이지만 공공 의

[표 4-2] GDP를 대체하는 새로운 대안 지표

국내총생산(GDP) 대체 주요 지표

지표명	집계 기관	내용
국가행복지수	UN	주관적 행복에 대한 3개년 설문조사 데이터를 분석해 산출
지구촌행복지수	신경제재단 (NEF)	행복 수준 및 환경오염 수준 등을 수치화해 산출
사회발전지수	사회발전명령 (SPI)	영양 상태와 위생, 치안, 자유와 인권 등 다양한 사회 요소를 수치화해 산출
인간개발지수	유엔개발계획 (UNDP)	소득, 교육, 수명 등 지표를 통해 인간 발전 및 선진화 정도를 평가
더 나은 삶의 지수	경제협력개발기구 (OECD)	교육과 안전, 고용, 삶의 만족도 등 생활에 영향을 미치는 11개 지표를 수치화

지표별 국가 순위 (2022년 기준)

국가	GDP(명목)	유엔국가행복지수	사회발전지수
미국	1	15	25
중국	2	64	94
일본	3	47	9
독일	4	16	8
인도	5	126	110
영국	6	19	19
프랑스	7	21	20
러시아	8	70	59
캐나다	9	13	10
이탈리아	10	33	22
한국	13	57	17
이스라엘	27	4	31
노르웨이	29	7	1
덴마크	40	2	2
핀란드	47	1	3

*원 자료는 IMF, UN, SPI 등 참고
자료: 경향신문, 2023년 6월 6일.

료 비중이 낮다. 문화 역시 한류의 영향으로 빠르게 성장중이지만 취약계층의 문화 접근성은 제한적이다. 주거의 질은 독자들도 바로 인정하듯 매우 낮다.

사회 불균형이 깊어지면 상대 가치에 집중해서 사회 갈등이 유발된다. 현재 한국에서는 백화제방(百花齊放)처럼 사회 개혁을 위한 많은 논의가 있다. 사회 전체 차원에서 불균형을 해소하기 위한 '사회 전환의 대전략'이 필요한 시점에 도달한 것이다. 지금까지 살펴본 수축사회로의 전환을 인정하고 이 기반 위에서 앞서 본 7가지 지표의 불균형 해소를 위한 거대한 전환이 필요하다.

7가지 불균형이 해소되면 사회 갈등이 줄어들고 새로운 성장을 이룰 수 있다. 이 문제는 한국만이 아니라 비슷한 상황에 놓인 전 세계 많은 국가의 고민이기도 하다. UN이 발표하는 국가행복지수에 따르면 한국은 소득(GDP) 규모는 13위지만 국가행복지수는 무려 57위로 한창 후순위로 밀린다. 소득은 늘었지만 국민들은 행복하지 못하다는 조사 결과다. 중국은 전체 GDP는 2위지만 국가행복지수는 64위, 사회발전지수는 94위다. 전체 순위의 균형이 맞지 않으면 사회 불안을 피할 수 없다. 우리 사회가 추구하는 방향에 대해 활발한 논의가 필요한 시점이 되었다.

다양한 대안 지표를 살펴봤지만 그래도 소득이 가장 중요하다. 7가지 불균형을 해소하기 위해서는 비용이 많이 필요하다. 현재의 선진국들은 오랜 시간 빈틈을 메꾸어왔기 때문에 상대적으로 비용이 적게 든다. 반면 한국은 소득 중심으로만 성장해서 불균형 해소 비용이 많이 든다.

그래서 한국 경제는 지속 성장을 전제로 할 수밖에 없다. 경제성장 없이는 행복이 있을 수 없다. 경제성장과 사회 불균형 해소를 동시에 추진해야 한다.

경제 대전환

한국은 협소한 내수시장이 주는 한계와 높은 수출의존도라는 불균형을 상수로 한다. 이런 경제의 핵심축에서 적신호가 켜지고 있다. 성장이 정체되면서 사회 불균형 해소는커녕 새로운 경제적 불균형이 발생하고 있다.

내수 성장의 구조적 한계

내수는 설비투자, 건설투자, 민간 소비, 정부 소비로 구성된다. 기업의 투자는 수출과 맞물려 있다. 중간 단계의 기술은 이미 중국에 이어 베트남과도 경쟁이 되지 않는다. 미-중 패권전쟁으로 국내 설비투자가 거의 불가능한 상황이 되었다. 한국에 설비를 지어야만 내수 경제에 도움이 되지만, 반도체와 배터리는 여러 이유로 미국이나 동유럽 등에서 직접 만들고 있다. 그런 만큼 기업의 투자가 줄면서 내수는 더욱 쪼그라들 수밖에 없는 구조다. 다만 재생에너지 개발과 관련된 투자는 기대할 수 있지만 아직 경기를 자극할 정도로 크지는 않다.

건설투자는 주택 등 건축과 SOC로 나눌 수 있다. 주택 투자 중

지방은 이미 구조적 포화상태에 도달해서 추가 투자가 어려워졌다. 수도권에는 여전히 수요가 있지만 토지 공급이 쉽지 않다. 상업용 건물은 수도권과 지방 모두 포화상태. SOC 투자는 꾸준히 증가할 전망이다. 그러나 SOC 역시 GTX의 경우처럼 수도권 중심으로 이루어질 전망이다. 지자체들은 다양한 SOC 투자 계획을 내놓고 있지만 수도권 집중화, 인구 고령화 등으로 실제 투자는 어려울 것이다. 일본이 1990년대 건설투자로 경기를 부양하려다가 실패한 사례가 지금 한국에서 나타나기 시작했다.

민간 소비는 가장 심각하다. 한국의 전체 소득 수준은 선진국에 도달했지만 계층 간 소득과 자산 격차는 계속 확대되어왔다. 소득과 자산 양극화는 국내 소비에도 영향을 주고 있다. 상류층은 해외 소비 비중이 높다. 코로나 이전 2019년의 해외 소비는 무려 30조원이나 되었다. 상류층이 소비를 늘려도 해외 소비, 명품 소비, 고가 소비(수입차 등)가 늘기 때문에 경기와는 무관하다.

정부 소비는 신자유주의를 추구하는 정부의 출현으로 재정 지출을 줄이고 있는 만큼 재정으로 내수를 살리는 것은 거의 불가능한 상황이다.

살펴본 것처럼 내수를 구성하는 모든 분야에서 적색 경고등이 켜졌다. 이제 내수가 늘기 어려운 상황을 우리 스스로 만들어가고 있는 것은 아닐까?

한국 경제구조의 재편을 제안하며

2023년 한국의 경제성장률은 1%대 초반으로 예상되고 있다. 1980년 2차 오일쇼크, 1998년 IMF 외환위기, 2008년 글로벌 경제위기, 2020년 코로나를 제외하고 61년간의 경제개발 역사 가운데 정상적 상황에서 1%대 경제성장률은 초유의 일이다. 더군다나 2023년 경제성장률은 IMF 외환위기 이후 25년만에 수축사회 국가인 일본보다 낮을 것이라는 전망도 나온다. 그런데도 오직 재정 건전성만 외치고 있다. 지금은 그렇게 한가한 이야기를 할 때가 아니다. 경제구조를 거의 새로 짤 정도로 전반적인 재편이 필요한 시점이다.

특별히 수출 중심 국가인 한국은 경제위기 때마다 수출 증가로 성장세를 유지해왔다. 그러나 이제는 그런 대응책이 어려워졌다. 2022년 이후 환율의 고공 행진에도 불구하고 수출은 오히려 줄어들었다. 일 평균 수출액은 2013~2014년 수준까지 줄어들었다. 수출 물량도 비슷하다. 도대체 무슨 일이 일어나고 있는 것일까?

수출 부진은 중간재 수출 감소에 기인한다. 한국 수출의 기본 골격은 '소·부·장'이라고 하는 소재, 부품, 장비를 일본 등 선진국에서 수입 가공해서 중간재 형태로 중국에 수출해왔다. 중간재를 수입한 중국은 자신들의 노동력을 투입 가공한 후 글로벌 시장에 수출했다. 일본→한국→중국→글로벌 시장으로 이어지는 가치사슬이 21세기 동아시아 공급망의 본질이었다.

그러나 2017년경을 고비로 중국이 웬만한 중간재를 자체 조달하기 시작했다. 시장규모가 큰 'B급' 중간재를 수출하기 시작한 것이다. 최근 중국의 수출은 일대일로 관련국을 대상으로 자동차와 경공업 제품 수출이 급증하고 있는데, 여기에 소요되는 중간재를 중국이 직접 만들고 있다. 중국에 이어 중간재의 최대 수입국인 베트남도 조만간 중국과 유사한 상황이 벌어질 것으로 예상된다. 한국 수출 구조에 근본적인 변화 요인이 발생한 것이다.

그렇다면 이런 변화가 일시적일까? 아니다. 구조적이고 한국이 자기 의지나 노력으로 바꾸기 어려운 상황이다. 반도체와 배터리를 제외한 다른 수출 산업들도 사정은 비슷하다. 대부분의 산업이 점차 경쟁력을 잃고 있다. 성장을 이끌던 중진국 기반의 중후장대(重厚長大)형 산업들은 중국 혹은 아세안, 동유럽으로 생산기지가 이전되고 있다.

그렇다면 한국의 산업 전략으로 4가지를 제시한다.

① 반도체, 배터리 등 미래산업에서 압도적인 초격차를 유지해야 한다. 또한 첨단기술은 거의 무제한의 지원을 해서 세계 최고 수준으로 육성해야 한다.

② 기존의 중후장대형 산업들은 고용에 큰 기여를 한다. 여전히 세계적 차원에서 경쟁력도 높다. 경제 전체가 첨단산업으로만 갈 수는 없다. 누군가는 제조업을 해야 한다. 그렇다면 최고의 기술을 활용해 높은 품질의 제품을 만들면 경쟁력을 확보할 수 있다. 독일과 일본이 지금까지 버티는 이유가 바로 여기에 있다.

③ 경쟁력이 없는 산업은 과감하게 해외 생산으로 돌려야 한다. 지금 우

리는 1인당 GDP 3만달러 사회의 고비용을 감당할 수 없는 저부가

가치 산업 비중이 너무 높다. 삼성전자 출신인 박광기 교수는 경쟁력

이 약해진 산업을 과감하게 이머징 국가로 이전하자고 주장한다. 산

업단지 전체를 아세안 지역 등으로 옮기자는 것이다. 이런 식의 해외

뉴딜은 '개성공단+광주형 일자리 사업+신남방정책'의 취지를 모두

결합한 것이어야 한다.[11]

④ 소프트웨어(SW) 중심 국가로 성장해야 한다. 지금 세계는 단순한 상

품 소비에서 소비를 통한 가치 창출이 중요해졌다. 하드웨어(HW) 시

대는 지나고 소프트웨어 시대로 진입하고 있는 것이다. 단순 제조업

은 점점 설 자리가 사라지고 있다. 대외경제정책연구원 분석에 따르

면 제조업 수출에 내재된 서비스업 비중은 2021년 기준 28%다. 반

면 독일은 무려 36.5%에 이른다. 또 한국의 서비스 생산 제조기업의

비중이 15.6%인데, 독일은 48%에 이른다.[12] 미래 경제에서는 제조는

AI 등 기계가 담당하고, 서비스와 지적생산물이 경제의 핵심으로 등

장할 것이다. 이 추세에 부응하지 못한다면 한국 경제의 미래는 없

다. 전환의 시점은 바로 지금이다.

우리는 할 수 있다. 60년 동안 경제 기적을 성취했다. 스스로 민주

주의를 쟁취했다. 문화를 전 세계로 수출하고 글로벌 최고 기업도 다수

보유했다. 결정적으로 우리 국민은 가장 뛰어난 국민이다.

주석 ──── ● 1부

1. 동아일보, 〈"짜증나!" 이유없이 자꾸 화내는 아이의 진짜 신호는? [최고야의 심심(心深)토크]〉, 2023년 4월 30일.

2. 조선일보, 〈청소년 우울증 19% 증가…문제는 입시 스트레스〉, 2023년 6월 20일.

3. 유발 하라리, 조현욱 옮김, 《사피엔스》, 김영사, 2015, pp.518~519.

4. 유발 하라리, 김명주 옮김, 《호모데우스》, 김영사, 2017, p.15.

5. 중앙일보, 〈'조력 자살 해방구' 스위스, 의사와 상담하게 지침 바꿨다〉, 2022년 8월 6일.

6. 제러미 리프킨, 안진환 옮김, 《회복력 시대》, 민음사, 2022, p.125.

7. 서울경제신문, 〈고령화 해법은 노인 집단할복…예일대 日교수 '폭탄발언' 파문〉, 2023년 2월 13일.

8. 행정안전부, 〈2022년 주민등록 인구 통계〉, 2023년 1월 15일.

9. 디지털데일리, 〈챗GPT 활용한 랜섬웨어 공격↑…피해기업 30% 데이터 복구 못 했다〉, 2023년 6월 21일.

10. 경향신문, 〈AI에 대해 '무엇을 모르는지'조차 모르는데…'속도 조절' 필요할까〉, 2023년 4월 21일.

11. 유발 하라리, 《사피엔스》, p.578.

12. 유발 하라리, 《사피엔스》, p.586.

13. 조선일보, 〈AI, 이번엔 코딩 역사 바꿨다…인간 한계 뛰어넘은 알고리즘 만들어〉, 2023년 6월 9일.

14. 닉 보스트롬, 정현옥 옮김, 《초예측》, 웅진지식하우스, 2019, p.102., p.108.

15. 누리엘 루비니, 박슬라 옮김, 《초거대 위협》, 한국경제신문, 2023, p.288에서 재인용.

16. 피렌체의 식탁, 〈[홍성국 칼럼] 대전환의 소용돌이, 중심을 잡아야 산다〉, 2022년 6월 23일.

17. 경향신문, 〈[장덕진 칼럼] '자살론'으로 본 한국사회〉에서 재인용, 2023년 4월 4일.

18. 이성복, 《뒹구는 돌은 언제 잠깨는가》, 문학과지성사, 1980.

19. 보건복지부, 〈2021년 정신건강 실태조사〉, 2021년 12월 26일.

20. 대검찰청, 〈2021년 마약류 범죄백서〉, 2022년 5월 5일.

21. 디캠프, 분당서울대학교병원, 〈스타트업 창업자 정신건강 실태 조사 보고서〉, 2022년 7월 21일.

22. 매일경제신문, 〈"집 대신 수입차 질러"…차대출로 몰려가는 집포족들〉, 2021년 2월 16일.

23. 한국경제신문, 〈명품에 돈 안 아끼는 한국…고급 위스키도 불티나게 팔렸다〉, 2023년 7월 15일.

24. 통계청, 《2021년 인구주택총조사》, 2022년 7월 28일.

25. 이코노미스트, 《이코노미스트 2023 세계대전망》, 한국경제신문사(한경비피), 2022.

26. 통계청, 〈2022년 혼인·이혼 통계〉, 2023년 3월 16일.

27. 통계청, 위의 통계.

28. 서울신문, 〈"돈도 없고, 애인도 없어요" 한국·일본男 결혼 포기 선언〉, 2022년 8월 8일.

29. 스콧 로젤·내털리 헬, 박민희 옮김, 《보이지 않는 중국》, 롤러코스터, 2022. pp.110~111.

30. 경향신문, 〈[위근우의 리플레이] '더 글로리'와 '세치혀'가 '집이 없어'에게 배워야 할 것〉, 2023년 3월 31일.

31. 한국콘텐츠진흥원, 〈2022 대한민국 게임 백서〉, 2023년 1월 19일.

32. 경향신문, 〈[건강한 정신, 행복한 마음] 중독 부추기는 디지털세상…끊어내려면 '별도 법체계' 필요〉, 2023년 3월 31일.

33. 어맨다 몬텔, 김다봄·이민경 옮김, 《컬티시》, 아르테, 2023.

34. 조선일보, 〈[2030 플라자] "K팝 아이돌은 좋지만 한국은 싫다"〉, 2023년 1월 12일.

35. https://tvline.com/ratings/netflix-viewership-changes-wednesday-squid-game-most-popular-1235003018/

36. "2023년 1/4분기 소득 1분위 가구의 월평균 소득은 107만 6천원으로 전년 동분기 대비 3.2% 증가, 소득 5분위 가구의 월평균 소득은 1,148만 3천원으로 6.0% 증가." 통계청, 〈2023년 1/4분기 가계동향조사 결과〉, 2023년 5월 25일.

37. 세계일보, 〈상위 1%가 富 35% 차지…빈부격차 해가 갈수록 심화〉, 2021년 10월 23일.

38. 제레드 다이아몬드, 강주헌 옮김, 《대변동 위기, 선택, 변화》, 김영사, 2019.

39. 엘렌 러펠, 김후 옮김, 《일자리의 미래》, 예문아카이브, 2019.

40. 리처드 리브스, 김승진 옮김, 《20 VS 80의 사회》, 민음사, 2019.

41. 리처드 리브스, 앞의 책, p.20.

42. 리처드 리브스, 앞의 책, p.27-30.

43. 리처드 리브스, 앞의 책, p.27.

44. 리처드 리브스, 앞의 책, p.51.

45. 스콧 로젤·내털리 헬, 앞의 책.

46. 스콧 로젤·내털리 헬, 앞의 책, p.45.

47. 리처드 리브스, 앞의 책, p.53.

48. 누리엘 루비니, 앞의 책, p.248.

49. 모 가댓, 강주헌 옮김, 《AI 쇼크, 다가올 미래》, 한국경제신문, 2023.

50. 디트리히 볼래스, 안기순 옮김, 《성장의 종말》, 더퀘스트, 2021.

51. 매일경제신문, 〈결근·이직도 4대 보험도 없어⋯"월급 300만원 직원보다 낫다"〉, 2023년 6월 3일.

52. 통계청, 〈무급 가사노동 평가액의 세대 간 배분 심층분석〉, 2023년 6월 27일.

53. 최병천, 《좋은 불평등》, 메디치, 2023, p.206.

54. 에드워드 챈슬러, 임상훈 옮김, 《금리의 역습》, 위즈덤하우스, 2022, p.495.

55. 뉴욕타임스, 〈사상 최대 부의 대물림, 친숙한 (부유층) 승자들〉, 2023년 5월 14일.

56. 박상현, 〈베이비 부머 은퇴와 부의 대물림(부의 이동)〉, 하이투자증권, 2023년 5월 22일.

57. 한국경제신문, 〈중국 경제 중심축이 남쪽으로 내려온다〉, 2021년 1월 25일.

58. 매일경제, 〈중남미 부유층은 지금, 미국으로 백신투어중〉, 2021년 4월 22일.

59. 조선일보, 〈[WEEKLY BIZ] 너네 CEO가 트럼프를 칭찬해? 너희 제품 안 사!〉, 2023년 6월 2일.

60. 조선일보, 〈윗집 층간소음에, 아랫집 '맞소음·냄새'로 보복한다는데⋯〉, 2021년 2월 11일.

61. 연합뉴스, 〈"한국인 90% '정치갈등 심각'"⋯선진국들 조사서 미국과 공동 1위〉, 2021년 10월 15일.

62. 조선일보, 〈[조선칼럼] 경제 버블과 정치 양극화의 유사성〉, 2023년 1월 17일.

63. 중앙일보, 〈한국인 77% "SNS가 정치양극화 심화"…선진국 중 세 번째〉, 2022년 12월 7일.

64. 조선일보, 〈송사의 늪에 빠진 與, 정치판에서 정치가 사라졌다〉, 2022년 9월 3일.

65. 제레드 다이아몬드, 김진준 옮김, 《총균쇠》, 문학사상, 2005, p.417.

66. 스콧 갤러웨이, 이상미 옮김, 《표류하는 세계》, 리더스북, 2023, p.142.

67. 김승식, 《공정한 사회란?》, 고래실, 2010년, pp.130~131에서 재인용.

68. 스콧 갤러웨이, 앞의 책, p.46.

69. 스콧 갤러웨이, 앞의 책, p.140.

70. 경향신문, 〈"미 대선 조작" 가짜뉴스 보도한 폭스, 개표 업체에 1조원 배상〉, 2023년 4월 20일.

71. 토머스 프리드먼, 최정임·이윤석 옮김, 《세계는 평평하다》, 창해(새우와 고래), 2006.

72. 데이비드 스믹, 이영준 옮김, 《세계는 평평하지 않다》, 비즈니스맵, 2009.

73. 프랜시스 후쿠야마, 이상훈 옮김, 《역사의 종말》, 한마음사, 1992.

74. 메리츠증권, 〈Big Tech Layoff Tragedy Continues(CXOtoday)〉, 2023년 3월 21일.

75. 에드워드 챈슬러, 임상훈 옮김, 《금리의 역습》, 위즈덤하우스, 2022, p.268에서 재인용.

76. 경향신문, 〈[김학균의 쓰고 달콤한 경제] 주주자본주의 과잉의 어떤 나라〉, 2023년 1월 13일.

77. 스콧 갤러웨이, 앞의 책.

78. 아주경제, 〈[단독] 금감원, 미술품·한우 조각투자 신규 발행 시 5% 충당금 설정 요구〉, 2023년 5월 24일.

79. 한겨레신문, 〈[단독] 시내버스 먹어치우는 차파트너스…그들은 왜 버스 노리나〉, 2023년 6월 19일.

80. 강성부, 《좋은 기업, 나쁜 주식, 이상한 대주주》, 페이지북스, 2020.

81. 정영효, 《일본이 흔들린다》, 한국경제신문사(한경비피), 2022, p.212에서 재인용.

82. 한국경제신문, 〈'M&A 귀재' 김병주 MBK 회장, 韓 최고 부자 올랐다〉, 2023년 4월 18일.

● 2부

1. 홍성국, 《세계 경제의 그림자, 미국》, 해냄, 2005.

2. 한국일보, 〈미국 대사는 '공석중'…공화당 몽니에 인준 줄줄이 지연〉, 2023년 7월 5일.

3. 매일경제신문, 〈"세계 안보 최대 위협은 미국" 최장수 美외교협회장의 반성〉, 2023년 7월 5일.

4. 2023년 8월초 기준 미국채 10년물 금리는 4% 정도지만, 장기적으로 금리가 자연이자율에 수렴한다는 가정 하에 예측하였다.

5. 미국의 중산층은 중위소득의 2/3부터 2배 사이의 소득 계층으로 2017년의 기준 중위소득은 61,372달러였다. 2/3에 해당하는 42,000달러에서 2배인 126,000달러 사이를 중산층으로 분류한다.

6. 내일신문, 〈미국 중산층이 무너진다〉, 2022년 7월 7일.

7. 매일경제신문, 〈美 테러와의 전쟁 20년 자살자가 전사자의 4배〉, 2021년 10월 19일.

8. 뉴스펭귄, 〈미국 종교인, 기후위기 걱정 덜 한다〉, 2022년 12월 2일.

9. 크리스천투데이, 〈바나그룹 "미국인 74%, 영적 성장 원해"〉, 2023년 1월 25일.

10. 중앙일보, 〈바이든, 초등교 총기난사 현장 추모 "뭐든지 할 것"〉, 2022년 5월 31일.

11. 중앙일보, 〈총에 대한 진심〉, 2022년 6월 10일.

12. NEAR재단, 《시진핑 新시대 왜 한국에 도전인가?》, 21세기북스, 2023, pp.29~35.

13. 조영남, 《중국의 통치체제》, 21세기북스, 2022.

14. 마이클 베클리·할 브랜즈, 김종수 옮김, 《중국은 어떻게 실패하는가》, 부키, 2022, p.99.

15. 마이클 베클리·할 브랜즈, 앞의 책, pp.202~205.

16. NEAR재단, 앞의 책, p.131.

17. 누리엘 루비니, 앞의 책, p.327.

18. NEAR재단, 앞의 책, p.158.

19. 마이클 베클리·할 브랜즈, 앞의 책, p.99.

20. NEAR재단, 앞의 책, pp.173~174.

21. 마이클 베클리·할 브랜즈, 앞의 책, pp.322~325.

22. NEAR재단, 앞의 책, p.180.

23. NEAR재단, 앞의 책, p.314.

24. 조선일보, 〈"의료보조금 왜 줄여" 中 은퇴자들 뛰쳐나왔다〉, 2023년 2월 18일.

25. 홍성국, 《수축사회》, 메디치미디어, 2019, p.131.

26. 마이클 베클리·할 브랜즈, 앞의 책, p.26.

27. 한겨레신문, 〈중국 청년실업률 20.8%가 의미하는 것〉, 2023년 6월 19일.

28. NEAR재단, 앞의 책, pp.314~315.

29. NEAR재단, 앞의 책, pp.314~316.

30. 마이클 베클리·할 브랜즈, 앞의 책, p.95.

31. 매일경제신문, 〈"끝까지 간다"…中, 다시 반도체에 돈풀기〉, 2023년 3월 5일.

32. 조선일보, 〈밸런타인데이 데이트비 가장 비싼 도시는? 中 상하이…2위는 뉴욕〉, 2023년 2월 14일.

33. 스콧 로젤·내털리 헬, 《보이지 않는 중국》, p.17.

34. 김동관, 〈MERITS Strategy Daily 전략공감 2.0〉, 2023년 2월 23일.

35. 중앙일보, <중국판 '리먼 사태' 터지나…중룽신탁, 64조원 지급 중단>, 2023년 8월 15일.

36. 뉴스1, 〈中 도시 절반 이상이 빚 못 갚을 위기…경기 살릴 재정 지원 한계〉, 2023년 6월 2일.

37. 스콧 로젤·내털리 헬, 앞의 책.

38. 최인수 등, 《2023 트렌드 모니터》, 시크릿하우스, 2022. p.218.

39. 마이클 베클리·할 브랜즈, 앞의 책, p.131.

40. 글로벌비즈, 〈中 백만장자 엑소더스 1위 불명예…올 1만 3500명 '탈중국'〉, 2023년 6월 16일.

41. 홍성국, 《수축사회》, p.124.

42. 조선일보, 〈日 지자체 캐비닛에 무연고 유골 6만구〉, 2023년 3월 30일.

43. 한국경제신문, 〈노인 넘치는 日 감옥…노역도 못 시킨다〉, 2022년 4월 29일.

44. 정영효, 앞의 책, p.275.

45. 정영효, 앞의 책, p.275.

46. 한국경제신문, 〈"세금 덜내는 中企 될래"…日기업 '벤자민 버튼 증후군'〉, 2021년 5월 31일.

47. 한국경제신문, 〈인구 감소 쇼크 온다 日전철 '눈물의 할인'〉, 2022년 5월 17일.

48. 한국경제신문, 〈日 "빈집 소유자는 세금 더 내라"〉, 2022년 2월 14일.

49. 조선일보, 〈지금 일본에선, 중년 아들이 부모 병수발 든다〉, 2022년 4월 12일.

50. 한국경제신문, 〈디지털 후진국 日 관공서 문서 입력법만 1718가지〉, 2022년 5월 2일.

51. 조선일보, 〈日외무성 팩스 없애자 외교가에선 축하 만찬〉, 2022년 6월 24일.

52. 한국경제신문, 〈"日공무원들, 주4일만 일하세요"〉, 2023년 4월 15일.

53. 홍성국, 《세계가 일본된다》, 메디치미디어, 2014, pp.274-275.

54. 유민호, 《일본 내면 풍경》. 살림, 2014.

55. 한국경제신문, 〈日거래소 "도요타·소프트뱅크 주가 올려라" 이례적 요구〉, 2023년 4월 6일.

56. 리처드 쿠, 정성우·이창민 옮김, 《밸런스시트 불황으로 본 세계경제》, 어문학사, 2014.

57. 매일경제신문, 〈日 '초단기 알바' 1000만명〉, 2023년 6월 23일.

58. 정영효, 앞의 책, p.242.

59. 홍성국, 《세계가 일본된다》, p.328.

60. 피렌체의 식탁, 〈[한승동 칼럼] 일본 외교, 미국의 '푸들'로 우습게 보면 안 된다〉, 2023년 4월 26일.

61. 한국경제신문, 〈디플레 탈출 절박한 日…정부가 기업에 "임금 올려라"〉, 2023년 1월 6일.

62. 한국경제신문, 〈나라빚 1경원 훌쩍 넘은 日 원리금 갚는데만 예산 30%〉, 2023년 2월 4일.

63. 한국경제신문, 〈늙고 쪼그라드는 日…올해 소득 절반 '세금'으로 떼인다〉, 2023년 4월 22일.

64. 서광원, 〈제국은 타살 아닌 자살로 몰락한다, 안정화의 역설〉, 중앙일보, 2023년 7월 15일

65. 영국 이코노미스트, 《이코노미스트 2023 세계대전망》, p.256.

66. 이베스트 증권, 〈잃어버린 20년의 갈림길: 영국이 빠진 성장률 둔화의 늪〉, 2023년 1월 10일.

67. 누리엘 루비니, 앞의 책, p.386.

68. 피렌체의 식탁, 〈[강인욱 칼럼] 변하는 유라시아의 체스판, 그리고 한반도〉, 2023년 6월 2일.

69. 경향신문, 〈우크라 침공 여파 '디폴트 도미노' 오나〉, 2023년 6월 23일.

70. 통계청, 〈2022년 혼인·이혼 통계〉, 2023년 3월 16일.

71. 유영국, 《왜 베트남 시장인가?》, 크라우드나인, 2019.

72. 한국경제신문, <골드만삭스 보고서 "인도, 50년 뒤 美경제 추월">, 2023년 7월 10일.

73. 연합뉴스, <'총선 겨냥' 모디 印총리 "모든 농민에 80만원 혜택 주겠다">, 2023년 7월 2일.

74. 스콧 로젤·내털리 헬, 앞의 책, pp.102-107.

● 3부

1. 데이비드 스믹, 《세계는 평평하지 않다》, p.82.

2. 마크 레빈슨, 최준영 옮김, 《세계화의 종말과 새로운 시작》, 페이지2북스, 2020, p.13, p.218.

3. 이승훈, 〈MERITS Strategy Daily 전략공감 2.0〉, 2023년 7월 6일, p.9.

4. 문정인, 《힘의 역전》, p.34.

5. 홍성국, 《세계가 일본된다》, p.171.

6. 마크 레빈슨, 앞의 책, pp.344~346.

7. 연합뉴스, 〈中 학자 "외국인들이 중국을 떠나가고 있다"〉, 2023년 5월 19일.

8. 조선일보, 〈첩보활동 멈춰…독일 사상 첫 對중국전략 마련〉, 2023년 7월 15일.

9. 한국경제신문, 〈[강진규의 데이터 너머] "미·중 블록화 하면 한국 GDP 타격"…IMF의 경고〉, 2023년 4월 5일.

10. IMF, 〈Sizing Up the Effects of Technological Decoupling〉, 2021년 3월 12일.

11. 이언 브레머, 박세연 옮김, 《리더가 사라진 세계》, 다산북스, 2014.

12. F. 윌리엄 엥달, 유마디 옮김, 《타깃 차이나》, 메디치미디어, 2014.

13. 마이클 베클리·할 브랜즈, 앞의 책, pp.144~145.

14. 김동기, 《지정학의 힘》, 아카넷출판, 2022, p.267.

15. 한국경제신문, 〈시진핑, 푸틴 면전에 "핵쓰지 말라" 경고…러시아는 부인〉, 2023년 7월 7일.

16. 뉴스1, 〈中 대만 침공에 G7 경제 제재한다면 전 세계 약 4000조 피해〉, 2023년 6월 2일.

17. 마이클 베클리·할 브랜즈, 앞의 책, p.171, p.175.

18. 마이클 베클리·할 브랜즈, 앞의 책, p.193.

19. 제임스 리카즈, 조율리 옮김, 《솔드아웃》, 알에이치코리아(RHK), 2022, p.177.

20. 마이클 베클리·할 브랜즈, 앞의 책, p.193.

21. 마이클 베클리·할 브랜즈, 앞의 책, p.268.

22. NEAR재단, 《시진핑 新시대 왜 한국에 도전인가?》, 21세기북스, 2023, p.348.

23. 마이클 베클리·할 브랜즈, 앞의 책, pp.319~320.

24. 마이클 베클리·할 브랜즈, 앞의 책, pp.283~284.

25. 신한투자증권, 〈공급망 재편의 기회와 위협〉, 2023년 5월 17일.

26. 중앙일보, 〈[선데이 칼럼] 세계사 변곡점에 선 한국경제〉, 2023년 1월 14일.

27. 매일경제, 〈엔비디아 CEO "반도체법, 美기업 두 손 묶어 中 도와주는 꼴"〉, 2023년 5월 25일.

28. 한국경제신문, 〈美 거물급 CEO 잇단 방중…"시장 포기 못해"〉, 2023년 6월 1일.

29. 전병서, 《한국 반도체 슈퍼乙전략》, 경향BP, 2023, p.5.

30. 레이 커즈와일, 김명남 옮김, 《특이점이 온다》, 김영사, 2007.

31. 연합뉴스, 〈머스크 미래전쟁은 AI 드론 전쟁〉, 2023년 5월 23일.

32. 연합뉴스, 〈중국 작년 디지털경제 10.3% 성장…GDP 비중 41.5%〉, 2023년 5월 25일.

33. 전병서, 앞의 책, p.20.

34. 한국경제신문, 〈중국과의 단절보다 더 무서운 건 탈(脫)대만이다〉, 2023년 6월 3일.

35. 토머스 프리드먼, 《세계는 평평하다》, p.379.

36. 전병서, 앞의 책, p.9, p.103.

37. 조선일보, 〈대만 반도체 의존 낮추는 美, 그 틈 파고드는 日〉, 2023년 5월 20일.

38. 전병서, 앞의 책, p.16,

39. 연합뉴스, 〈중국에 첨단AI 못 내줘…미, 클라우드 컴퓨팅 접근 제한도 추진〉, 2023년 7월 4일.

40. 조선일보, 〈세계 점유율 1위 광물 33개…中, 자원 무기로 서방 위협〉, 2023년 7월 8일.

41. 중앙일보, 〈K배터리 텃밭 유럽시장 2년내 중국에 빼앗기나〉, 2023년 5월 19일.

42. 마이클 베클리·할 브랜즈, 앞의 책, p.189.

43. 서울와이어, 〈[SWIF2023] '차이나 쇼크', 대한민국의 생존을 묻는다〉, 2023년 5월 19일.

44. 러쉬 도시, 박민희·황준범 옮김, 《롱 게임》, 생각의 힘, 2022.

45. 중앙일보, 〈미 달러 지위 흔들려 '불안정한 내쉬균형' 땐 한국 직격탄〉, 2023년 6월 3일.

46. 한국경제신문, 〈달러의 기축통화 지위…향후 10년간 끄떡없다〉, 2023년 6월 29일.

47. 연합뉴스, 〈'달러 패권' 인정한 크루그먼…"위안화 쓰는 사람 얼마나 되나"〉, 2023년 7월 9일.

48. 2022년 3분기 기준 기업 부채는 선진국 평균 95%, 이머징 국가 평균 103%, 미국 79%, 한국은 120%다.

49. 조선일보, 〈英 사립 초·중·고에 홍콩 출신 학생 2년새 5배, 이유는?〉, 2023년 5월 28일.

50. 마이클 베클리·할 브랜즈, 앞의 책, p.281.

51. 마이클 베클리·할 브랜즈, 앞의 책, p.281.

52. 연합뉴스, 〈마크롱 "러, 우크라이나전에 사실상 中 속국…지정학적으로 패배"〉, 2023년 5월 15일.

53. 마이클 베클리·할 브랜즈, 앞의 책, p.143.

54. 제임스 리카즈, 앞의 책, p.194.

55. 매일경제신문, 〈"공급망 脫중국" 14개국 첫 협정〉, 2023년 5월 29일.

56. 동아일보, 〈사우디, 블링컨 떠나자마자 中과 13조원 투자 합의〉, 2023년 6월 13일.

57. 하이투자증권, 〈[Economy brief] 미국의 대중 전략, 디커플링에서 디리스킹으로〉, 2023년 6월 7일.

58. 한국일보, 〈미, 대만 유사시 주한미군 여단급 파병 제안〉, 2023년 8월 4일.

59. 매일경제신문, 〈공급망 가장 취약한 나라는 韓…수출파워 1위는 中〉, 2023년 5월 26일.

60. 중앙일보, 〈핵심 수입품목 228개 중 172개 중국산〉, 2022년 5월 31일.

● 4부

1. 피렌체의 식탁, 〈[홍성국 칼럼] 대전환의 소용돌이, 중심을 잡아야 산다〉, 2022년 6월 23일.

2. 에드워드 챈슬러, 《금리의 역습》, p.327.

3. 해리 덴트, 안종희 옮김, 《2019 부의 대절벽》, 청림출판, 2017, p.11.

4. 에드워드 챈슬러, 앞의 책, p.252.

5. 누리엘 루비니, 《초거대 위협》, p.219.

6. 에드워드 챈슬러, 앞의 책, p.268에서 재인용.

7. 에드워드 챈슬러, 앞의 책, p.472.

8. 누리엘 루비니, 앞의 책, p.25, p.116.

9. 자크 아탈리, 양진성 옮김, 《자크 아탈리 더 나은 미래》, 청림출판, 2011, p,126.

10. 최현수(한국보건사회연구원 연구위원), 「국민생활기준 2030」, 〈대전환 시대, 보편적 사회 보호체계 필요성과 정책대안〉, 2021년 2월 3일.

11. 성경륭 외, 《포용한국으로 가는 길》, 시사저널, 2021, p.151, p.173.

12. 김현수 외, 《제조업 서비스화의 수출경쟁력 제고 효과 연구》, 대외경제정책연구원, 2021, p.71.

글로벌 패권전쟁과 한국의 선택

수축사회 2.0:
닫힌 세계와 생존 게임

홍성국 지음
© 홍성국, 2023

초판 1쇄 인쇄일 2023년 8월 25일
초판 1쇄 발행일 2023년 9월 11일

ISBN 979-11-5706-301-7 (03300)

만든 사람들

기획편집	진용주
디자인	이미경
표/그래프	이혜진
홍보 마케팅	최재희, 신재철
인쇄	한영문화사

펴낸이	김현종
펴낸곳	㈜메디치미디어
경영지원	이도형, 김도원, 이민주
등록일	2008년 8월 20일 제300-2008-76호
주소	서울시 중구 중림로7길 4, 3층
전화	02-735-3308
팩스	02-735-3309
이메일	medici@medicimedia.co.kr
페이스북	facebook.com/medicimedia
인스타그램	@medicimedia
홈페이지	www.medicimedia.co.kr